北京外国语大学"双一流"建设重大标志性科研项目（2020）成果

"妇女、和平与安全"研究丛书

李英桃 主编

俄罗斯妇女、和平与安全

政策视角与实践路径

WOMEN,

PEACE AND SECURITY

IN

RUSSIA

Policy Perspective

and Path to Implementation

王海媚 刘天红 著

社会科学文献出版社

SOCIAL SCIENCES ACADEMIC PRESS (CHINA)

"妇女、和平与安全"研究丛书序言（一）

袁　明[*]

每一个人，都在参与自己所处时代的实践，在这一点上，古人和今人没有什么区别。但是带着性别意识并自觉投身于和平与安全的实践，让世界更美好，则是今人不同于古人的地方，这在女性身上体现得更为突出。我们说起"现代性"时，女性议题是绕不过去的。女性议题一定是一个未来议题。

我在担任联合国基金会中国理事期间，接触到大量关于女性问题的计划、报告和项目，其覆盖面相当广阔，包括健康、教育、反暴力，甚至清洁炉灶等等。参与并领导这些活动的，也大多为女性。我至今仍记得，联合国秘书长古特雷斯履新之后，很快任命了一批助手，其中有一位女性"青年联络者"，她来自斯里兰卡，目光坚定而自信。我们了解到，在不到两周的时间里，她已经在网络上组织起几百万名志愿者，一问她的年龄，得知才26岁。这样的例子还有很多，可见世界的进步。

* 袁明，1945年生，北京大学燕京学堂院长，北京大学国际关系学院教授，博士生导师。

生活是最好的教科书。当下肆虐世界的新冠肺炎疫情，提醒我们必须注意人类进步途中的艰险和困难。在联合国大会纪念北京世界妇女大会25周年高级别会议上，习近平主席有这样一段特别表述："妇女是人类文明的开创者、社会进步的推动者，在各行各业书写着不平凡的成就。我们正在抗击新冠肺炎疫情，广大女性医务人员、疾控人员、科技人员、社区工作者、志愿者等不畏艰险、日夜奋战，坚守在疫情防控第一线，用勤劳和智慧书写着保护生命、拯救生命的壮丽诗篇。……正是成千上万这样的中国女性，白衣执甲，逆行而上，以勇气和辛劳诠释了医者仁心，用担当和奉献换来了山河无恙。"[1] 这一伟大的当代实践，值得研究并大书特书，这也是中国女性研究者的时代责任。

这个未来议题，应当是跨学科的。未来的女性研究若只在政治学单一领域内开展，发展的空间会很有限。只有突破学科樊篱，从多个视角来观察和推动，才能真正把女性研究这个大题目做出世界水平和中国味道来。我想这也正是这套丛书的意义所在。

是为序。

2020年11月2日

1.《习近平在联合国成立75周年系列高级别会议上的讲话》，人民出版社，2020，第19～20页。

"妇女、和平与安全"研究丛书序言（二）

裘援平 *

人类社会已经进入全球化时代，各国相互依存、利益交融的"地球村"形成，国际社会生态链、产业链、供应链连为一体，世界呈现一损俱损、一荣俱荣的局面。全球化时代的和平与安全问题，越来越具有全球性和普遍性，即便是原有的传统安全问题，也须用全球化思维寻求解决之道。

我们看到，领土主权和海洋权益争端仍然是最敏感的安全问题，全球和区域大国的战略角逐仍在持续，各类矛盾引发的局部冲突和产生的热点问题不断，意识形态和政治制度偏见挥之不去，集团对峙、军事结盟和冷战热战等旧时代的痼疾仍然存在。与此同时，国家群体乃至整个人类共同面临的非传统安全问题大量产生，越来越成为各国和国际安全的核心问题。21世纪以来发生的几次世界性危机，涉及人类公共卫生健康、国际经济金融安全和大规模杀伤性武器扩散，再加上气候变化、自然灾害、饥饿贫困、跨国犯罪、

* 裘援平，1953年生，法学博士，博士生导师，现任全国政协常委、港澳台侨委员会副主任，曾任国务院侨务办公室主任、中央外事办公室常务副主任等职务。

恐怖主义、网络安全、人口激增和大量迁徙以及能源资源和粮食安全等问题，对人类社会构成前所未有的威胁和挑战。而应对这些挑战的全球治理及相关机制，已然滞后于时代的发展变化，也受到旧安全观的限制。国际社会正是在应对共同挑战的过程中，积蓄着全球治理和国际合作的力量，凝聚着对构建人类命运共同体的共识。

妇女是人类社会的创造者、世界文明的开创者、全球进步的推动者，是捍卫国际和平与安全、推动世界经济发展的重要力量。妇女自身和妇女事业的发展，离不开和平安宁的国际环境。2000年联合国安理会通过的第1325（2000）号决议及其后续决议，关注那些受武装冲突不利影响的人，包括难民和各国的流离失所者，特别是妇女和儿童；指出妇女在预防和解决冲突及建设和平方面有着重要作用，亟须将性别观念纳入维护和平行动的主流。当前，在不稳定和不确定的国际形势下，第1325（2000）号决议的重要性更加凸显，将决议及其后续决议的承诺变成现实，仍是联合国和世界各国的重要任务之一。

2020年，正值联合国第四次世界妇女大会《北京宣言》和《行动纲领》通过25周年、第1325（2000）号决议通过20周年，中国国家主席习近平在联合国大会纪念北京世界妇女大会25周年高级别会议上的讲话中强调，保障妇女权益必须上升为国家意志，加强全球妇女事业合作。[1]在2020年10月联合国举行的妇女、和平与安全问题公开辩论会上，中国常驻联合国代表也强调，应该继续支持妇女在和平与安全领域发挥重要作用，呼吁为"妇女、和平与

1.《习近平在联合国成立75周年系列高级别会议上的讲话》，人民出版社，2020，第21页、22页。

安全"议程注入新动力。妇女、和平与安全研究要为此做出应有的贡献。

作为北京外国语大学"双一流"建设重大标志性科研项目成果，"妇女、和平与安全"研究丛书是中国第一套"妇女、和平与安全"议程研究丛书。丛书内容涵盖联合国，中、俄、英、法等联合国安理会常任理事国，以及欧洲、亚洲和非洲各类国际关系行为体在人类追求和平与安全的历史进程中，推动妇女、和平与安全的努力，落实第1325（2000）号决议、推动性别平等的具体实践。

丛书的出版在三个方面对中国国际关系研究做出贡献：第一，深化中国妇女、和平与安全理论研究；第二，丰富中国的联合国和区域国别研究；第三，为中国落实"妇女、和平与安全"议程提供决策参考和对策建议。丛书的出版也展现出北京外国语大学在该领域的研究优势。

在祝贺丛书出版的同时，期待北京外国语大学的研究团队在妇女、和平与安全研究领域取得更优异的成绩，为中国国际关系研究做出更大贡献，为中国落实"妇女、和平与安全"议程提供有价值的国际经验和切实的对策建议。

2020 年 12 月 4 日

"妇女、和平与安全"研究丛书总论

　　和平与安全是全人类孜孜以求的共同目标，妇女解放与性别平等是各国妇女运动持续奋斗的方向。冷战结束后，国际社会推进全球性别平等、实现和平与安全的历史进程中有两个具有里程碑意义的事件。一是1995年9月4~15日，中国北京承办的联合国第四次世界妇女大会（以下简称北京"世妇会"）通过了全球妇女运动的未来发展蓝图——《北京宣言》和《行动纲领》，"妇女与武装冲突"被列为《行动纲领》的第五个重大关切领域；二是2000年10月31日，联合国安全理事会第4213次会议通过关于妇女、和平与安全的第1325（2000）号决议［以下简称"第1325（2000）号决议"］。从2000年至2019年，联合国安理会已经先后通过10个相关决议，形成以第1325（2000）号决议为基石的"妇女、和平与安全"议程（Women, Peace and Security Agenda, WPS Agenda）。该议程已成为一个重要的国际规范框架。目前，落实"妇女、和平与安全"议程已成为以联合国为代表的国际社会的共识和各国政府对国际社会的郑重承诺。

　　"妇女、和平与安全"研究丛书，是一套以"妇女、和平与安全"议程为切入点的学术研究丛书，它是中国学者以学术研究参与落实"妇女、和平与安全"议程、致力于建构人类命运共同体的行动的组成部分，具有较强的学术价值和实践意义。

一 "妇女、和平与安全"议程的发展历程

北京《行动纲领》第五个重大关切领域"妇女与武装冲突"有六个具体战略目标（见表总-1），包括妇女参与和保护、以非暴力方式解决冲突、和平文化、裁军等核心内容。

表总-1　北京《行动纲领》重大关切领域 E"妇女与武装冲突"

战略目标 E.1.	增进妇女在决策阶层参与解决冲突并保护生活在武装冲突和其他冲突状态或外国占领下的妇女
战略目标 E.2.	裁减过分的军事开支并控制军备供应
战略目标 E.3.	推动以非暴力方式解决冲突并减少冲突状态下侵犯人权情事
战略目标 E.4.	促进妇女对培养和平文化的贡献
战略目标 E.5.	保护、援助和培训难民妇女、其他需要国际保护的流离失所妇女和国内流离失所妇女
战略目标 E.6.	援助殖民地和非自治领土的妇女

资料来源：笔者根据《行动纲领》内容整理。详见第四次世界妇女大会、'95 北京非政府组织妇女论坛丛书编委会编《第四次世界妇女大会重要文献汇编》，中国妇女出版社，1998，第 230～242 页。

第 1325（2000）号决议则有四个支柱，即参与（participation）、保护（protection）、预防（prevention）和救济与恢复（relief and recovery）。该决议及其后续决议的内容逐步集中在"参与"和"性暴力"两个主要方面（见表总-2）。前者强调促进妇女积极有效地参与和平缔造与和平建设，其中作为基础的第 1325（2000）号决议承认冲突对妇女的影响以及她们在预防和解决冲突方面的作用，并呼吁妇女平等参与和平缔造工作；后者则以 2008 年通过的安理

会第 1820（2008）号决议为代表，目的是防止并解决与冲突有关的性暴力，特别是针对妇女的性暴力问题。

表总-2 "妇女、和平与安全"议程中十个决议的主题分类（2000～2019）

参与	第 1325（2000）号决议、第 1889（2009）号决议、第 2122（2013）号决议、第 2242（2015）号决议、第 2493（2019）号决议
性暴力	第 1820（2008）号决议、第 1888（2009）号决议、第 1960（2010）号决议、第 2106（2013）号决议、第 2467（2019）号决议

资料来源：笔者自制。

2013 年，联合国消除对妇女歧视委员会（The United Nations Committee on the Elimination of Discrimination against Women）通过《关于妇女在预防冲突、冲突及冲突后局势中的作用的第 30 号一般性建议》（以下简称《第 30 号一般性建议》）。[1]《第 30 号一般性建议》的提出标志着"妇女、和平与安全"议程成为《消除对妇女一切形式歧视公约》（The Convention on the Elimination of All Forms of Discrimination against Women, CEDAW，以下简称《消歧公约》）这一保护妇女人权的国际公约的组成部分。与 2000 年 10 月 31 日通过的第 1325（2000）号决议所实现的"人权问题安全化"相对应，该决议在 13 年之后经历了"安全问题人权化"的螺旋式上升过程。安理会决议具体且有针对性，安理会每年可能通过多项决议，有的决议甚至相互矛盾；而公约则是普遍、稳定、长期的国际法，具有更精准、更规范的特点。《第 30 号一般性建议》使关于妇女、和平与安全的第 1325（2000）号决议通

---

1. 消除对妇女歧视委员会：《关于妇女在预防冲突、冲突及冲突后局势中的作用的第 30 号一般性建议》，2013 年 11 月 1 日，http://docstore.ohchr.org/SelfServices/FilesHandler.ashx?enc=6QkG1d%2fPPRiCAqhKb7yhsldCrOlUTvLRFDjh6%2fx1pWCVoI%2bcjImPBg0gA%2fHq5Tl4Q7URju9YH%2f2f2xuJ0WgKghff98wYIvWK3cAe9YKwpHXdmnqMDPpxmJrYrFP10VJY，最后访问日期：2021 年 2 月 17 日。

过《消歧公约》固定下来。[1]

2015年9月25日，联合国大会通过《改变我们的世界：2030年可持续发展议程》(Transforming Our World: The 2030 Agenda for Sustainable Development，以下简称《2030议程》)，确定了17个可持续发展目标。目标16为"创建和平、包容的社会以促进可持续发展，让所有人都能诉诸司法，在各级建立有效、负责和包容的机构"，包括12个具体目标。[2]目标16不仅针对妇女，它在涵盖"妇女、和平与安全"议程的具体内容的同时，所涉及人群更广、范围更大，除了消除一切形式的暴力，还包括一系列国家治理问题。从1995年《行动纲领》的重大关切领域"妇女与武装冲突"发展到《2030议程》的"创建和平、包容的社会"目标，妇女、和平与安全议题始终处于中心位置。

2020年8月28日，安理会在"联合国维和行动"主题下，通过了第2538（2020）号决议。[3]这是"妇女、和平与安全"议程的最新发展。

二 落实"妇女、和平与安全"议程与构建"人类命运共同体"

2013年3月，中国国家主席习近平首次在国际场合向世界阐释："人类生活在同一个地球村里，生活在历史和现实交汇的同一个时空里，越来越成

---

1. 李英桃、金岳嵘：《妇女、和平与安全议程——联合国安理会第1325号决议的发展与执行》，《世界经济与政治》2016年第2期。

2. 联合国大会：《改变我们的世界：2030年可持续发展议程》，2015年10月21日，https://www.unfpa.org/sites/default/files/resource-pdf/Resolution_A_RES_70_1_CH.pdf，最后访问日期：2021年2月17日。

3. 联合国安理会：《第2538（2020）号决议》，S/RES/2538(2020)，2020年8月28日，http://undocs.org/zh/S/RES/2538(2020)，最后访问日期：2021年2月17日。

为你中有我、我中有你的命运共同体。"[1] 2013年9月7日，习近平在哈萨克斯坦纳扎尔巴耶夫大学首次提出共建"丝绸之路经济带"的构想。他在《弘扬人民友谊 共创美好未来》的重要演讲中指出："为了使我们欧亚各国经济联系更加紧密、相互合作更加深入、发展空间更加广阔，我们可以用创新的合作模式，共同建设'丝绸之路经济带'。这是一项造福沿途各国人民的大事业。"[2]

2013年10月，习近平应邀在印度尼西亚国会发表重要演讲。他指出："东南亚地区自古以来就是'海上丝绸之路'的重要枢纽，中国愿同东盟国家加强海上合作，使用好中国政府设立的中国—东盟海上合作基金，发展好海洋合作伙伴关系，共同建设21世纪'海上丝绸之路'。中国愿通过扩大同东盟国家各领域务实合作，互通有无、优势互补，同东盟国家共享机遇、共迎挑战，实现共同发展、共同繁荣。"[3]构建"人类命运共同体"是中国为人类未来发展提供的全球治理的中国方案，共建"丝绸之路经济带"和21世纪"海上丝绸之路"的"一带一路"倡议是推动构建"人类命运共同体"的重要途径，其核心理念是"和平、发展、合作、共赢"，打造政治互信、经济融合、文化包容的利益共同体、命运共同体和责任共同体，为实现和平与安全提供了有力支撑和保障。

---

1. 习近平：《顺应时代前进潮流 促进世界和平发展——在莫斯科国际关系学院的演讲》，《人民日报》（海外版）2013年3月25日，第2版。

2. 习近平：《弘扬人民友谊 共创美好未来——在纳扎尔巴耶夫大学的演讲》，《习近平谈治国理政》，外文出版社，2014，第289页。

3. 习近平：《中国愿同东盟国家共建21世纪"海上丝绸之路"》，《习近平谈治国理政》，外文出版社，2014，第293页。

"人类命运共同体"的提出是对马克思和恩格斯"自由人联合体"思想的继承和发展，是对中国优秀传统文化、新中国外交理论和实践的总结和升华，是人类走向共同繁荣的伟大事业，也是人类实现性别平等的必由之路。其中，性别平等是构建"人类命运共同体"的核心原则。[1]实现性别平等同样在中国的对内、对外政策和未来构想中占有重要地位。

2015年9月27日，国家主席习近平在纽约联合国总部出席全球妇女峰会，并发表题为《促进妇女全面发展 共建共享美好世界——在全球妇女峰会上的讲话》的重要讲话。他在讲话中指出："环顾世界，各国各地区妇女发展水平仍然不平衡，男女权利、机会、资源分配仍然不平等，社会对妇女潜能、才干、贡献的认识仍然不充分。现在全球8亿贫困人口中，一半以上是妇女。每当战乱和疫病来袭，妇女往往首当其冲。面对恐怖和暴力肆虐，妇女也深受其害。时至今日，针对妇女的各种形式歧视依然存在，虐待甚至摧残妇女的事情时有发生。"习近平特别指出，要"创造有利于妇女发展的国际环境。妇女和儿童是一切不和平不安宁因素的最大受害者。我们要坚定和平发展和合作共赢理念，倍加珍惜和平，积极维护和平，让每个妇女和儿童都沐浴在幸福安宁的阳光里"。[2]

2020年以来，人类应对新冠肺炎疫情的努力昭示着，一个健康稳定的世界是维护和平与安全的重要基础，而妇女在其中扮演着重要角色。2020年10月1日，习近平在联合国大会纪念北京世界妇女大会25周年高级别会议上发

---

1. 李英桃：《构建性别平等的人类命运共同体：关于原则与路径的思考》，《妇女研究论丛》2018年第2期。
2.《习近平在联合国成立70周年系列峰会上的讲话》，人民出版社，2015，第9页、第11页。

表演讲。他强调了妇女在维护世界和平与安全中的重要作用:"妇女是人类文明的开创者、社会进步的推动者,在各行各业书写着不平凡的成就。我们正在抗击新冠肺炎疫情,广大女性医务人员、疾控人员、科技人员、社区工作者、志愿者等不畏艰险、日夜奋战,坚守在疫情防控第一线,用勤劳和智慧书写着保护生命、拯救生命的壮丽诗篇。……正是成千上万这样的中国女性,白衣执甲,逆行而上,以勇气和辛劳诠释了医者仁心,用担当和奉献换来了山河无恙。"[1]

在此背景下推动落实"妇女、和平与安全"议程,完全符合时代发展趋势,充分体现了中国对国际社会的郑重承诺,是构建"人类命运共同体"的题中应有之义和重要组成部分。

三 "妇女、和平与安全"议程研究的关键问题与核心概念

本研究丛书是以"妇女、和平与安全"议程为切入点,进行更为广泛、深入的探讨,而并非仅关注"妇女、和平与安全"议程本身。

奠定"妇女、和平与安全"议程基础的安理会第1325(2000)号决议回顾和重申了大量联合国文件,较早的《联合国宪章》第四十一条"如采取措施时考虑到对平民可能产生的影响,铭记妇女和女孩的特殊需要,以便考虑适当的人道主义豁免规定";1949年的《关于战时保护平民的日内瓦公约》及其1977年的《附加议定书》、1951年的《关于难民地位公约》及其1967年的《议定书》、1979年的《消歧公约》及其1999年的《任择议定书》、1989年的《联合国儿童权利公约》及其2000年5月25日的《任择议定书》;

1.《习近平在联合国成立75周年系列高级别会议上的讲话》,人民出版社,2020,第19~20页。

还有《国际刑事法院罗马规约》的有关规定，以及《北京宣言》和《行动纲领》的承诺和题为"2000年妇女：二十一世纪两性平等、发展与和平"的联合国大会第二十三届特别会议成果文件中的承诺，特别是有关妇女和武装冲突的承诺[1]等。对这些国际法基础的溯源表明，尽管妇女、和平与安全问题于2000年才被纳入安理会决议，但其源头却远在2000年之前，有着更为深远的历史背景。

（一）关于妇女与性别平等

"妇女、和平与安全"议程除了关注妇女和女童，还关注男童及其他在武装冲突中受到不利影响的人群，如难民和其他流离失所者。联合国文书在历史演进过程中逐步形成了稳定的"平等"定义。1975年第一次世界妇女大会通过的《关于妇女的平等地位和她们对发展与和平的贡献的宣言》（以下简称《墨西哥宣言》）指出："男女平等是指男女的尊严和价值的平等以及男女权利、机会和责任的平等。"[2] 1985年第三次世界妇女大会通过的《提高妇女地位内罗毕前瞻性战略》（以下简称《内罗毕战略》）指出："平等不仅指法律平等和消除法律上的歧视，而且还指妇女作为受益者和积极推动者参加发展的平等权利、责任和机会平等。"[3] 联合国大会于1979年通过的《消歧公约》阐述了平等、发展与和平的关系："确信一国的充分和完全的发展，

1.联合国安理会：《第1325（2000）号决议》，S/RES/1325(2000)，2000年10月31日，https://undocs.org/zh/S/RES/1325(2000)，最后访问日期：2021年2月17日。

2.《一九七五年关于妇女的平等地位和她们对发展与和平的贡献的墨西哥宣言》，E/CONF.66/34，载联合国新闻部编《联合国与提高妇女地位（1945—1995）》，联合国新闻部，1995，第229页。

3.《提高妇女地位内罗毕前瞻性战略》，A/CONF.116/28/Rev.1(85.IV.10)，载联合国新闻部编《联合国与提高妇女地位（1945—1995）》，联合国新闻部，1995，第349页。

世界人民的福利以及和平的事业，需要妇女与男子平等充分参加所有各方面的工作。"[1]

（二）和平的界定

在国际关系研究和社会生活中，人们对和平的理解往往是"没有战争"。杰夫·贝里奇（Geoff Berridge）等在《外交辞典》中指出，和平"在国际法术语中指没有战争或武装冲突的状态"。[2] 雷蒙·阿隆（Raymond Aron）的观点是：国际政治与国内政治有本质的区别，战争与和平的交替是国际关系的核心问题，和平是"敌对政治单元之间暴力持续中断"的状况。[3]《女性主义和平学》一书梳理了传统国际关系研究对和平的理解：这就意味着只要战争和其他有组织的直接暴力不存在，和平就建立了。[4]《内罗毕战略》对和平的界定为："和平不仅指国家和在国际上没有战争、暴力和敌对行动，而且还要在社会上享有经济和社会正义、平等、所有各项人权和基本自由。""和平还包括一整套活动，反映出人们对安全的关注以及国家、社会团体和个人之间互相信任的默契。和平既保卫自由、人权和民族和个人的尊严，又体现对他人的善意和鼓励对生命的尊重。"[5] 在借鉴约翰·加尔通（Johan Galtung）、刘成等学者的研究成果的基础上，《女性主义和平学》将和平分为消极和平和积极和平两个部

---

1. 联合国：《消除对妇女一切形式歧视公约》，A/RES/34/180，1979年12月18日，https://www.un.org/zh/documents/view_doc.asp?symbol=A/RES/34/180，最后访问日期：2021年2月17日。

2.〔英〕杰夫·贝里奇、艾伦·詹姆斯：《外交辞典》，高飞译，北京大学出版社，2008，第213页。

3. Raymond Aron, *Peace and War: A Theory of International Relations*, Garden City: Doubleday & Company, 1966, p. 151.

4. 李英桃：《女性主义和平学》，上海人民出版社，2012，第15页。

5.《提高妇女地位内罗毕前瞻性战略》，A/CONF.116/28/Rev.1(85.IV.10)，载联合国新闻部编《联合国与提高妇女地位（1945—1995）》，联合国新闻部，1995，第348~349页。

分，使其呈现出既包括"没有战争"的传统和平界定，又能体现其逐步深化和不断扩展的过程性，基于中国历史与国情提出一个理解和平概念的框架（见表总-3）。

表总-3　一个中国女性主义学者的和平定义

消极和平		积极和平	
传统和平概念→	传统和平概念的拓展→	传统和平概念的 进一步拓展	
没有有组织的 直接暴力	没有无组织的 直接暴力	没有阻碍实现人的最 大潜能和福祉的结构 暴力	没有使直接暴力和间 接暴力合法化的文化 暴力
没有国际、国内战争 与暴力冲突 深↓化 以及与之相伴的强奸、 性暴力等行为	没有杀害、伤害、强 奸、殴打和源自传统文 化、习俗等的其他暴力	让每个人都充分享有政治、社会、经济、文 化、生态、健康与发展权等基本权利，消除 基于性别、族群、财富、身体状况、年龄、 相貌等的社会不公正。倡导并逐渐建立社会 性别平等的和平文化，充分发挥教育、大众 传媒和网络媒体的作用	

资料来源：李英桃著《女性主义和平学》，上海人民出版社，2012，第402页。

　　这一框架一方面超越了内政与外交的边界，更多的是以人为中心考虑和平问题，尤其关注妇女、儿童和各类弱势群体在日常生活中的切身问题；另一方面，将个人与集体的关系纳入此概念框架，充分考虑到中国等发展中国家在国家与个人关系上的不同见解，重视识别国家与国家之间的差异性。

（三）对安全的理解

　　安全是与人类生存密不可分的大问题，与人们的日常生活联系极为密切。关于安全的论述可见于亚伯拉罕·马斯洛（Abraham Harold Maslow）对于安全需求（safty needs）的诠释。安全需求包括安全（security）、稳定、依赖、保护、免于恐惧、免于焦虑和混乱，以及对结构、秩序、法律和界限的需求，对保护者的要求等。[1]

安全虽为政治学的核心概念，但学术界对其并无统一界定，其中最常见的是美国学者阿诺德·沃尔弗斯（Arnold Wolfers）的观点，在其1962年出版的《纷争与协作：国际政治论集》中专门设有讨论国家安全问题的部分。沃尔弗斯指出：安全是一种价值，一个国家可以或多或少地拥有安全，用或高或低的手段来追求安全。这种价值与权力、财富这两个在国际事务中极为重要的价值有共通之处。财富用以衡量一个国家所拥有物质的数量，权力用以衡量一个国家对其他国家行为的控制能力，而安全则在客观上用以衡量已获得价值免受威胁的程度，在主观上用以衡量没有对这一价值受攻击的恐惧的程度。[2]此观点即"客观无威胁、主观无恐惧"。

联合国开发计划署在1994年发布的《人类发展报告》中提出了"人的安全"（human security）概念，指出对普通人来说，安全象征着保护他们免受疾病、饥饿、失业、犯罪、社会冲突、政治迫害和环境危机的威胁。[3]基于前人的研究，中国非传统安全研究学者余潇枫认为，安全的"完整表述是：身体无伤害，心理无损害，财产无侵害，社会关系无迫害，生存环境无灾害"。[4]女

---

1. Abraham H. Maslow, *Motivatiion and Personality*, Harper & Row, 1970, p. 39.

2. Arnold Wolfers, *Discord and Collaboration: Essays on International Politics*, Baltimore: The Johns Hopkins Press, 1962, p.150.〔美〕阿诺德·沃尔弗斯：《纷争与协作：国际政治论集》，于铁军译，世界知识出版社，2006，第133页。

3. UNDP, *Human Development Report 1994*, http://hdr.undp.org/sites/default/files/reports/255/hdr_1994_en_complete_nostats.pdf，最后访问日期：2021年2月17日。

4. 余潇枫：《总体国家安全观引领下的"枫桥经验"再解读》，《浙江工业大学学报》（社会科学版）2018年第2期。

性主义[1]学者提出了内容丰富、主体多样、领域宽广、层次复杂的安全概念。从安全的主体来说，既有传统的主权国家，也有包括男子和妇女在内的个人，既要关注国家安全、个人安全，也要考虑全人类的共同安全；从涉及领域来说，既不能忽视国家的军事安全，也要考虑到经济、环境安全以及个人安全；从行为主体之间的相互关系来看，既要加强合作，也不可能用合作完全代替竞争。可以说，传统安全和非传统安全是相辅相成、相互补充的有机整体，它们不应该被视为割裂的甚至是对立的部分。[2]

与对和平的理解一致，这种对安全的理解也超越了内政与外交的范畴，是一种以人为中心来考虑安全问题的路径。在讨论和平与安全概念的关系时可发现，在传统的和平定义之中，没有战争即和平，但和平不一定意味着安全；随着和平概念的扩展，没有战争并不意味着实现了和平，积极和平是一个逐步接近的目标；安全也是如此。两者相互渗透、相互交织，在"妇女、和平与安全"议程中这两者紧密地联系在一起。

（四）评估"妇女、和平与安全"议程落实情况的指标体系

第1325（2000）号决议通过后，安理会于2004年10月28日通过主席声明，表示"欢迎会员国为在国家一级执行第1325（2000）号决议所作的努力，包括制订国家行动计划（National Action Plan, NAP），并鼓励会员国继续致力于这些执行工作"。[3] 2005年10月27日，安理会再次通过主席声明"吁请会员

1.英文Feminism在国内学术界有"女权主义"和"女性主义"这两种主要译法，除引用外，本套丛书采用"女性主义"的译法。

2.李英桃：《"小人鱼"的安全问题》，《世界经济与政治》2004年第2期。

3.《安全理事会主席的声明》，S/PRST/2004/40，2004年10月28日，https://www.un.org/chinese/aboutun/prinorgs/sc/sdoc/04/sprst40.htm，最后访问日期：2021年2月17日。

国通过制订国家行动计划或其它国家级战略等办法，继续执行第1325（2000）号决议"。[1]尽管并非强制性要求，但制订国家行动计划已成为衡量联合国会员国执行"妇女、和平安全"议程情况的一个重要指标。

2009年通过的安理会关于妇女、和平与安全的第1889（2009）号决议提出："请秘书长在6个月内提交一套用于全球一级监测安理会第1325（2000）号决议执行情况的指标供安全理事会审议。"[2]根据决议要求，2010年《妇女与和平与安全——秘书长的报告》附有一整套指标体系，其中包括预防、参与、保护、救济和恢复四个方面的17个大目标，内含26项共35个具体目标。[3]这35个具体目标主要仍围绕冲突地区设计，但参与、保护部分涉及范围较广，也都超越了冲突中或冲突后重建国家的范围。

在第1325（2000）号决议通过20周年前夕，联合国秘书长安东尼·古特雷斯（António Guterres）在2019年10月提交的《妇女与和平与安全——秘书长的报告》中敦促联合国各实体、会员国、区域组织和其他行为体携手采取行动。

> 通过有针对性的数据收集、联合分析、战略规划，以及提高可见度，使领导层对落实妇女与和平与安全议程负责；协助、促进、确保妇女有意义地参与和平进程、和平协定的执行以及所有和平与安全决策进程；

1.《安全理事会主席的声明》，S/PRST/2005/52，2005年10月27日，https://www.un.org/en/ga/search/view_doc.asp?symbol=S/PRST/2005/52&Lang=C，最后访问日期：2021年2月17日。

2. 联合国安理会：《第1889（2009）号决议》，S/RES/1889(2009)，2009年10月5日，http://www.un.org/en/ga/search/view_doc.asp?symbol=S/RES/1889(2009)&Lang=C，最后访问日期：2021年2月17日。

3. 联合国安理会：《妇女与和平与安全——秘书长的报告》，S/2010/498，http://undocs.org/ch/S/2010/498，最后访问日期：2021年2月18日。

公开谴责侵犯人权和歧视行为，防止一切形式的性别暴力，包括针对女性人权维护者的暴力；增加维持和平特派团和国家安全部门中女军警的人数和影响力；保障妇女有机会获得经济保障和资源；为妇女与和平与安全议程提供资金，并资助妇女建设和平者。[1]

除了联合国系统制定的相关评价指标，学术机构和民间组织也编制了独立的评价体系。乔治城大学妇女、和平与安全研究所（Georgetown University's Institute for Women, Peace & Security）与奥斯陆和平研究所（Peace Research Institute of Oslo）一起，借助普遍认可的国际数据来源，编制的妇女、和平与安全指数（Women, Peace, and Security Index, WPS Index）包括包容（Inclusion）、公正（Justice）和安全（Security）三个维度。[2]其中，"包容"维度设有"议会""手机使用""就业""金融包容性""教育"五个指标；"公正"维度有"歧视性规范""男孩偏好""法律歧视"三个指标；"安全"维度下设"亲密伴侣暴力""社区安全""有组织暴力"三个指标。[3]

不同指标体系中的具体内容差异表明国际社会对评估"妇女、和平与安全"议程落实情况的认识的发展变化，也表明不同指标体系之间存在一定的

---

1. 联合国安理会：《妇女与和平与安全——秘书长的报告》，2019 年 10 月 9 日，https://digitallibrary.un.org/record/3832713/files/S_2019_800-ZH.pdf，最后访问日期：2021 年 2 月 17 日。

2. 乔治城大学妇女、和平与安全研究所位于乔治城的沃尔什外交学院内，由美国前全球妇女问题大使梅兰妮·韦维尔（Melanne Verveer）负责。该研究所致力于促进一个更加稳定、和平和公正的世界，着重关注妇女在预防冲突和建设和平、经济增长、应对气候变化和暴力极端主义等全球威胁方面发挥的重要作用。国际学术界对该机构和奥斯陆和平研究所共同设计的这一指标体系较为认可，但也存在对其指标选择的疑问。"Women, Peace, and Security Index," http://giwps.georgetown.edu/the-index/, accessed February 17, 2021.

3. GIWPS, "Women, Peace, and Security Index," 2019, http://giwps.georgetown.edu/the-index/, accessed February 17, 2021.

张力。这种张力具体体现在不同行为体对于落实"妇女、和平与安全"议程的不同理解和落实行动中。

（五）"妇女、和平与安全"议程的意义与代表性研究成果

关于"妇女、和平与安全"议程的重要意义，国际社会和学术界有很多分析和评价。澳大利亚学者莎拉·戴维斯（Sara E. Davies）和雅基·特鲁（Jacqui True）指出，在我们生活的世界里，暴力冲突的规模在扩大，严重程度在增加，而且所有证据都表明，这些冲突对妇女和女童的人权不仅影响恶劣，而且其恶劣程度正在加剧。在这一关键时刻，"妇女、和平与安全"议程能够保护妇女免受冲突的伤害，促进她们从冲突和不安全中得以恢复，带来知识和社会转变的潜力。[1]中国学者李英桃、金岳嵘认为，第1325（2000）号决议的通过，无论是对于全球性别平等运动发展还是对于联合国安理会改革都具有标志性意义。从将妇女、和平与安全议题纳入安理会议程，到第1325（2000）号决议和后续一系列决议通过，再到各国制订国家行动计划以及在联合国系统、联合国和平行动中实践决议精神，这一进程清晰地展示了女性主义理念是如何成为国际规范的。[2]"妇女、和平与安全"议程也是2030年全球可持续发展议程不可或缺的组成部分。

在主流国际关系研究领域，性别议题长期受到忽视，很少被纳入学术讨论。20世纪七八十年代，女性主义国际关系理论逐步发展起来，国际妇女运动和学

1. Sara E. Davies, Jacqui True, "Women, Peace, and Security A Transformative Agenda?" in Sara E. Davies, Jacqui True, eds., *The Oxford Handbook of Women, Peace, and Security*, New York: Oxford University Press, 2019, p. 22.
2. 李英桃、金岳嵘：《妇女、和平与安全议程——联合国安理会第1325号决议的发展与执行》，《世界经济与政治》2016年第2期。

术研究的发展共同推动了国际社会理念与实践的变化。维护国际和平与安全是联合国的主要目的，联合国安理会对维护世界和平与安全负有主要责任。联合国安理会第 1325（2000）号决议的通过标志着通常被归类为人权或经济社会问题的性别议题正式提上联合国安理会的议事日程，成为国际安全问题，其在国际政治舞台上的重要性得以强化。这一进程反过来又推动了相关学术研究的发展。2000 年以来，国际学术界涌现了一批研究"妇女、和平与安全"议程的学者，例如前文已提到的莎拉·戴维斯、雅基·特鲁，还有斯瓦尼·亨特（Swanee Hunt）、劳拉·J.谢泼德（Laura J. Shepherd）、J.安·蒂克纳（J. Ann Tickner）、托伦·L.崔吉斯塔（Torunn L. Tryggestad）、马德琳·里斯（Madeleine Rees）、路易丝·奥尔森（Louise Olsson）、克里斯蒂娜·钦金（Christine Chinkin）、阿努拉德哈·蒙德库（Anuradha Mundkur）、尼古拉·普拉特（Nicola Pratt）、劳拉·索伯格（Laura Sjoberg）、罗尼·亚历山大（Ronni Alexander）等；相关研究成果丰硕，包括专著、论文、研究报告等。到 2020 年 6 月，安理会先后共发布了 6 份研究报告，牛津大学出版社于 2019 年出版了《牛津妇女、和平与安全手册》（ *The Oxford Handbook of Women, Peace, and Security* ）。[1] 同期，拉特里奇出版社出版了《社会性别与安全拉特里奇手册》（ *The Rougledge Handbook of Gender and Security* ）。[2] 目前，"妇女、和平与安全"议程已成为能够跻身于主流国际关系研究的最主要的性别研究议题，同时，它也是与女性主义学术联系最紧密的"高级政治"议题。相较之下，中国学术界对此议题的研究仍非常有限。

---

1. Sara E. Davies, Jacqui True, eds., *The Oxford Handbook of Women, Peace, and Security*, New York: Oxford University Press, 2019.

2. Caron E., Gentry, Laura J. Shepherd and Laura Sjoberg, eds., *The Rougledge Handbook of Gender and Security*, Routedge, 2019.

当今世界正面临百年未有之大变局。[1] 2020年是联合国成立75周年、第四次世界妇女大会召开25周年的重要年份。对于"妇女、和平与安全"议程来说，2020年也是关键的一年。[2] 在这样一个特殊的时间节点，加强对"妇女、和平与安全"议程这一具有实践推动力和学术前沿性的课题的研究，无论是对中国的全球政治研究、联合国研究和性别研究，还是对更好地推动落实"妇女、和平与安全"议程的区域、国别实践，都具有巨大的学术价值和重要的现实意义。

四　"妇女、和平与安全"研究丛书的整体设计与主要特点

"妇女、和平与安全"研究丛书是北京外国语大学"双一流"建设重大标志性科研项目（项目编号：2020SYLZDXM033）成果。该选题顺应人类对于和平、安全与性别平等的不懈追求，为重大全球治理与可持续发展议题，符合构建人类命运共同体的基本价值导向，是国际组织、区域和国别研究的重要生长点，与北京外国语大学"双一流"学科建设目标相吻合。

首先，"妇女、和平与安全"议程关系到联合国系统、各区域和联合国所有会员国，覆盖范围广，涉及行为体的层次、数量都很多。根据国际发展和国内研究状况，本项目确定聚焦联合国系统、重要区域、联合国安理会常任理事国和其他相关国家，分析各行为体所持有的立场和采取的措施，探讨其在落实"妇女、和平与安全"议程中的最佳实践及这些实践为中国落实"妇女、和平与安全"议程带来的参考价值。根据国际妇女争取和平与自由联盟

1.《习近平谈治国理政》第3卷，外文出版社，2020，第460页。

2. 联合国安理会：《与冲突有关的性暴力——秘书长的报告》，S/2020/487，2020年6月3日，https://digitallibrary.un.org/record/3868979/files/S_2020_487-ZH.pdf，最后访问日期：2021年2月17日。

（Women's International League for Peace and Freedom）的统计，截至2021年4月，全世界已有92个国家制订了本国落实安理会第1325（2000）号决议的国家计划，占全部联合国会员国的近48%。[1]

其次，"妇女、和平与安全"研究丛书兼具研究主题集中、研究对象层次多样和丛书内容具有开放性的特点。鉴于"妇女、和平与安全"议程涉及联合国、区域、国家等不同层次的行为主体，"妇女、和平与安全"研究丛书的最终成果将是一个具有开放性质的丛书系列。随着研究的深入和团队的扩大，其研究主题将逐步深化，涵盖范围也将逐步拓展。丛书第一期的研究对象主要包括联合国这一最重要的国际组织、欧洲和非洲、联合国安理会的五个常任理事国，以及德国和日本这两个在国际舞台上扮演重要角色的国家。除此之外，第一期成果还包括联合国和中国关于"妇女、和平与安全"议程的两本重要文件汇编。

最后，"妇女、和平与安全"研究丛书有助于推进国内相关研究。目前，国内学术界对"妇女、和平与安全"议程的研究尚不充分，《女性主义国际关系学》和《女性主义和平学》是国内出版的少数设有专门章节讨论妇女、和平与安全问题的教材、专著。其中，《女性主义和平学》系统梳理了国内外关于性别与和平问题的历史与理论，立足中国本土，提出了具有中国特色的性别平等、和平与安全的理论。该书是国内学术界的代表性著作，荣获2015年第七届高等学校科学研究优秀成果奖（人文社会科学）三等奖。这两部著作的作者多来自北京外国语大学。国内还有少量学术论文发表于相关专业刊物，

---

1. WILPF, "National–Level Implementation," as of August 2020, http://www.peacewomen.org/member–states, accessed May 18, 2021.

如《妇女、和平与安全议程——联合国安理会第1325号决议的发展与执行》[1]《英国妇女和平与安全国家行动计划探析》[2]《联合国安理会1325号决议框架下的德国国家行动计划探析》[3]《法国和平安全合作中的女权主张及其实施》《联合国安理会第1325号决议对妇女在联合国和平行动中的影响研究——以非洲地区为例》[5]等，作者也主要来自北京外国语大学。这些作者多已会集到本项目团队中。在本丛书每一卷的撰写团队中，都有既精通英语又精通对象国或地区的语言的作者，能够用对象国或地区的语言进行研究。这种突出的国别和区域研究专业、语言双重优势，为研究的前沿性和信息的准确性提供了保障。

因此，作为北京外国语大学"双一流"建设重大标志性科研项目，"妇女、和平与安全"研究丛书的立项与成果出版将丰富国际学术界关于"妇女、和平与安全"议程的研究，推动中国学者在这一领域的深耕。丛书中的每一部成果都将探讨与性别平等、和平与安全议题密切相关的历史背景、该议题的当代发展和未来趋向，及其与"妇女、和平与安全"议程之间的具体联系。

在设计和论证"妇女、和平与安全"研究丛书各卷具体内容时，项目组就写作要求达成了以下相对统一的意见。

---

1. 李英桃、金岳嵘：《妇女、和平与安全议程——联合国安理会第1325号决议的发展与执行》，《世界经济与政治》2016年第2期。

2. 田小惠：《英国妇女和平与安全国家行动计划探析》，《当代世界与社会主义》（双月刊）2015年第1期。

3. 张晓玲：《联合国安理会1325号决议框架下的德国国家行动计划探析》，《当代世界与社会主义》（双月刊）2015年第1期。

4. 李洪峰：《法国和平安全合作中的女权主张及其实施》，《当代世界与社会主义》（双月刊）2015年第1期。

5. 么兰：《联合国安理会第1325号决议对妇女在联合国和平行动中的影响研究——以非洲地区为例》，《武警学院学报》2017年第7期。

第一，将"妇女、和平与安全"议程作为本丛书每一卷成果的切入点，但并不意味着每卷内容都仅局限于探讨对象国、区域和组织落实该议程过程中的立场、行动或相关内容。

第二，尽可能地将每卷主题置于具有历史纵深感的宏阔时空背景下，通过回顾人们对性别平等、和平与安全的具体理解，为讨论落实"妇女、和平与安全"议程的当下行动提供历史文化和政治制度环境。

第三，在寻求历史连续性的同时，兼顾当代各个行为体落实"妇女、和平与安全"议程实践的共性与个性，凸显差异性，体现多样性。对于性别平等、和平与安全含义理解上的差异，以及概念内部存在的紧张关系，可能正是体现本研究价值的知识生发点。

第四，鼓励各卷作者充分挖掘每一研究对象的具体特点，分析其历史、社会文化特质和个人因素对落实"妇女、和平与安全"议程情况的直接、间接和潜在影响。

"妇女、和平与安全"议程是维护国际和平与安全，促进妇女发展和性别平等，构建性别平等的人类命运共同体的一项综合工程。作为一个开放的研究项目，在可预见的将来，"妇女、和平与安全"研究丛书的覆盖面将进一步扩大，对议题普遍性和独特性的探索势必更加深入。让我们一起开展面向未来的学术研究，切实推动实现全球与地方的和平、安全、妇女发展与性别平等，为构建人类命运共同体而贡献微薄的力量。

李英桃

2021年3月

目 录

导　论

　　20世纪80年代，国际社会开始探讨妇女、和平与安全议题。"早在1985年召开的联合国第三次世界妇女大会上，各国代表就围绕妇女、冲突与和平问题进行了激烈的辩论。1995年召开的第四次世界妇女大会在唱响'妇女的权利是人权'的同时，把'妇女与武装冲突'列为《行动纲领》中提出的12个重大关切领域之一，包括五个战略目标：第一，增进妇女在决策层参与解决冲突并保护生活在武装冲突和其他冲突状态或外国占领下的妇女。第二，裁减过分的军事开支并控制军备供应。第三，推动以非暴力方式解决冲突并减少冲突状态下侵犯人权情事。第四，促进妇女对培养和平文化的贡献。第五，保护、援助和培训难民妇女、其他需要国际保护的流离失所妇女和国内流离失所妇女。"[1]

　　随后，妇女、和平与安全议题的概念被不断丰富和发展，最终作为"妇女、和平与安全"议程在联合国安理会第1325（2000）号决议（以下简

---

1. 李英桃、金岳嵘：《妇女、和平与安全议程——联合国安理会第1325号决议的发展与执行》，《世界经济与政治》2016年第2期。

称"第1325（2000）号决议"）中被确定下来，"主要内容可以概括为参与（participation）、保护（protection）、预防（prevention）以及救济与恢复（relief and recovery）四个方面，社会性别主流化战略始终贯穿其中"[1]。除了"社会性别平等主流化"概念，"妇女赋权""妇女发展"等概念也与该议题有着密切联系。

而对于如何有效执行第1325（2000）号决议，落实"妇女、和平与安全"议程，不同国家和区域会根据自身国情采取不同的措施。在本国妇女、和平与安全观的指导下，俄罗斯充分认可"妇女、和平与安全"议程的重要意义，认为第1325（2000）号决议"已经成为冲突中保护妇女和加强妇女在预防和解决冲突与冲突后恢复方面作用的一个实际参照点"[2]。受俄罗斯妇女和平安全观的影响，俄罗斯政府认为推动"妇女、和平与安全"议程是一个系统工程，降低妇女在冲突中所受到的伤害，必须建设和平的环境，推动经济建设与社会发展，并在上述各个领域赋权妇女，使她们在其中发挥积极作用。同时，俄罗斯认为本国没有发生冲突也不需要冲突后重建，因此无须制定执行第1325（2000）号决议的国家行动计划，而将"落实妇女、和平与安全"议程的重点放在促进本国妇女全面发展，赋权妇女以及保护妇女人身安全、免受暴力侵害等方面。俄罗斯形成了以妇女全面发展为核心、以和平安全的发展环境为前提的妇女、和平与安全观。

在此背景下，本书将重点梳理和总结俄罗斯政府促进妇女发展的政策与具体实践，并尝试对俄罗斯妇女发展的实践效果进行分析。第一章总括俄罗

---

1. 李英桃、金岳嵘：《妇女、和平与安全议程——联合国安理会第1325号决议的发展与执行》，《世界经济与政治》2016年第2期。
2. 俄罗斯代表2010年10月26日在联合国安理会第6411次会议上的发言（S/PV.6411），https://undocs.org/zh/S/PV.6411，最后访问日期：2020年6月18日。

斯妇女、和平与安全观的历史演进和当代特色；第二章阐述俄罗斯落实发展的妇女、和平与安全观的组织机构与政策措施，即俄罗斯政府、妇女联盟和妇女组织的相关政策和主要作用；第三章梳理和总结俄罗斯落实发展的妇女、和平与安全观的具体实践，包括妇女的经济赋权、裁减军备、打击人口贩运和维护妇女权益等；第四章通过分析俄罗斯落实发展的妇女、和平与安全观的典型案例，生动展示俄罗斯促进妇女发展取得的进展；第五章着重分析俄罗斯落实发展的妇女、和平与安全观的实践效果，采用国际上认可的性别平等与妇女发展相关的评估框架，对俄罗斯妇女发展的状况从不同侧面进行测评。

　　值得注意的是，俄罗斯贯彻妇女、和平与安全观和促进妇女发展的政策和实践具有一定的历史延续性。从沙俄时期妇女争取受教育的权利和工作的机会而开展的斗争，到苏联时期采取多种措施解放妇女，再到当代俄罗斯在政治、经济、社会等方面赋权妇女，都符合"妇女、和平与安全"议程的题中应有之义。因此可以认为，俄罗斯落实"妇女、和平与安全"议程的实践体现于俄罗斯不同的历史时期，同时，俄罗斯落实"妇女、和平与安全"议程的实践也是该国贯彻妇女、和平与安全观的重要组成部分。苏联政府鼓励妇女就业、参与公共事务，还建立了苏联妇女委员会，关注苏联妇女在家庭、工作单位和社会中不同分工的有机结合，并向其他国家的人民表达苏联妇女追求和平与谅解的意愿。当代俄罗斯在很多方面承袭了苏联的做法，采取一系列措施保障性别平等，制定提高妇女地位的国家构想。在机构组织方面，苏联妇女委员会重组为俄罗斯妇女联盟，在提高妇女地位、改善妇女生活状况和宣传俄罗斯妇女良好形象方面继续发挥作用。在促进本国妇女发展的具体工作和实践中，俄罗斯政府、俄罗斯妇女联盟、妇女组织和妇女个人都发挥了各自的作用。

　　综上，从俄罗斯落实发展的妇女、和平与安全观的实践效果来看，可得出以下结语：第一，国内方面，俄罗斯的部分妇女问题在一定程度上得到解决，与20世纪末相比，俄罗斯妇女的就业率大幅提高，俄罗斯妇女保持着较高的受教育率和教育水平，俄罗斯打击人口贩运的力度也有所加大。但是，受到传统陈旧的性别观念的影响，俄罗斯妇女还面临着诸多问题：性别间工资差异大、妇女参政率不高，特别是针对妇女的家庭暴力事件未能有效预防和制止，给妇女造成严重的身心伤害，这也成为俄罗斯实现和平、安全、公正有序的社会发展环境的重大障碍。第二，国际方面，俄罗斯也在维护和平方面贡献力量，苏联解体之后，俄罗斯连续多次较大规模裁军，客观上为避免大国间军备竞赛、维护世界和平与稳定创造了有利条件；近年来，俄罗斯女性维和人员数量有所增加，女性军事观察员人数实现了零的突破。

第一章　俄罗斯妇女、和平与安全观的建构

　　"妇女、和平与安全"作为一个议题受到联合国，特别是联合国安理会关注，有着特定的时代背景。冷战结束后，新安全观对个人权利的保护，在卢旺达内战、科索沃战争中女性受到伤害的事实，此前联合国已经存在的关于在冲突中保护妇女的法律，女性主义者的持续努力，为当下分析妇女、和平与安全议题提供了重要前提。在俄罗斯，对保护冲突中妇女的关注，与其面对的国际局势及整体安全观密不可分。在俄罗斯，妇女参与和平与安全建设与国家和平与安全局势紧密相关，主要表现为在战争年代，女性参与苏俄内战、苏联卫国战争，以及在战争中支援国家建设；冷战时期，苏联妇女在社会各个领域积极参加社会生产，为国家重军事力量建设的发展战略贡献力量，妇女经济地位和社会地位同时也得到提升。进入后冷战时期（20世纪末至今），随着俄罗斯综合安全观的逐步建立，妇女权利议题逐渐凸显，俄罗斯重视发展经济、提升综合国力，妇女发展也得到更多保障，妇女参与和平与安全建设的历程也表现为妇女获得经济、社会、文化等全方面发展的历程。

纵览俄罗斯和平安全局势的演变与俄罗斯妇女解放、发展历程，可以发现，早期受马克思主义理论影响，列宁、斯大林等国家领导人及以克拉拉·蔡特金等为代表的妇女解放领袖，都认为私有制是妇女受压迫的根源，民族解放是妇女解放的重要条件，充分肯定妇女在社会主义建设中的重要作用。苏联之后，俄罗斯在联合国安理会事关"妇女、和平与安全"议程的会议中提出了自己的重要观点，即认为妇女参与和平与安全建设应落在实处，推动妇女在政治、经济、文化、军事等各个领域中的参与，保障妇女权益，提升妇女地位。

有鉴于此，本章首先简单回溯俄罗斯整体国家安全观的渐变与沿革，以为考察俄罗斯建构本国妇女、和平与安全观提供总体框架。其次，按照1917—1945年、1945—1990年、1990年至今三个历史阶段，梳理俄罗斯妇女发展和参与和平安全建设、俄罗斯建构妇女、和平与安全观的历程：1917—1945年这一历史阶段，侧重梳理早期苏俄领导人关于妇女解放与民族解放之间的关系、妇女解放途径的论述，介绍苏俄妇女参与内外战争助力民族解放并获得自身权益的过程；1945—1990年这一历史阶段，是美苏冷战时期，苏联延续了俄罗斯传统的安全观，对军事力量依然重视，这是苏联军事实力迅速发展的时期，也是苏联发展的重要阶段，妇女在其中起到重要作用，其自身的经济社会地位亦得到改变；1990年至今是后冷战时期，妇女权利及妇女参与和平与安全建设的进程，与俄罗斯国家综合实力提升的过程紧密相连，妇女参与和平与安全建设逐渐显性化，在这一方面以俄罗斯代表在联合国安理会"妇女、和平与安全"议程的发言为脚本，分析俄罗斯关于"妇女、和平与安全"议程的主要观点和立场，并归纳当代俄罗斯妇女、和平与安全观的主要特点。

第一节　古代俄罗斯到当代俄罗斯安全观的发展变化

从 13 世纪莫斯科公国开始至今，俄罗斯安全观经历了从传统安全观向新安全观演进的漫长过程。总的来看，从莫斯科公国建立到 20 世纪 80 年代苏联末期的近 800 年里，俄罗斯安全观表现为以"扩张"求安全的"军事型国家安全战略"。随着冷战结束、东欧剧变，特别是苏联解体，俄罗斯的国家安全战略展示了捍卫国家主权、独立和领土完整的能力，[1]形成了"安全主体多元化、安全内容综合化、安全手段多样化"的新安全观，它不再把国家安全仅仅看成与军事相关的事务，也不再把目光仅仅盯在国家之外的威胁上，主张用系统的综合手段来追求国家安全。

一　古代俄罗斯注重军事安全的传统安全观

总的来看，从莫斯科公国建立到 20 世纪 80 年代苏联末期的近 800 年里，俄罗斯国家安全观表现为以"扩张"求安全的特点，有学者将其称为"军事型国家安全战略"，即国家安全等同于军事安全，军事扩张是维持国家军事安全的主要手段。[2]

从 19 世纪初到 20 世纪初的一百年当中，俄国对外用兵的记录一直不停地延续着：1828 年 4 月，沙皇尼古拉一世亲率 15 万大军发动了对土耳其的战争。1830 年，沙皇派遣 115 万人的军队镇压了波兰人民的反俄民族起义；在攻陷

---

1. 陆齐华：《俄罗斯国家安全战略的历史演进》，《俄罗斯学刊》2016 年第 4 期。
2. 罗英杰：《俄罗斯国家安全战略研究》，时事出版社，2020，第 17 页。

华沙之后，又命令 10 万人的俄军常驻波兰，加强殖民统治，这激起了受压迫者的强烈反抗。1849 年 6 月，沙皇派出 20 万人的大军血腥镇压了匈牙利革命，从而使得俄国的欧洲大陆霸主地位得到巩固。1853 年，俄国为在黑海沿岸获取更大的利益，以无理要求为借口悍然出兵土耳其，俄土战争就此爆发。为了同俄国争夺黑海和巴尔干地区的控制权，英国、法国和奥地利等国于 1854 年对俄宣战，史称克里米亚战争，西欧列强的参战很快改变了战争的局面，处于孤立一方的俄国最终战败，于 1854 年 3 月被迫缔结和约。1877—1878 年，俄土战争再次爆发。俄军尽管取得了战场上的胜利，但在英国、奥匈帝国等国的干涉下未达到预想的目的。19 世纪下半期，俄国还把势力范围延伸到高加索和中亚地区。先后经过两次同波斯的战争，抢占了大部分高加索地区，把其疆界向南推进了几百公里，使波斯帝国在很大程度上丧失了独立，被迫依附于俄国。俄国对中亚地区的武装蚕食也几乎从未停止。依靠强大的军队，俄国最终征服了中亚近 400 万平方公里的土地。与此同时，俄国也加紧了对东方邻国——中国的侵略。在短短几十年中，夺取了中国东北边境和西部边境共约 150 万平方公里的领土，并获得了许多有损于中国利益的特权。

通过向四面不断扩张，到 19 世纪末，俄罗斯的国家版图最终确立。经过长达 350 年的血腥兼并和殖民扩张，俄国的领土面积由 280 万平方公里剧增到 2280 万平方公里，占据世界陆地总面积的 1/6，俄罗斯从东北罗斯的一个小国扩大成横跨欧亚大陆的庞大帝国。[1]

1917 年俄国十月革命后，俄罗斯进入苏俄（苏联）时代，并在 20 世纪

---

1. 唐晋主编《大国崛起》，人民出版社，2007，第 420 页。

30年代步入世界先进国家行列，在国际舞台上产生了重大影响。在两次世界大战及美苏争霸时期，面对动荡的国际环境，俄罗斯注重军事力量的国家安全战略得到延续。在第二次世界大战期间，苏联更成为世界反法西斯战争的主要战场，苏联人民成为世界反法西斯战争的主力军。苏联卫国战争的胜利，改变了第二次世界大战的形势，成为整个反法西斯战争的重要转折点。冷战期间，苏联的国家安全观以生存为根本，把增强军事实力放在维护国家安全的首位。长达40多年的美苏争霸时期，苏联凭借强大的军事力量推行强硬外交和霸权主义政策，与美国展开全面对抗。

总而言之，从13世纪莫斯科公国开始，对领土和霸权的攫取，使沙皇俄国能够利用所得领土和霸权来争取更大的优势，在此基础上形成了俄罗斯的"以军事手段实行对外扩张"的传统安全观。这种扩张性、侵略性的安全观，以俄罗斯特殊的地缘政治环境为物质基础，以东正教的"弥赛亚意识"为思想基础。[1]一方面，俄罗斯以地缘环境为基础，为了谋求民族的生存，维护国家的安全，采取了扩大领土、加大防御纵深，以空间争取时间的战略方法。另一方面，东正教救世观念形成了俄罗斯的大国情结，奠定了俄罗斯要拯救世界的心理基础，成为支撑俄罗斯不断扩张领土的强大精神支柱。

二 当代俄罗斯的综合性新安全观

东欧剧变和苏联解体使得第二次世界大战后形成的两极对立体制发生了根本性变化，在失去苏联的牵制后，美国极力尝试制造"单极世界"，西方势力步步紧逼；日本、西欧等经济体快速发展，"一超多强"政治格局逐步形成，

---

1. 罗英杰：《俄罗斯国家安全战略研究》，时事出版社，2020，第13页。

多极化趋势不断加强。两极格局的消失缓和了国际安全局势，大大降低了世界大战爆发的可能，由美苏对峙引发的紧张态势急剧降温。在俄罗斯国内，苏联解体也使得部分地区成为"权力真空地带"，国家安全形势不容乐观，斗争更为复杂，外部安全压力的相对降低使得地区内因核冷战而积压的民族宗教矛盾和领土纠纷集中爆发，局部冲突成为区域常态。

冷战结束后，随着国际关系趋于缓和，军事威胁下降，和平与发展成为时代主题，传统安全问题不再那么严峻。国际竞争逐渐由传统的军事力量竞争转变为以经济为主的国家综合国力的竞争。在重新寻求大国身份的过程中，俄罗斯的新安全观不再局限于军事层面，内涵更为丰富。

俄罗斯根据新形势下保障国家安全的需要，对国家安全战略的理论和内容做出调整和更新，形成了新安全观：由依靠军事实力为主转向依靠政治、经济、军事等多种手段的综合运用。新安全观展示了俄罗斯捍卫国家主权、独立和领土完整的能力，在解决重大国际问题、调解国家间冲突和危机中发挥着越来越大的作用。[1]

相较于以军事安全为核心的传统安全观，俄罗斯的新安全观是一种过渡型安全观，它主要表现为安全主体多元化、安全内容综合化、安全手段多样化，不再把国家安全仅仅看成与军事相关的事务，也不再把目光仅仅盯在国家之外的威胁上，主张用系统的综合手段来追求国家安全。但同时，俄罗斯依然强调国家的安全主体地位、军事安全在国家安全中的重要性和军事手段对维护国家安全的决定作用。从安全主体看，俄罗斯构筑起以国家为基本安

---

1. 陆齐华：《俄罗斯国家安全战略的历史演进》，《俄罗斯学刊》2016年第4期。

全主体的多元化安全体系，把个人、社会和国家都视为安全的主体，主张安全主体多元化。从安全内容看，俄罗斯打破了仅仅局限于军事领域的传统安全观，把安全的内容从军事领域扩展到经济、内政、社会、信息、边界、生态和国际等诸多领域，除重视自身各领域安全外，俄罗斯还把安全视野延伸至国际安全方面，致力于在次地区、地区和全球范围建立相应的安全保障机制。这对维护地区与全球和平具有重要的意义。在保证国家安全的手段方面，俄罗斯不再把军事手段看作维护国家安全的唯一有效手段，强调军事手段和非军事手段的综合运用，即确保国家安全的手段包括军事、政治、经济、法律及其他方面的措施。

综上所述，俄罗斯安全观由传统安全观向新安全观转变的过程与其国内发展的趋势和特点紧密相关，也与国际政治的走势紧密相关。苏联解体后，美苏冷战局势结束，20世纪90年代末期，"一超多强"格局逐渐形成，多极化趋势凸显，俄罗斯充分壮大国家实力，努力成为"多极"力量中的重要一员；在国际上，"和平与发展""总体和平、局部冲突"成为国际关系的主要特点，俄罗斯也韬光养晦，采取了一系列壮大国家经济实力、促进经济发展的措施，女性社会地位、经济地位的提高和妇女发展是其中的一个重要部分；顺应国际发展潮流，对包括妇女权利在内的"人权"的保障也成为其新安全观的重要内容。

第二节　十月革命到卫国战争的妇女解放历程与和平安全建构

1917年俄国十月革命打碎了帝国主义链条上最脆弱的一环，苏维埃俄国成立。新成立的苏维埃俄国面临着内忧外患的形势，战争成为这一时期的主题。苏俄（后为苏联）先于1918—1922年进行了扫除外国武装干涉势力及国内武装暴乱势力的战争，后于1941—1945年进行了艰苦卓绝的反对德国法西斯的卫国战争。这一时期也是新旧交替的时期，1917年二月革命推翻了沙皇俄国的统治，随后，十月革命建立起苏维埃政权，俄国社会逐渐从封建社会迈向社会主义社会，社会中解放思潮鼎盛，关于妇女解放和妇女权利的讨论相伴其间，妇女自身也为获得受教育权、选举权、就业权、社会福利保障而努力奋斗。受马克思主义理论影响，妇女解放与民族解放进程紧密结合在一起。

一　十月革命到卫国战争关于妇女解放的主要观点

苏俄（苏联）领导人列宁、斯大林及德国妇女解放领袖蔡特金等人的妇女解放思想深刻影响了俄罗斯妇女解放的历程。受马克思主义理论影响，列宁、斯大林、蔡特金等将俄罗斯妇女解放与俄罗斯民族解放紧密结合在一起，提倡妇女参加社会生产劳动，主张以法律手段保障妇女权益。这些主张在推动妇女解放的同时，也在特殊的历史时代背景下，给出了妇女参与和平与安全建设的途径。

（一）列宁：在改造社会中实现妇女解放

列宁作为第一个把马克思主义理论变成现实的人，力图在改造社会中实现马克思主义关于妇女解放和男女平等的主张，他领导苏俄制定了贯彻男女平等原则和妇女解放的法律法规；指导政府吸引广大妇女参加社会生产活动。[1]

---

1. 吴琼、高静文：《列宁、斯大林的妇女解放思想及其实践浅析》，《中华女子学院学报》2008年第3期。

1.在改造社会中实现妇女解放和男女平等的主张。

列宁接受了马克思主义关于妇女参加社会劳动的思想，他认为要彻底解放妇女，使她们与男子真正平等，就必须有公共经济，必须让妇女参加共同的生产劳动。他力主成立公共机构如公共食堂、托儿所和幼稚园，帮助妇女从琐碎家务中摆脱出来。在列宁的倡导和历届苏联政府的法律保障下，无论是在国内战争、卫国战争，还是在集体化、工业化和恢复国民经济期间，苏联政府都曾给妇女开辟了广阔道路。妇女可以同男人一样享受一切物质福利和文化福利，享受一切公民权利。[1]

2.在法律上保障男女平等。

以列宁的妇女解放思想为指导，苏俄政府制定了贯彻男女平等原则和妇女解放的法律法规，妇女与男子平等地拥有选举权、劳动权、受教育权等。特别是1917年俄国十月革命胜利后，国家消灭土地私有制度，农村妇女都分到了土地。[2]

3.强调妇女从家庭中的解放。

列宁在分析妇女社会地位时看到了妇女所承受的社会、家庭双重压迫，认为把妇女从家庭中解放出来是妇女解放的基础。他认为妇女受压迫的根源是私有制，家庭是私有制的主要体现者之一，消灭私有制就要消灭家庭私有，使妇女从家庭中解放出来，要看到妇女受家庭劳动的压迫，妇女的家庭劳动没有得到社会承认；要在社会中成立公共机构来帮助妇女从琐碎家务中摆脱

1. 于一：《俄罗斯妇女运动及列宁斯大林的妇女理论》，《中国妇运》2010年第12期。
2. 于一：《俄罗斯妇女运动及列宁斯大林的妇女理论》，《中国妇运》2010年第12期。

出来,如成立公共食堂、托儿所和幼稚园。[1]

4.妇女要获得解放就要积极参政,参与社会管理。

列宁认为,要使女工不但在法律上而且在实际生活中都能同男工平等,就要做到使女工多多地参加公共企业和国家管理。为此,列宁还罗列了一些适合妇女从事的社会工作,包括在军队中开展宣传、动员工作,在粮食部门进行分配粮食、改善群众伙食的工作,等等。

（二）斯大林：重视妇女在社会主义建设事业中的作用

斯大林的妇女解放思想和实践主要有两点最突出:一是重视妇女在社会主义建设事业中的重要作用,另一个是妇女要接受教育。

1.重视妇女在社会主义建设事业中的重要作用。

斯大林将是否得到妇女拥护看作无产阶级政权胜败的关键,对妇女在社会主义建设中的地位持肯定态度。斯大林多次在各种演说及文章中充分肯定妇女的伟大作用。例如,1923年11月10日,在纪念女工和农妇第一次代表大会五周年会议上,斯大林正式提出对劳动妇女进行政治教育。斯大林不仅在理论上肯定妇女的作用,而且在实践上鼓励女工参加社会生产活动,为妇女的劳动创造了有利的条件。[2]斯大林主张积极吸收妇女参加社会公共劳动与苏维埃工作,将能使妇女纳入公共劳动的合作社从经济领域推广到政治、文

---

1. 吴琼、高静文:《列宁、斯大林的妇女解放思想及其实践浅析》,《中华女子学院学报》2008年第3期。

2. 黄斐:《近10年国内学界关于马克思、恩格斯、列宁、斯大林妇女理论的研究述评》,《山东女子学院学报》2016年第3期。

化各个领域，从城市推广到农村；大力开展集体农庄运动，在比较落后的农村地区实施集体农庄的劳动日制度，推进农村中男女平等的实现和妇女的自由劳动。[1]

2.妇女要接受教育。

斯大林另一个很重要的思想就是妇女要接受教育。他认为妇女必须接受教育：一是妇女人口多，"如果占我国人口半数的妇女今后仍然受到压抑，没有觉悟和愚昧无知，她们就一定会成为一切前进运动中的绊脚石"[2]；二是，如果妇女受教育就会推进"工业的共同事业""农业的共同事业""改善我们的苏维埃和合作社，使它们巩固和发展"；三是，她们是我们青年——我们国家的未来——的母亲和教养者。正因如此，斯大林领导下苏联开展了从女工到农妇、从城市到农村的实践，对妇女进行各种教育。斯大林推进妇女教育的实践使妇女素质大为提高。

（三）蔡特金：消灭私有制，将妇女纳入社会生产

作为第二国际和第三国际的领导人之一，克拉拉·蔡特金（Clara Zetkin）是恩格斯与列宁的亲密战友，也是妇女解放运动领袖。蔡特金受恩格斯《家庭、私有制和国家的起源》影响，认为私有制是女性受压迫的根源。

1.私有制是妇女受压迫的真正根源。

蔡特金认为男性对女性的压迫和奴役真正来自私有制，妇女不平等地位

---

1. 黄斐：《近10年国内学界关于马克思、恩格斯、列宁、斯大林妇女理论的研究述评》，《山东女子学院学报》2016年第3期。

2. 于一：《俄罗斯妇女运动及列宁斯大林的妇女理论》，《中国妇运》2010年第12期。

的根源蕴含在财产关系中，无产阶级妇女的解放之路从根本上只能是推翻资本主义制度、建立社会主义制度。共产国际成立之后，蔡特金提出了共产主义妇女运动的总目标，即消灭私有制和资本主义，建立公有制和社会主义、共产主义。蔡特金在这个问题上进一步丰富了马克思和恩格斯关于推翻私有制、实现妇女解放的思想，使这一思想在指导劳动妇女具体斗争实践的过程中更加充实起来。[1]

2.将妇女纳入社会生产是消除私有制对妇女压迫的重要途径。

在蔡特金看来，要实现真正意义上的男女平等和妇女解放，除了公有制取代私有制外，另一个就是必须将妇女的活动纳入社会生产过程。蔡特金认为，资本主义大工业大大促进了家庭生产，从而使妇女生产家庭用品的劳动成为多余，妇女摆脱了家务劳动的束缚；机器大生产也减轻了体力的消耗和沉重的劳动，为妇女参加劳动生产提供了条件。妇女参加工业生产后，在经济上不再依附男人，而是和男人平等了，他们都受资本家的剥削和压迫。这样就不存在男工和女工之间利益的真正对立。[2]

除了经济、政治、文化条件外，在蔡特金看来，妇女的解放也依赖于其他的一些社会条件，主要表现在传统思想束缚的破除以及妇女享有平等的社会参与权利和社会管理权利等方面。

二　妇女通过参与战争保卫国家安全的历史实践

1917年俄国十月革命胜利后，布尔什维克党从沙皇手里接过了一个千疮百

1.冯子珈：《蔡特金的妇女解放思想及其当代启示》，《山东女子学院学报》2019年第5期。
2.冯子珈：《蔡特金的妇女解放思想及其当代启示》，《山东女子学院学报》2019年第5期。

孔的国家。[1]苏俄（苏联）先后经历了内战时期、新经济政策时期、20世纪30年代社会主义建设时期及第二次世界大战（卫国战争）时期。无论是战争年代挺进战场、保卫家园，还是支援国家建设，苏联妇女都发挥了重要作用。

（一）内战时期苏俄（苏联）妇女积极参与战争

布尔什维克党执政后，迅速采取行动，制定了妇女解放计划，对父权体制进行改革。由于其本身具有的革命属性，布尔什维克党试图摧毁包括父权制、君主制、宗教在内的旧有制度，代之以一个人民自治、共享的新社会。

布尔什维克党颁布保障妇女在经济、教育、法律和政治上与男性平等的法律，并提供社会服务。1918年1月，社会福利委员会制定计划，为产妇提供母职照料和津贴。同月，"土地社会化"法令规定，保障妇女享有与男子同等的土地所有权和使用权。1918年夏天，宪法规定妇女享有与男性同等的政治权利。1918年颁布的《俄罗斯苏维埃联邦社会主义共和国婚姻、家庭和监护法典》将婚姻作为一种民事合约从教会神权中解放出来，宣布妻子和丈夫享有同等权利，使离婚合法化。劳动委员会制定法令规定，废除就业性别歧视，给予女性带薪产假。教育委员会重申了资产阶级临时政府于1917年4月发布的法令，规定所有公共教育均采取男女同校。

在布尔什维克党起草新法律时，苏俄陷入内战。从1918年到1920年，布尔什维克的反对者与布尔什维克政权展开了战斗。布尔什维克女性主义者迅速对内战做出回应，认为为取得战争胜利，布尔什维克党应争取工人阶级和

---

1. 马佩云：《1922—1936年苏联妇女社会地位变化研究》，硕士学位论文，黑龙江省社会科学院，2019，第12页。

妇女的支持。布尔什维克党内领导人听取了这一建议，并于1919年授权在党内成立妇女部，由列宁好友伊内萨·阿尔芒（Inessa Armand）任负责人。布尔什维克党内的妇女领导者将成千上万名布尔什维克政权的女性支持者组织起来，宣传马克思主义妇女解放思想，争取贫穷妇女支持，并开展针对党内妇女的宣传。

战争给苏俄经济及社会生活带来重创，运输崩溃，粮食供应进一步减少，霍乱、痢疾、流行性感冒、伤寒和斑疹伤寒导致了年老体弱者死亡，数百万农村妇女失去配偶。到1918年，女性在工业劳动力中占45%。[1]还有很多女性在艺术、文员、法院系统、教育、新闻、医学、警察和社会服务机构任职。艰难局势使得学校难以开学，儿童照料成为难题。

据统计，苏俄内战时期，3万多名妇女加入了共产党，还有数千人参加了妇女部的会议和行动计划，6.5万名妇女加入红军，占红军总数的2%。妇女从事的工作比以往任何时候都多，她们当宣传文员、邮差、司机、护士、间谍等，一些妇女还加入了作战部队。[2]

（二）新经济政策时期苏联妇女的解放与失业

自20世纪20年代开始，苏联开始实行新经济政策。新经济政策下，政府放松了内战时期对经济的全面管控，给予企业更多自由，强制性的余粮征集制也停止了。在新成立的苏维埃政权中，新经济政策的实施逐渐建立起了新

---

1. Wendy Z. Goldman, *Women at the Gates-Gender and Industry in Stalin's Russia*, New York: Cambridge University Press, 2002, p.1.

2. Barbara Evans Clements, "Working–Class and Peasant Women in the Russian Revolution: 1917–1923," *Signs*, Vol. 8, No.2, 1982.

的社会秩序，女性议题也被提上日程。

在政府鼓励下，女性主义运动持续开展，女性受教育机会和就业机会有所增加，这推动了女性走出家庭、走向社会。成千上万的女性接受了成人教育，其中一些女性还获得了白领职位。妇女部工作人员协助成立日间照料中心及自助餐厅，艺术家们设计出了时髦的服装，编写了大胆新颖的电影脚本，新政府也允许人们就家庭生活展开广泛的改革和讨论。

然而，同时，当政府开始恢复战争时期破碎的经济，并使成千上万的内战士兵加入和平时期的劳动大军时，苏维埃的女性解放主张显现出了局限性。政府下令工厂和办公室要运行得更有效率，借此默许了由前线转业的士兵来取代战争时期由女性占据的工作职位。同时政府减少了社会服务以及对健康照料和其他社会服务的补助，使更多女性失业。女性比男性的待业时间更长，因为在严苛的职场要求下，很少有女性具备相应的职业技能，也因为雇主们更倾向于雇用男性，因为其认为男性更有胜任力、效率更高。到1923年，在苏维埃社会主义共和国联盟中的俄罗斯和乌克兰，失业者中70%是女性，在接下来的十年中，她们成为待业求职大军的主力。[1]

（三）20世纪30年代社会主义建设时期的妇女发展

1928年，苏联启动了第一个"五年计划"，该计划强调发展重工业，包括化工、国防、机械制造、采矿和炼钢等，更加重视工人培训及资源利用和生产效率。

---

1. Elizabeth A. Wood, *The Baba and the Comrade: Gender and Politics in Revolutionary Russia*, Bloomington and Indianapolis: Indiana University Press, 1997, p.209.

大规模经济建设迫切需要劳动者，中央机构的经济学家计划通过雇用失业人口来满足不断扩张的工业行业对劳动力的需求，并解决劳动力短缺的问题。这时"五年计划"的执行者及政府官员将目光投向了待业的女性大军。20世纪30年代，苏联妇女占所有失业者的55%，她们正迫切需要工作。在这种情况下，政府再次下令启动针对妇女的培训计划，并要求管理人员终止带有性别歧视的雇佣政策。那些希望改善自身生活处境的妇女涌向了新的工作岗位。数据显示，20世纪30年代首次进入有酬劳动力市场的人中绝大多数是女性，1929年至1935年有400万名女性加入劳动力市场，其中170万人进入工业部门。到1940年，苏联有酬劳动力中39%是妇女，这一比例比欧洲其他任何地方都要高。[1]

在相关政策支持下，1926年至1939年，苏联9—49岁的农村女性识字率从39%提高到80%；1939年，苏联农村中学的学生中有50%是女孩。从全国来看，中学学生中56%是女孩，而在高等教育学生中这一比例也达到50%。

很多苏联妇女进入男性主导的领域，例如工程学和新闻界。很多女性在灯泡制造等新行业找到了工作；也有很多女性继续加入纺织等女性行业。到20世纪30年代后期，在苏联的医疗、研究机构和高等教育机构中，有63%的医生、42%的经济学家和36%的教职员工是女性；在新闻工作者、作家和编辑队伍中有23%的人是妇女；在视觉和表演艺术者中有30%的人是女性。[2]

---

1. Wendy Z. Goldman, *Women at the Gates-Gender and Industry in Stalin's Russia*, New York: Cambridge University Press, 2002, pp.26-27.

2. Wendy Z. Goldman, *Women at the Gates-Gender and Industry in Stalin's Russia*, New York: Cambridge University Press, 2002, pp.26-27.

虽然女性大量进入工作岗位，但工作场所的性别歧视并未消除，大多数女性从事文员、教育、食品销售和纺织业工作，其平均工资低于金属加工等男性行业的工资。采矿等被认为对妇女生殖健康有害或超出其体力限度的行业对女性不开放。对那些进入男性主导领域的女性而言，性骚扰问题严重。1939年，苏联执政党和政府最高职位中只有12%由女性担任。女性占医生从业者的63%，但只有15%的医疗机构负责人是女性。[1]

（四）卫国战争中苏联女性的重大贡献

1941年6月22日，德国出兵400万入侵苏联，苏联开始了长达四年的艰苦的卫国战争。在整个战争期间，苏联一共损失了2686.3万人，直接死于战场上的为866.84万人。战争、营养不良、疾病和纳粹迫害使得2000多万名平民丧生，到战争结束时，有2500万人无家可归，275万名退伍军人伤残。[2] 苏联妇女成为卫国战争的重要力量，无论在战争期间还是战后建设中，都做出了巨大贡献。

1.战场上的苏联妇女。

第二次世界大战期间，苏联有超过100万名妇女在军队中服役。1943年苏联军队中女性人数达到顶点，有80万—100万人，占苏联常规军队的8%。迄今为止，这是所有国家、所有战争中，参战妇女人数最多的一次。[3] 参战的女

1. Barbara Evans Clements，*Bolshevik Women: from earliest times to the present,* Cambridge and New York: Cam bridge University Press, 1997, p.103.

2. Richard Overy, *Russia's War: A History of the Soviet Effort: 1941–1945,* Lodon: Penguin Books, 1998, p.288.

3. Richard Overy, *Russia's War: A History of the Soviet Effort: 1941–1945*, Lodon: Penguin Books, 1998, p.913.

兵和男兵一样，多是未婚的斯拉夫人，大多数女兵都是从农民中征召来的。

女兵获得与同级别男兵相同的报酬，并且同样有资格获得晋升。像内战时期一样，大多数女兵被分配在辅助部门工作，比如医务人员、卡车司机、翻译、通讯员、文员和厨师等。在某些通讯和运输部门中，女兵约占人员总数的70%。在白俄罗斯和乌克兰的敌军后方游击队中，妇女也占5%—10%，她们与男兵并肩作战，破坏敌人通信，狙击德国巡逻队，搜集并传递情报，还有的做间谍。

卫国战争期间，苏联有12万名妇女在正规军作战部队中服役，包括装甲兵、炮兵和防空兵、机枪手、迫击炮手、飞行员和狙击手等多个兵种。女子狙击手训练学校毕业的1885名毕业生，显示出了高超的作战技术。空军中也能看到女性的身影，1941年夏末，玛林娜·拉斯科娃（Марина Михайловна Раскова）与党内领导者联系，请求招募女性航空兵团，并获得批准。到1942年春季，女性航空兵团的毕业生开始执行战斗任务。[1] 许多妇女凭借英勇表现获得表彰，卫国战争结束时，妇女共获得了十万多枚勋章。[2]

2.战时国家建设中的俄罗斯妇女。

卫国战争时期，妇女对苏联经济的作用比以往任何时候都更加重要，因为大多数男人都被征召入伍。从1942年2月开始，政府要求16—50岁的失业妇女开始在农业、建筑业、制造业和运输业等部门工作。与之相伴的是劳动

---

1. 杨翠红：《苏联妇女在苏德反法西斯战争中的作用》，《贵州社会科学》2015年第9期。
2. Anna Krylova, *Soviet Women in Combat: A History of Violence on the Eastern Front,* New York: Cambridge University Press, 2010, p.163.

力女性化的浪潮，非农业工人中妇女的比例从1940年的39%上升到1943年的57%，某些地区一些行业中，女性的比例更高。在莫斯科，1939年女性劳动力的比例仅为6%，到1945年这一比例上升至63%；制造业中女性劳动力的比例更高，到1945年，轻工业中80%—90%的工人是女性；在农业从业人员中，1941年，妇女占比为52%，到1945年这一比例达到80%；即便是在男性主导行业中，女性的数量及占比也在上升，到1943年，大多数拖拉机手是女性；到1944年，乌克兰南部顿涅茨盆地中，41%的煤矿工人是女性。[1]

为了满足战争需要，女性转变了工作岗位：文员变成了车床操作员，教师学会了驾驶机车；妇女也跟随工厂迁移，卫国战争前几年逃离前线迁移到后方城镇，苏联军队将德国人赶走后又迁回到西部解放区。妇女们面对着恶劣的工作条件，常常每天工作10—12小时，且持续数周。农村妇女同样承受着繁重的劳动，因为男性村民都被征召入伍，农妇们不得不加入了工人队伍，1941年至1944年，在集体农场工作的男性人数从1690万人下降到360万人。[2]妇女、老年人和孩子弥补了劳动力的空缺。[3]

战争使得苏联人口减少，政府开始采取鼓励生育的政策，为单身母亲提供资助，将孕产假延长至77天，增加了分配给孕产妇的口粮，并削减了有两个及以上孩子家庭的日托费用。1944年修订后的家庭法典通过提高离婚费用并延长离婚手续办理时间来阻止离婚，还对没有子女的育龄妇女征收所得税。

1. John Barber and Mark Harrison, *The Soviet Home Front 1941–1945: A Social and Economic History of the USSR in World War II*, London: Longman, 1991, p.216–217.

2. John Barber and Mark Harrison, *The Soviet Home Front 1941–1945: A Social and Economic History of the USSR in World War II*, London: Longman, 1991, p.216–217.

3. 孙丽红：《论苏联卫国战争时期女性在工业生产中的贡献》，《历史教学》（高校版）2015年第6期。

也是在1944年，苏联政府规定育有两个及以上子女的妇女，每多生育一个孩子，就会获得现金奖励；生育10个孩子的母亲，奖金达到5000卢布；育有七个及以上子女的妇女将获得奖章。

第三节　冷战时期妇女发展与和平安全建构

以1946年英国首相丘吉尔发表"铁幕演说"为标志，美苏进入冷战时期。在这一时期，苏联延续了其重军事力量建设的传统国家安全观，在国际上，与美国展开全面对峙。扩张性的外交政策，加之国内集权制和官僚主义导致了20世纪70年代末苏联经济的衰败。1985年，戈尔巴乔夫上台，致力于"新思维"改革，最终导致了1991年苏联解体。

一　冷战时期苏联妇女发展状况

冷战时期也是苏联经济建设和社会发展的重要时期，苏联领导者延续了集权体制，为了获得公众支持，也采取了系列改善民生的政策。苏联女性在这一历史进程中起到重要作用，其自身的经济社会地位与发展也与美苏对峙的历史进程紧密关联。苏联妇女生活条件得到极大改善，20世纪30年代建立的现代性别观念得以延续，女性受教育、社会服务得到更多财政支持。尽管相比第二次世界大战时期，该阶段传统性别观念有所增强，但也有很多女性在经济部门、政府部门、专业技术领域进入到中级职位，薪资水平、日常消费品、通信、住房、交通条件都有所改善。社会上重新兴起褒奖女性家庭价值的论调。对女性权益维护者来说，女性所面对的工作和家庭的双重负担成为其关注的焦点。

（一）斯大林社会主义建设晚期的妇女发展

第二次世界大战对苏联造成了巨大创伤：战场上牺牲的军人中，有3/4是19—35岁的青年男子；出生于1921年，被征召入伍的士兵，有90%死在战场。粮食、消费品和住房的严重短缺问题持续了多年。从1943年开始，伴随着和平曙光的到来，政府再次强调妇女承担家务的重要性，但并没有实行大规模的女性裁员，因为国家尚未在战争的创伤中恢复过来，还缺少劳动力，妇女只得同时承担着社会工作和家务劳动。

到20世纪50年代初，苏联大部分经济基础设施已恢复，社会重建也迅速进行。具有讽刺意味的是，社会建设恢复时期却伴随着对第二次世界大战期间的女军人的谴责。有人谴责退伍的女军人成为女同性恋。有些妇女开始把工作让给了从战场上回来的男子。这在农村尤其明显，男人重新在集体农场担任领导职务，女性重型机械操作员的比例从1943年的55%下降至1949年的5%。战争结束后多年，国家在入学、就业、入党等方面给予男性退伍军人优待政策，也对女性参与有偿劳动产生了负面影响。[1]

（二）赫鲁晓夫时期的苏联妇女发展

赫鲁晓夫执政后，削减了警察权力，放宽了新闻审查制度，着手提供更多日常消费品，减轻农民负担，动员人民参加生产劳动，完成政府经济增长计划。

尽管赫鲁晓夫从未将妇女问题列为高度优先事项，但政府采取的措施客

---

1. Greta Bucher, *The impact of World War II on Moscow women: gender consciousness and relationships in the immediate postwar period, 1945–1953*, Ph.D. diss, Ohio State University, 1995, pp.65–71.

观上提升了妇女地位。1955年，鉴于众多暗箱操作的地下堕胎产业损害女性健康，政府推行堕胎合法化。20世纪50年代末，政府还降低了离婚费用，并将带薪产假从77天增加到112天。此外，政府还制定了更严格的劳动保护法，保护妇女劳动权益。在赫鲁晓夫的鼓励下，诸如《文学公报》和《特鲁德劳动报》等杂志加入了妇女出版的行列，呼吁扩大社会公共服务供给。为树立女性榜样，赫鲁晓夫执政期间，更多妇女进入政府部门，还建立了女宇航员培训计划。并组建妇女组织，让妇女参与社区治理，这些女性社会组织吸纳了数万名女性参与社区服务。[1]

（三）勃列日涅夫时期苏联妇女发展

1964年，勃列日涅夫继任苏联领导人。新领导层在增加军费开支的同时还增加了农业投资，劳动者工资有所提高。但国内日常消费品仍供不应求。为满足国内需求，政府默许进口服装和电子产品，还引进外国投资提振经济。

此一时期，为跟上与美国军备竞赛的进度，苏联迫切需要提高劳动生产率、推动人口增长。政府意识到斯大林时期所采取的取缔堕胎、增加离婚难度的措施并没有提高女性生育的积极性，大多数城市妇女仍然只有两个以下的孩子，且由于家庭照料负担，女性的工作时间也少于男子，不利于社会生产。考虑到这一点，政府着手改善社会服务，加大社会公共服务供给。到1970年，在城市，50%的儿童得以进入托儿所，此后这一数字持续提高；政府还提高了产假和探亲假补贴，为低收入家庭儿童提供津贴。到20世纪80年

---

1. Lynne Attwood, "Celebrating the 'Frail-Figured Welder': Gender Confusion in Women's Magazines of the Khrushchev Era," *Slavonica*, Vol.8, No.2, 2002.

代初，政府将带薪产假延长至婴儿出生前8周和出生后8周，女性还可以在不被辞退的情况下再休10个月假。政府还提高了退休人员养老金，其中绝大多数是女性。这改善了女性长期因工资低而在经济上依赖丈夫的情况，为数百万名单身女性提供了资助。[1]

此外，政府还颁布新法律，简化离婚手续并降低费用，放宽离婚限制。1968年法律规定实行无过错离婚。社会福利改善，文艺作品和媒体宣传都重申了家庭生活的重要性，并强调了母亲角色的重要性。同时，这一时期的社会政策也鼓励女性参加社会劳动，这对提升妇女意识、争取性别平等至关重要。

（四）戈尔巴乔夫时期的苏联妇女发展

1985年，戈尔巴乔夫当选为苏共中央总书记，主张对国内外政策进行根本性变革。政府放松了对知识分子和媒体的管控，鼓励对现状的批判，着手建立改革的支持机制，实施经济结构改革，包括下放经济管理权、试验小企业私有制、鼓励吸引外国投资。改革遭到了一些人的公开抵制。面对阻力，戈尔巴乔夫进一步推动了"民主化"进程，动员公众支持改革，允许示威和罢工。与此同时，戈尔巴乔夫推行彻底的外交政策改革，与美国签订裁军条约。改革直至1991年12月，苏联解体。

戈尔巴乔夫政府并未使苏联的经济状况得到改善，与政治改革和外交政策改革相比，其对经济改革更加谨慎，因为担心中央集权体制的解体带来破坏。到20世纪80年代末，商品短缺现象加剧，国民生产总值下降，包括女性

---

1. Katz K, *Gender, Work and Wages in the Soviet Union: A Legacy of Discrimination*, London: Palgrave, 2001, p.104.

在内的所有苏联人都面临着极大的经济困难。戈尔巴乔夫重视女性生活困难问题，重申了妇女参与家务劳动的重要性，承诺改善社会服务，授权建立科研机构研究妇女问题，还任命女性官员亚历山德拉·比留科娃（Александра Бирюкова）担任政治局委员。1989年，苏联全国人大代表中妇女的比例达到16%。[1]

整体来看，美苏冷战时期，苏联内部阶级和民族之间的冲突有所缓和，基础设施建设得到加强。当局受国内需求和国际舆论影响，采取措施改善妇女婚姻状况，赋予其离婚及生育选择权，关照其生活难题。随着经济发展放缓，女性承担着家庭与工作的双重压力。妇女组织增加，苏联妇女委员会坚持女性主张，女性主义者、宗教界的女性、军人母亲等妇女群体则成立了自己的独立团体。

二　国际妇女反战运动中的苏联妇女参与

在美苏对峙的高压态势下，国际舞台上也充斥着紧张气氛。由于20世纪上半叶接连不断的战争给人们生活造成的惨痛影响，冷战时期，民间存在强烈的反战情绪。在国际妇女组织的倡导下，"妇女、和平与安全"议程受到关注。

（一）国际民主妇女联合会与"妇女与和平"

国际民主妇女联合会（Women's International Democratic Federation，WIDF）是国际性妇女组织。1945年11月26日至12月1日，第一届国际妇女代表大会在巴黎召开，决定成立该组织，简称"国际妇联"，总部设在巴黎。截至1998

---

1. Barbara Evans Clements, *Daughters of Revolution: A History of Women in the U.S.S.R*, Wheeling: Harlan Davidson Inc, 1998, pp.132–133.

年底，"国际妇联"在102个国家有200多个成员组织。联合会的宗旨是争取和保护妇女的平等权利，消除对妇女一切形式的歧视和暴力，保护儿童权利；争取和平、民主、社会公正、自由、自治、民族独立、和平和裁军；团结不同种族、民族和宗教的妇女以及受压迫、被侵略和被外国统治、占领和霸权主义伤害的妇女和人民，致力于妇女在经济、社会、政治、文化方面的进步；帮助妇女了解性别问题根源，认识自身的价值和力量，主动改善自身的生存条件；促进妇女参与决策，保护环境。成立初期，该组织致力于团结各国进步妇女，反对法西斯主义，争取和平、民主、妇女平等权利，保卫儿童，支持民族独立运动。20世纪60年代以来，国际民主妇女联合会强调和平与裁军。

1963年6月24—29日，国际妇女民主联合会举办的"第五次世界妇女大会"在莫斯科克里姆林宫召开，其主题是"妇女与和平"，来自105个国家的1381名代表参加了此次会议。1963年6月29日，会议最后一天，会议代表一致通过文件——《与会女性对全世界女性的呼吁》（Appeal of the World Congress of Women to the Women of the World）。这份呼吁的主旨是：团结世界各族妇女，不论种族、宗教和意识形态背景，为了全世界的持久和平而奋斗，提出世界各国妇女要"分享体验、希望和恐惧，探索减少苦痛、实现希望的方式"。除了和平议程之外，这一呼吁还包括了性别平等的议程，"我们一致希望女性工人、农民、主妇、知识分子在社会上获得有价值的、公正的地位，获得同等的权利，以使女性获得全面发展其能力的机会，在人类前进的各个方面团结起来"。

考虑到国际民主妇女联合会的威望，以及这一会议对世界妇女的动员能力，苏联同意这一会议在莫斯科举办。苏联将其看作向世界展示苏联正面形象的外交政策。在这一会议召开的前几个月，苏维埃妇女委员会主席尼娜·波波娃（Нина Васильевна Попова）就与苏联政府官员讨论会议筹备的细则，显示出苏联对这一会议及"妇女、和平与安全"议程的重视。

（二）1975年"国际妇女年"及"平等、发展与和平"

1972年在联合国妇女地位委员会第24届会议上，将1975年定为"国际妇女年"，并确定该年的重要活动是召开一次专门讨论妇女问题的世界性政府间会议，即第一次世界妇女大会。

第一次世界妇女大会于1975年在墨西哥首都墨西哥城召开，这是"国际妇女年"的重要活动之一。133个国家和地区的1800多名代表与会。与大会同期举行的非政府组织论坛与会者约5000人。会议通过了《墨西哥城宣言》和《世界行动计划》，并将1976—1985年定为"联合国妇女十年：平等、发展与和平"。

自1975年至1985年的十年，是联合国妇女地位委员会发起的旨在促进"平等、发展与和平"的十年。苏联妇女参与其中。在苏联国内，处于勃列日涅夫领导时期，妇女积极参加社会生产，婚姻自主权利和生育自主权利得到保障，社会公共服务供给的增加减轻了苏联妇女家务劳动的负担，苏联妇女部分地享受到了平等、和平与发展所带来的福利。

（三）世界妇女大会："争取和平、平等、发展的对话"

1987年6月23—27日，在莫斯科举办了旨在反对战争、维护和平的世界妇女大会，154个国家和地区的2800名代表，各国的800个非政府组织、73个跨国非政府组织、13个联合国机构参加了此次大会。大会的主题是"争取无核武器的2000年，争取和平、平等、发展的对话"。会议受到国际民主妇女联合会的支持。戈尔巴乔夫在大会开幕式上指出，"妇女状况是任何一个国家的民主晴雨表，是尊重国内人权的指标"。他阐释了其主张开放和重建的改革政策，并表现出对妇女议题的极大关切。

会议设置八个常委会，包括：女性、和平与裁军；社会中的女性：女性与工作；女性、儿童和家庭；女性参与争取自由、独立和自决的斗争；女性与发展问题；女性与媒介；非政府组织在落实《内罗毕战略》（1985年夏天通过）中的角色与合作。[1]

第四节　冷战结束后俄罗斯的发展的妇女、和平与安全观的形成

冷战结束后，"和平与发展"成为时代的主题，无论在俄罗斯国内还是在国际上，"妇女、和平与安全"议程都有了新的转向与内涵。"一超多强"局面下，虽然全球性的战争与冲突得以避免，但是局部冲突不断，特别是2001年"9·11"事件之后，包括妇女权利在内的人权面临极大挑战。新形式的战争很少涉及正面战场冲突，却往往导致社会秩序、生活体系和社会规范的瓦解，给女性的人身安全和社会角色造成特别严重的影响。为建立和巩固"有利于性别平等"的和平，妇女们通过自身的努力开展了缔造和平的活动，联合国及相关机构也逐渐开始把社会性别与和平磋商及国际社会环境的改善密切联系起来。联合国更积极的倡导包括"共同安全""人的安全"和"全球安

---

1. Milnor Alexander, "The World Congress of Women," *Canadian Women Studies,* Vol.9, No.1, 1987.

全"在内的新安全观，完成了从传统安全观到非传统安全观的转变。[1]

20世纪90年代末以来，联合国安全理事会通过了一系列非传统安全问题的决议，其中安理会第4213次会议通过的联合国安理会关于妇女、和平与安全的第1325（2000）号决议受到人们的广泛关注。人类首次将维持世界和平与安全之事与性别平等和赋权妇女联系起来，成为一个新的国际规范。妇女、和平与安全规范包括安理会通过的第1325号及其后各个决议。联合国呼吁各国确保在预防和解决冲突的国家、区域和国际机构和机制的决策层中增加更多妇女代表，打击性暴力犯罪和保护妇女权利，在和平行动、和平谈判中增加性别视角。[2]

为贯彻、落实第1325（2000）号决议，联合国安理会每年召开"妇女、和平与安全"主题会议，就正在发生的事关妇女、和平与安全的国际关系议题展开对话和磋商，俄方代表在系列年度会议上的讲话，反映出在俄罗斯妇女、和平与安全观指导下，该国政府对"妇女、和平与安全"议程的基本立场。

一　落实"妇女、和平与安全"议程具有系统性和历史延续性

俄罗斯认可"妇女、和平与安全"议程具有重要的意义，肯定第1325（2000）号决议对于落实该议程发挥的积极作用。俄罗斯强调"妇女、和平与安全"议题是一个系统性问题，其与妇女在社会经济等方面面临的其他问题有着密切的联系。同时，应该历史地看待"妇女、和平与安全"议程，俄罗

---

1. 李东燕：《从平民保护到安全治理——加强联合国与所在国政府及民间组织的合作》，《国际安全研究》2014年第3期。
2. 李丽：《保护的责任与安理会强制性干预决议——利比亚与叙利亚案例的比较分析》，《战略决策研究》2017年第1期。

斯落实"妇女、和平与安全"议程的实践是贯彻本国妇女、和平与安全观的历史进程的一个重要组成部分。

（一）战争与冲突对妇女造成的伤害及妇女在和平建设中的作用

一方面，俄罗斯认为，妇女通常是武装冲突中暴力的受害者，也是各种形式的暴力的牺牲者，会在冲突中失去生命或健康。武装冲突、侵略战争和恐怖主义行为，包括对平民滥用或过度使用武力造成此种杀害和受伤，给妇女造成巨大痛苦。同时，战争和冲突还会激发贫困、冲突中的性暴力、性奴役等严峻问题，各国应该采取措施预防冲突发生。俄罗斯代表在联合国安理会事关妇女、和平与安全的会议上指出："她们在战争中失去丈夫、兄弟、父子，由于没有养家的人她们完全承担起经济问题的冲击，成为暴力的受害者。"[1] "妇女面临着新的和日趋严重的威胁。在伊拉克和黎凡特伊斯兰国、胜利阵线、博科圣地和其他恐怖组织控制地区，妇女愈益成为有针对性的暴力、强迫婚姻、性奴役和贩卖人口活动的受害者。对妇女的暴力行为被用作恐吓当地民众和破坏既定社会关系的手段。"[2] 呼吁重视"目前已经出现的剥削难民的新的非法组织结构，包括利用非法贩运、商业性贩卖和性奴役网络。"[3]

另一方面，俄罗斯代表强调绝不可仅将妇女视为武装冲突中的受害者，

---

1. 俄罗斯代表2000年10月24日在联合国安理会第4208次会议上的发言（S/PV.4208），https://www.un.org/zh/documents/view_doc.asp?symbol=S/PV.4208，最后访问日期：2020年3月15日。

2. 俄罗斯代表2015年10月1日在联合国安理会第7533次会议上的发言（S/PV.7533），https://www.un.org/zh/documents/view_doc.asp?symbol=S/PV.7533，最后访问日期：2020年3月27日。

3. 俄罗斯代表2016年6月2日在联合国安理会第7704次会议上的发言（S/PV.7704），https://www.un.org/zh/documents/view_doc.asp?symbol=S/PV.7704，最后访问日期：2020年3月27日。

这种看法本身是一种歧视。因为"妇女是巨大力量，能够在维持和加强国际和平与安全、预防和解决冲突、缔造和平的努力中发挥重要作用。能够在调和交战者和照顾战争中受伤者方面提供重要的帮助。妇女缔造和平的潜力才刚刚开始成为现实……妇女能够而且应当在消除和预防危机局势，在适当地养育年青一代、在发展和平文化以及在不同文明之间对话之中发挥的重要作用……无妇女充分参与下解决人类在各个方面的挑战是不可能的。"[1]从另一个角度来看，在危机和冲突中妇女和女青年本身可成为战斗人员并积极参加敌对行动也屡有发生。因此，将女性排除在谈判与和平解决的全部进程或者确立冲突后权力结构的努力之外会引起更深的危机。[2]"有效地解决妇女、和平与安全领域现有的问题，妇女本身必须有效参与。重视扩大妇女以有意义的方式参与维持和平行动、和平谈判和整个政治进程。"[3]

（二）落实"妇女、和平与安全"议题的系统性与历史延续性

在俄罗斯政府看来，"妇女、和平与安全"议题是一个系统性问题，需要联合国系统各部门相互协调、综合考虑妇女在社会、政治、经济和和平与安全方面面临问题的相互联系，才能有效预防冲突、落实"妇女、和平与安全"议程。在此背景下，俄罗斯代表在联合国安理会事关妇女、和平与安全的会议上强调：为了预防和铲除暴力，必须开展全面的工作，着眼于通过解决冲

---

1. 俄罗斯代表2000年10月24日在联合国安理会第4208次会议上的发言（S/PV.4208），https://www.un.org/zh/documents/view_doc.asp?symbol=S/PV.4208，最后访问日期：2020年3月15日。
2. 俄罗斯代表2002年7月25日在联合国安理会第4589次会议上的发言（S/PV.4589），https://www.un.org/zh/documents/view_doc.asp?symbol=S/PV.4589，最后访问日期：2020年3月17日。
3. 俄罗斯代表2019年10月29日在联合国安理会第8649次会议上的发言（S/PV.8649），https://www.un.org/zh/documents/view_doc.asp?symbol=S/PV.8649，最后访问日期：2020年4月2日。

突、恢复秩序和安全来消除暴力根源。[1]解决和预防冲突问题，不应该只看问题的表面，还应该看到更加深层的原因，因为贫困与不平等才是冲突的主要起因。[2]俄方代表指出，除了国际社会和各国政府的努力，也应该充分发挥妇女的作用，强调"社会性别问题在实地的主流化不能只是一种意向声明，而应产生具体结果，以保护冲突和冲突后社会中的妇女和女孩并改善其状况。"[3]妇女全面参与和谈与冲突后建设和平工作是战胜侵害妇女暴力行为的重要前提，要为妇女积极参与维护和促进和平与安全创造平等机会，并加强妇女在决策过程中的作用。妇女直接参与预防和解决武装冲突是消除针对妇女的暴力的重要前提。在调集维和部队时，必须考虑到性别平等问题。安理会以及联合国系统的相关机构和机制必须更多关注如何让妇女参与这类进程，支持关于在建立维持和平特遣队时考虑性别问题的建议。[4]俄罗斯确保在其维和努力中有15％的女性参与，并在联合国认证的培训中心培训女警官。[5]

俄罗斯认为，第1325（2000）号决议成为冲突中保护妇女、加强妇女在预防和解决冲突与冲突后恢复方面作用的一个实际参照点，[6]是保护妇女和在冲

1. 俄罗斯代表2014年4月25日在联合国安理会第7160次会议上的讲话（S/PV.7160），https://www.un.org/zh/documents/view_doc.asp?symbol=S/PV.7160，最后访问日期：2020年3月28日。
2. 俄罗斯代表2009年10月5日在联合国安理会第6196次会议上的发言（S/PV.6196），https://www.un.org/zh/documents/view_doc.asp?symbol=S/PV.6196，最后访问日期：2020年3月13日。
3. 俄罗斯代表2005年10月27日在联合国安理会第5294次会议上的发言（S/PV.5294），https://www.un.org/zh/documents/view_doc.asp?symbol=S/PV.5294，最后访问日期：2020年3月13日。
4. 俄罗斯代表2012年11月30日在联合国安理会第6877次会议上的发言（S/PV.6877），https://www.un.org/zh/documents/view_doc.asp?symbol=S/PV.6877，最后访问日期：2020年3月13日。
5. 俄罗斯代表2017年10月27日在联合国安理会第8079次会议上的发言（S/PV.8079），https://www.un.org/zh/documents/view_doc.asp?symbol=S/PV.8079，最后访问日期：2020年3月23日。
6. 俄罗斯代表2010年10月26日在联合国安理会第6411次会议上的发言（S/PV.6411），https://undocs.org/zh/S/PV.6411，最后访问日期：2020年6月18日。

突期间确保她们权利的基础文件。[1] "第 1325（2000）号决议逾十年的历史在实践中清楚地表明，该决议对于促进妇女在预防和解决冲突、冲突后重建以及在冲突期间保护妇女方面的作用至关重要。"[2] 但也强调 "妇女、和平与安全" 议程的历史延续性，认为各国谋求性别平等、提高妇女地位和促进妇女发展的历史努力都与之有不可分割的联系。正如俄罗斯驻联合国代表所言；"我国在男女平等方面有着独特的历史。关于这个问题的决定早在二十世纪初就已做出。今天，妇女参与预防和解决冲突并确保可持续的和平，正变得越来越重要。该项目在安全理事会的议程上也占据重要位置，而且理应如此。我们打算继续推动联合国各平台的讨论，探讨如何确保有意义地改进对妇女及其权利的保护，并确保她们切实参与和平进程。"[3]

（三）安理会在推动 "妇女、和平与安全" 议程中应发挥的作用

俄罗斯肯定联合国安理会在推动 "妇女、和平与安全" 议程中的重要作用，但同时认为安理会目前的工作方式仍有改善空间。为此，俄罗斯驻联合国代表提出若干建议：与妇女、和平与安全有关的问题是涉及预防和解决武装冲突、处理冲突后局面的活动框架内的若干因素之一。[4] 联合国应优先解决大规模蓄意暴力侵害妇女与儿童的问题，应对冲突中发生的各类暴力给予同等

---

1. 俄罗斯代表 2010 年 12 月 16 日在联合国安理会第 6453 次会议上的发言（S/PV.6453），https://www.un.org/zh/documents/view_doc.asp?symbol=S/PV.6453，最后访问日期：2020 年 3 月 26 日。

2. 俄罗斯代表 2011 年 10 月 28 日在联合国安理会第 6642 次会议上的发言（S/PV.6642），https://www.un.org/zh/documents/view_doc.asp?symbol=S/PV.6642，最后访问日期：2020 年 3 月 13 日。

3. 俄罗斯代表 2017 年 10 月 27 日在联合国安理会第 8079 次会议上的发言（S/PV.8079），https://www.un.org/zh/documents/view_doc.asp?symbol=S/PV.8079，最后访问日期：2020 年 3 月 13 日。

4. 俄罗斯代表 2017 年 10 月 27 日在联合国安理会第 8079 次会议上的发言（S/PV.8079），https://www.un.org/zh/documents/view_doc.asp?symbol=S/PV.8079，最后访问日期：2020 年 3 月 23 日。

关注。[1]消除对妇女的各种形式的歧视和暴力，及其参与维持和平行动和冲突后安置的问题应该得到全面考虑，并不仅仅保留在安全理事会的议程上，而且还保留在其他大多数重要的世界性和区域性国际论坛的议程上。妇女、和平与安全问题不仅安全理事会要处理，而且大会、建设和平委员会、人权理事会及妇女地位委员会也要处理。要在妇女署领导下改进系统内现有各机制的协调与问责，以提高这些机制的效力。暴力侵害妇女问题应当只有在与维护和平与安全问题有关，而且列入安理会议程的局势有关时，才由安理会来审议。[2]具体的侵犯人权，包括妇女人权的行为，应由专门国际机构审议。[3]使用安理会平台来推动没有广泛国际支持的有争议的概念和做法是不恰当的。[4]应通过改进其协调和问责制，加强现有机制和特别程序的效力来推进妇女、和平与安全，而非设立新机构。[5]

总的来看，俄罗斯认为武装冲突、战争和恐怖主义给妇女造成巨大伤害，强调妇女在和平建设中的重大作用，认可第1325（2000）号决议对于落实"妇女、和平与安全"议程的重要意义。但俄罗斯同时强调落实"妇女、和平与安全"议程的历史性考察，认为俄罗斯历史上和当下基于性别平等观念的

---

1. 俄罗斯代表2008年10月29日在联合国安理会第6005次会议上的发言（S/PV.6005），https://www.un.org/zh/documents/view_doc.asp?symbol=S/PV.6005，最后访问日期：2020年3月13日。

2. 俄罗斯代表2011年10月28日在联合国安理会第6642次会议上的发言（S/PV.6642），https://www.un.org/zh/documents/view_doc.asp?symbol=S/PV.6642，最后访问日期：2020年3月13日。

3. 俄罗斯代表2015年10月13日在联合国安理会第7533次会议上的发言（S/PV.7533），https://www.un.org/zh/documents/view_doc.asp?symbol=S/PV.7533，最后访问日期：2020年3月13日。

4. 俄罗斯代表2017年10月27日在联合国安理会第8079次会议上的发言（S/PV.8079），https://www.un.org/zh/documents/view_doc.asp?symbol=S/PV.8079，最后访问日期：2020年3月13日。

5. 俄罗斯代表2006年10月26日在联合国安理会第5556次会议上的发言（S/PV.5556），https://www.un.org/zh/documents/view_doc.asp?symbol=S/PV.5556，最后访问日期：2020年3月13日。

一系列保证妇女权益、提高妇女地位、促进妇女发展和实现和平与安全的努力都是对本国妇女、和平与安全观的贯彻与执行，俄罗斯落实"妇女、和平与安全"议程是其中十分重要的组成部分。

二　发展是落实"妇女、和平与安全"议程的核心

俄罗斯认为落实"妇女、和平与安全"议程具有重要意义，但主张各国根据实际国情决定是否制定执行第1325（2000）号决议的国家行动计划并安排具体实践行动。对于俄罗斯来说，落实"妇女、和平与安全"议程是贯彻本国妇女、和平与安全观的组成部分，促进本国妇女发展为其核心，和平安全的发展环境是前提条件。

（一）俄罗斯落实"妇女、和平与安全"议程的主要思路

俄罗斯认为，落实"妇女、和平与安全"议程，首先不应超越国家主权，"在武装冲突的所有阶段，保护妇女的主要责任在于政府，联合国系统各机构和民间社会所采取的措施必须旨在支持和补充国家所作的努力"。[1]

其次，应该本着自愿的原则根据各国实际国情决定是否制定执行"妇女、和平与安全"议程的国家行动计划。不同意在安全理事会内部建立监测国家一级对第1325（2000）号决议执行情况的专门机制的建议。[2]国家行动计划应当在自愿基础上编写，应当考虑到具体国家的具体情况，首先应当由那些处

---

1. 俄罗斯代表2013年10月18日在联合国安理会第7044次会议上的发言（S/PV.7044），https://www.un.org/zh/documents/view_doc.asp?symbol=S/PV.7044，最后访问日期：2020年3月28日。
2. 俄罗斯代表2007年10月23日在联合国安理会第5766次会议上的发言（S/PV.5766），https://www.un.org/zh/documents/view_doc.asp?symbol=S/PV.5766，最后访问日期：2020年3月23日。

于武装冲突中局势或冲突后建设和平局势的国家编写。[1] 在未发生冲突，不存在妇女权利遭侵犯危险，也未出现针对妇女实施的犯罪行为的情况下，不能支持扩大官僚架构的政策。[2] 审议通过执行第1325（2000）号决议的国家行动计划不能作为各国改善妇女总体地位政策的评估工具。[3] 呼吁集中探讨可在武装冲突中促进妇女利益的具体措施，提供有用和有效的工具，而不是一纸空文。[4]

再次，在俄罗斯妇女、和平与安全观指导下，保障妇女权益、促进妇女发展处于本国妇女工作的中心位置，落实"妇女、和平与安全"议程也是如此。因此俄罗斯制定的关于妇女的国家行动战略是综合型战略，旨在全面促进本国妇女发展。俄罗斯联邦已编制《俄罗斯联邦2017—2022年国家妇女行动战略》，关键领域包括：增加妇女参与政治生活和决策进程；改善她们的经济状况，包括促进妇女创业；创造使妇女拥有更佳健康状况的条件；防止暴力和保护妇女不受暴力侵害；克服对男子和对妇女的陈规定型观念。[5] 俄罗斯已为充分发挥妇女潜力建立了所有必要条件，吸引许多出色、高素质的妇女参与政治。在俄罗斯公务员中，妇女占70%以上；妇女积极参与俄罗斯民间社会工作，俄罗斯有成千上万的非营利性组织，截至2015年10月，其中1/3

1. 俄罗斯代表2014年10月28日在联合国安理会第7289次会议上的发言，（S/PV.7289），https://www.un.org/zh/documents/view_doc.asp?symbol=S/PV.7289，最后访问日期：2020年3月23日。

2. 俄罗斯代表2018年10月25日在联合国安理会第8382次会议上的发言（S/PV.8382），https://www.un.org/zh/documents/view_doc.asp?symbol=S/PV.8382，最后访问日期：2020年4月1日。

3. 俄罗斯代表2013年10月18日在联合国安理会第7044次会议上的发言（S/PV.7044），https://www.un.org/zh/documents/view_doc.asp?symbol=S/PV.7044，最后访问日期：2020年3月28日。

4. 俄罗斯代表2019年10月29日在联合国安全理事会第8649次会议上的发言（S/PV.8649），https://www.un.org/zh/documents/view_doc.asp?symbol=S/PV.8649，最后访问日期：2020年3月23日。

5. 俄罗斯代表2016年10月25日在联合国安理会第7793次会议上的发言（S/PV.7793），https://www.un.org/zh/documents/view_doc.asp?symbol=S/PV.7793，最后访问日期：2020年3月23日。

为妇女组织。[1] 在派驻海外的俄罗斯警察人员中，女性占17%——36名警官中，有6名是女性。[2]

最后，俄罗斯多次呼吁重视民间社会的重要作用。"与此同时，我们不能忘记联合国独自采纳的措施还不够。需要的是真正考虑到冲突局势中妇女和女青年的具体需求，并且她们的确参与了除冲突后缔造和平外的预防和解决的所有阶段。民间社会，包括非政府组织能够对解决所有这些问题做出重要贡献，它们中的许多机构在性别问题的各方面具有丰富经验。这里，明智的是不仅使知名的非政府组织介入，也请地方妇女机构参与。"[3] "我们欣见今年主席声明(见S/PRST/2012/23)优先关注了民间社会中的妇女组织在预防和解决武装冲突以及和平建设中的作用问题。……我们要重申，我们相信，只有通过包括民间社会在内的有关各方共同努力，才有可能确保妇女的各项权利及在武装冲突中受到保护。"[4]

（二）发展在落实"妇女、和平与安全"议程中起核心作用

如前所述，俄罗斯认为贫困与不平等是冲突的主要起因，因此强调社会经济发展对于落实"妇女、和平与安全"议程、预防冲突和暴力的关键性作用，和平安全的环境是社会经济发展的结果，也是进一步推动发展必要的前

1. 俄罗斯代表2015年10月13日在联合国安理会第7533次会议上的发言（S/PV.7533），https://www.un.org/zh/documents/view_doc.asp?symbol=S/PV.7533，最后访问日期：2020年3月23日。
2. 俄罗斯代表2016年10月25日在联合国安理会第7793次会议上的发言（S/PV.7793），https://www.un.org/zh/documents/view_doc.asp?symbol=S/PV.7793，最后访问日期：2020年3月30日。
3. 俄罗斯代表2002年7月25日在联合国安理会第4589次会议上的发言（S/PV.4589），https://www.un.org/zh/documents/view_doc.asp?symbol=S/PV.4589，最后访问日期：2020年3月17日。
4. 俄罗斯代表2012年11月30日在联合国安理会第6877次会议上的发言（S/PV.6877），https://www.un.org/zh/documents/view_doc.asp?symbol=S/PV.6877，最后访问日期：2020年3月13日。

提条件。由此，俄罗斯认为解决"妇女、和平与安全"问题应该与政治、社会、经济等其他领域的妇女问题相联系，消除性别歧视、提高妇女政治经济地位、促进妇女参与决策等一系列确保妇女全面发展的实践行动是俄罗斯落实"妇女、和平与安全"议程、贯彻妇女、和平与安全观的重点内容。

鉴此，俄罗斯代表指出："为保护妇女免于战争恐怖，再也没有比从人们生活中消除冲突更可靠的办法了。这是俄罗斯所提建议的主旨，建议呼吁国际社会在军事、政治、社会—经济、人权和环境保护领域采取一致行动。如俄罗斯总统普京在9月7日安全理事会首脑会议上发言所强调，为改进联合国预防危机的能力，尤其重要的是找出冲突的潜在原因，包括经济和社会原因。"[1]"确保各国的经济社会发展是预防冲突和暴力的一个主要因素。"[2]"我们满意地注意到，今天所讨论的各种问题不仅在安全理事会，而且在大会、经济及社会理事会及其各职司委员会，尤其是在妇女地位委员会中，得到了更多的重视。把社会性别问题置于重要位置的进程正在联合国活动的所有方面展开。威胁、挑战和改革问题高级别小组（A/59/565）和秘书长题为'大自由：实现人人共享的发展、安全和人权'的报告(A/59/2005)提出了这方面的有用建议。……鉴于妇女能够而且已经在预防和解决冲突的所有方面发挥更大作用，我们支持制定一项战略，确保妇女充分参与和平谈判与选举。在冲突后重建方面，我们需要进一步运用《消除对妇女一切形式歧视公约》（以下简称《消歧公约》），将它作为一份基本文件。此外，我们应该在目的在于在

---

1. 俄罗斯代表2000年10月24日在联合国安理会第4208次会议上的发言（S/PV.4208），https://www.un.org/zh/documents/view_doc.asp?symbol=S/PV.4208，最后访问日期：2020年3月15日。
2. 俄罗斯代表2008年6月19日在联合国安理会第5916次会议上的发言（S/PV.5916），https://www.un.org/zh/documents/view_doc.asp?symbol=S/PV.5916，最后访问日期：2020年4月2日。

冲突后局势中消灭贫穷的联合国各方案和各基金的工作中更多地重视将社会性别问题主流化的问题。我们尤其想到的是加强妇女对社会和经济问题决策以及制定实现千年发展目标国家框架方面的参与的战略。"[1] "本月（2015年10月）是第1325（2000）号决议通过15周年。这项决议将妇女、和平与安全议题纳入了安理会议程。近期由中华人民共和国和联合国妇女署在联合国总部举行的关于性别平等和增强妇女权能的全球领导人会议再次强调了决议的执行工作和各国承诺实现其目标的重要性。我们祝贺会议组织者会议取得成功，再次突出了《北京宣言》和《行动纲领》的重要性，它们仍然是过去20年扩大妇女权利和机会的重要指导文件。在《北京宣言》中，各国重申决心采取必要措施以实现和平、促进提高妇女地位，并确认妇女在促进和平方面发挥的领导作用。"[2]

通过梳理俄罗斯落实"妇女、和平与安全"议程的基本立场可以发现，发展是俄罗斯落实"妇女、和平与安全"议程和贯彻国家妇女、和平与安全观的核心，而妇女发展离不开和平安全的发展环境。

小　结

分析俄罗斯妇女、和平与安全观的构建历程，可以发现，受俄罗斯特殊的地理环境和民族文化影响，在20世纪之前，俄罗斯延续了其传统国家安全

---

1. 俄罗斯代表2005年10月27日在联合国安理会第5294次会议上的发言（S/PV.5294），https://www.un.org/zh/documents/view_doc.asp?symbol=S/PV.5294，最后访问日期：2020年3月13日。
2. 俄罗斯代表2015年10月13日在联合国安理会第7533次会议上的发言（S/PV.7533），https://www.un.org/zh/documents/view_doc.asp?symbol=S/PV.7533，最后访问日期：2020年3月13日。

观，即扩张性的国家安全观念，通过不断地扩张和征服，扩大国家版图，维护国家安全。20世纪上半叶，与动荡的世界局势同步，俄罗斯也经历了战乱频仍的半个世纪，并采用了服务于战争模式的经济建设模式。冷战结束后，面对世界"一超多强"格局的形成，及世界范围内对人权的强调，俄罗斯逐渐形成了注重综合性安全的新安全观，致力于发展国家综合实力，努力成为世界格局中的重要一极，强调维护和平与安全需要采取全面措施，特别注重经济发展，注重包括妇女在内的人的发展与权利保护。

作为"社会主义老大哥"，受马克思妇女解放思想的影响，也受俄罗斯东正教文化中对妇女地位和相关价值观念的影响，俄罗斯（苏联）妇女解放、发展的历程与俄罗斯（苏联）国家、民族争取独立、解放和发展的历程紧密相关，妇女议程统摄在俄罗斯（苏联）国家民族议程之下。在推翻沙皇封建统治、冲破西方列强重围、建设现代独立国家的20世纪前半叶，战争是重要主题，苏联妇女也被深深地卷入战争，特别是在卫国战争中，苏联妇女创造了世界范围内妇女参战的奇迹，无论是在战场上的浴血奋战还是在后方经济建设中都发挥了至关重要的作用，可以说，争取国家和平的进程就是争取苏联妇女和平的进程，这一特征在冷战时期得以延续。随着时代主题不同，俄罗斯（苏联）经济建设与军事建设的侧重点不同，冷战结束后，俄罗斯建立了新安全观，加强了对经济建设及多元化安全观的重视。在这一时期，妇女参与和平与安全建设的议程，又统一在国家进行经济建设的进程之中，客观上带来了女性人权保障、女性经济权利与社会地位的提升与保障。从俄罗斯代表在联合国安理会关于"妇女、和平与安全"议程的磋商中，也可以看出，俄罗斯坚持认为推动"妇女、和平与安全"议程是一个系统工程，降低妇女在冲突中所受到的伤害，必须建设和平的环境，推动经济建设与社会发展，这一观点与21世纪以来俄罗斯"新安全观"对综合性安全的强调相一致，也进一步显示出俄罗斯落实"妇女、和平与安全"议程与促进社会发展的深度契合。俄罗斯由此建立了发展的妇女、和平与安全观，以促进妇女全面发展为核心，以和平安全的发展环境为前提。执行第1325（2000）号决议，落实"妇女、和平与安全"议程都是俄罗斯贯彻本国妇女、和平与安全观的重要部分。

第二章 俄罗斯落实发展的妇女、和平与安全观的组织机构与政策措施

在本国妇女、和平与安全观的指导下，俄罗斯落实"妇女、和平与安全"议程的重点在于解放妇女、赋权妇女，实现妇女发展，并创造和平安全的国内环境。俄罗斯政府、俄罗斯妇女联盟、妇女组织都做出了一定的努力。

俄罗斯政府通过制定针对妇女议题的国家行动计划、国家战略，出台相关法律文件等方式，促进本国妇女发展，比如，出台《关于改善妇女状况并提高其社会地位的国家行动计划》《男女劳动者待遇和机会平等：有家庭义务的劳动者公约》《俄罗斯联邦保障男女平等权利和机会的国家战略》等。俄罗斯政府还出台了《禁止雇用妇女从事繁重劳动和有害或危险劳动条件的工作清单》和《关于改善劳动条件和劳动保护措施的决议》，保护妇女，使她们免于危险劳动条件的伤害；《俄罗斯联邦刑法典》第116条涉及防止家庭暴力的内容；《俄罗斯联邦刑法典》第127.1条规定了反对人口贩运的内容，2004年通过了《俄罗斯关于批准联合国打击跨国有组织犯罪公约以及预防人口贩运，尤其是妇女儿童贩运的公约的联邦法》。

　　俄罗斯妇女联盟是由俄罗斯各族各界妇女联合组成的非政府组织，[1] 2017
年12月该组织制定了《二十一世纪平等、发展、和平五年规划（2017—2022
年）》，其中包括"稳固的家庭—稳定的国家""保障可持续发展和社会安
全"、"保障男人和女人享有平等权利和平等机会""精神、文化和健康的生活
方式""世界和平、国际合作和国际友谊"和"先进实践、新思路和肯定性行
动"等具有重大社会意义的项目。这些社会项目的很多措施，都与妇女发展
与安全相关。比如赋予妇女经济权利和机会，使她们享有平等使用资本、土
地、信贷的权利，鼓励妇女开展企业经营，特别鼓励妇女自主创业；尊重妇
女的无偿照料行为和家务劳动，承认她们对于社会发展的价值；平衡领导岗
位的性别比例，增加妇女在国家和地方权力机关的真实权力；在社区建立家
庭暴力监测站和援助小组，有效防止伤害妇女和儿童的行为发生；等等。[2]

　　俄罗斯的妇女组织也在积极行动，以妇女组织"俄罗斯妇女发展"为例，
该组织成立于1996年，是全国性的社会政治组织，总部设在莫斯科，在全俄
60多个联邦主体都有分支机构。该组织认为自由、平等和安全应该是每个人
都应该享有的，包括妇女。应该保护妇女的安全，包括保护其住房和财产不
受侵犯，保护其免遭一切形式的暴力行为。该组织的具体措施包括消除对妇
女和女童的一切形式的歧视和消除针对妇女的暴力、职场性骚扰等行为，消
除拐卖妇女和女童、强迫卖淫等行为。

　　下面分别介绍俄罗斯政府、俄罗斯妇女联盟和妇女组织作为俄罗斯落实

---

1. 2018年12月11日，俄罗斯妇女联盟转为全俄社会—国家组织。

2. «Равенство. Развитие. Мир В XXI Веке» Программа деятельности Союза женщин России до
2022 г., http://wuor.ru/activities/programs，最后访问日期：2018年5月21日。

"妇女、和平与安全"议程的重要行为体的基本情况，以及它们推动本国落实"妇女、和平与安全"议程的相关措施。

第一节　努力提高妇女地位的俄罗斯政府

19世纪50年代，女性主义思想首次传入俄罗斯。[1]俄罗斯的妇女运动最初是包含在沙皇俄国时期的民主运动中，谋求妇女获得家庭和社会的尊重。苏联建立之后，苏联政府十分重视妇女解放工作，这种重视态度一直延续到当代俄罗斯。苏联政府对待妇女问题的态度深受马克思、恩格斯和倍倍尔（August Bebel）等思想家的影响，具体表现在苏联政府承认本国公民人人平等（不分性别）、重视在经济领域中解放妇女工作等方面。倍倍尔在《妇女与社会主义》一书中表达了妇女问题的重要性："我们生活在一个每天不断发展的时代……有许多问题日益引起人们的关注，这其中最重要的问题之一，就是妇女问题。"[2]苏联政府认为，妇女应与男性享受平等的权利，特别是应该赋予妇女在经济领域的平等权利，因为"妇女的劳动权是全世界妇女争取解放运动中最重要的要求之一"[3]。苏联政府成立之初便废除了一切限制妇女权利的法律，在宪法上保障了男女平等，该做法延续至今，1993年通过的《俄罗斯联邦宪法》（《Конституция Российской Федерации》）第19条第3款规

1.《俄罗斯女权主义者：终身为争取权利而奋斗》，《透视俄罗斯》，http://tsrus.cn/lishi/2018/03/18/660945，最后访问日期：2020年5月8日。

2.〔德〕倍倍尔：《妇女与社会主义》，沈端先译，生活·读书·新知三联书店，1955，第1页。

3. 中国妇女杂志社编《苏联妇女的平等权利》，中国妇女杂志社，1957，第37页。

定："男女拥有同等的权利和自由，并拥有实现权利和自由的同等条件。"[1]这为俄罗斯男女享有平等的经济、政治、公民等权利和机会提供了最基本的法律保障。

1996年1月8日，俄罗斯总理切尔诺梅尔金签署了俄罗斯联邦政府第6号法令《关于提高俄罗斯妇女地位的构想》（以下简称《构想》）。[2]该法令根据《消歧公约》以及主题为"以行动谋求平等、发展与和平"的第四次世界妇女大会（1995年9月，北京）的成果制定，并基于以下事实：妇女权利是一般人权不可分割的一部分。妇女在联邦、区域和国际层面充分、平等地参与政治、经济、社会和文化生活，应成为提高俄罗斯联邦妇女地位的国家政策的主要目标。

《构想》充分参考了第四次世界妇女大会的政策建议以及当下俄罗斯实际的社会和经济形势，确定了国家妇女政策的总体战略和优先方向，即履行《俄罗斯联邦宪法》规定的关于女性和男性享有平等权利和自由的原则及俄罗斯承担的相应国际义务。

一 提高俄罗斯妇女地位面临的重点问题

《构想》指出，在当前俄罗斯正在进行根本性改革的背景下，妇女在政治领域参与不足、在工作领域受到性别歧视，她们逐渐恶化的健康情况和对她们的暴力行为的日益增加，引起了公众的极大关注。因此，需要首先解决以

---

1. Конституция Российской Федерации, Статья 19, http://www.constitution.ru/10003000/10003000-4.htm, 最后访问日期：2020年1月17日。

2. О концепции улучшения положения женщин в Российской Федерации, http://docs.cntd.ru/document/9015232, 最后访问日期：2020年1月27日。

下问题：促进对妇女权利的尊重，在妇女人权和基本自由统一的基础上，为妇女充分参与政府各个级别的决策提供条件；保障妇女在劳动力市场上的平等权利；确保妇女的健康；采取预防和打击暴力侵害妇女行为的措施。为解决这些问题，应该做到：创造必要条件和法律规范，以便宪法规定的平等权利和平等机会原则付诸实践；利用在俄罗斯联邦各个领域已获得的经验；确保在联邦、区域和国际各个层面行动的协调性。

（一）尊重妇女权利与人权和基本自由

根据《俄罗斯联邦宪法》，男性和女性享有平等的权利和自由，并享有平等的实施机会。但是，这一宪法规定在本质上仍然是声明性的，俄罗斯没有建立有效地确保其执行的措施体系。在针对妇女的国家社会政策中出现了狭隘的部门本位主义特征，没有意识到妇女地位问题的尖锐性和深刻性。

（二）促进妇女参与各个层次的决策

1993年3月4日，俄罗斯联邦通过的《关于国家妇女政策的优先任务》强调，必须为妇女真正参与政府决策和公共组织活动创造有利条件。[1]在俄罗斯总统的领导下，在俄罗斯联邦政府和联邦议会、在联邦主体一级和地方自治机关成立针对妇女、家庭和儿童问题的委员会。根据俄罗斯的法律，妇女享有与男子平等获得公共服务和参与外交活动的权利。但是，实际上，妇女进入国家顶层权力机构，在生产、金融领域以及商业协会中担任高级职位的情况非常少。

---

1. Указ Президента от 4 марта 1993 года № 337 "О первоочередных задачах государственной политики в отношении женщин", https://yeltsin.ru/uploads/upload/2015/06/12/up-1993_0337.pdf, 最后访问日期：2021年5月17日。

截至1995年底，联邦议会代表中的妇女所占比例为11.4%，其中妇女代表在联邦委员会中的比例为5.6%，在国家杜马的比例为13.6%；在俄罗斯联邦政府领导人中有3名女性，副职领导人中有12名，女性领导人在俄罗斯联邦主体和特大城市中占比约为22%。尽管受过高等教育和中等教育的女性专业人员具有明显从业优势，但是她们在企业管理人员中所占比例很小。在商业机构负责人中，妇女所占比例为8%—11%，在副职领导人中妇女所占比例为8%，在许多其他部门（建筑、运输）中，妇女所占比例不到1%。

在俄罗斯，妇女的公民活动有所增加，妇女群众组织正在形成并积极发展。截至1995年初，俄罗斯联邦注册成立了400多个不同的妇女组织，其中5个具有联邦地位，17个具有国际地位，其余的分别在区域间、区域、城市和地区各个层面活动。

（三）确保妇女在劳动力市场上享有平等权利

1994年，俄罗斯有3490万名女性从业人员，占国民经济中总就业人口的50%。当时预计2000年职业妇女的人数将增加160万人。

在劳动力市场的形成过程中，对妇女的歧视倾向日益增加，她们的市场竞争力随之下降。即便有为生育问题制定的针对妇女的特别劳动保护和社会福利政策，但她们的失业风险仍在逐步增加，劳动安全保障被削弱，获得新工作、职业晋升、高级职业培训和再培训的机会大大减少。妇女就业主要集中在传统经济部门，普遍工资较低，这导致了男女之间的工资差距的增大。平均而言，妇女的工资比男子低将近1/3。

失业妇女的数量日益增加。根据俄罗斯联邦就业服务机构的统计数据，截至1995年6月1日，俄罗斯有124.75万名失业妇女，占失业总人数的62.2％。妇女的平均失业时间更长：正式登记的失业公民的平均失业时间为6.10个月，妇女的平均失业时间为6.29个月。到1995年底，预计俄罗斯联邦正式登记的失业人口的年均数（不包括兼职人员）将为400万人，其中220万—240万人为女性。

妇女适应市场经济的代价很高，因此妇女职业地位被降低的趋势日趋明显。从事非技术性工作的女性工人人数是男性的两倍以上。传统的社会基础设施被破坏，学前班和课外机构数量减少以及家庭服务成本的增加，导致传统观念中分配给妇女的家庭工作量增加。双重工作量（在工作场所和在家中）会导致压力和疲劳，对妇女的健康产生负面影响。

（四）保障妇女健康

在20世纪90年代，俄罗斯联邦出现了不利的人口状况：平均寿命下降，生育率下降，孕产妇死亡率和婴儿死亡率居高不下。俄罗斯居民的健康指标在恶化，残障人士数量在增加，结核病、性病和艾滋病等社会疾病的发病率在上升。由于资金不足，产科机构经常会向孕妇和产妇收取医疗费用（俄罗斯的医疗基本是免费的），且其无法对设备进行现代化改造，缺乏必需的药品，这使得许多妇女、产妇和新生儿无法获得完善的医疗服务。食物消费结构的恶化对女孩、孕妇和哺乳母亲的健康产生不利影响。还有一个严重问题是大量的堕胎，俄罗斯是世界上堕胎最多的国家之一。1994年，正式登记的堕胎数量为310万例，几乎是出生人数的两倍。1994年，每1000名育龄妇女中就有83.4名流产。

劳动环境中的社会保护和法律保护不足，缺乏对执行劳动安全保护规定以及安全标准的必要监管（特别是在非政府部门），对职业妇女的健康造成威胁。每年，俄罗斯约有9万名妇女（每1000名雇员中有3名）在工作场所受伤，约有500人死亡。1995年初，在工业、建筑、运输和通信行业中，在不符合安全卫生要求和规范的工作场所工作的工人数量为403万人，其中妇女有120万人。在机械化程度较低、劳动密集型的农业领域，从事艰苦体力劳动的妇女比例很高（畜牧业为60%—70%，工业养禽业为80%）。

（五）防止针对妇女的暴力

在俄罗斯，对于针对妇女的暴力问题尚未得到适当的评估和必要的解决。对妇女的暴力行为发生在生活的各个领域，包括工作场合和家庭。对妇女的暴力行为更多地发生在以下情况：同居、卖淫、强奸、家庭暴力和基于酗酒、毒品成瘾、虐待狂、系统性殴打和心理暴力的凶杀等。在残忍的家庭谋杀中，几乎有一半家庭曾长期处于冲突中。

根据俄罗斯联邦总检察长办公室的资料，1994年共记录受害者为妇女的案件56.53万起，比1993年增加了70%。此外，有3.96万起案件由嫉妒、争吵和其他家庭原因引发，比1993年高出两倍多。统计数据还表明，家庭中的关系紧张和冲突情况显著增加。1994年，登记在案的强奸和未遂强奸案件为1.39万起，比1993年减少了3.5%。

官方统计数字并未反映出侵害妇女罪行的真实情况。由于种种原因，受害者通常不与执法机构直接联系。登记在案的，因强迫在经济上或工作上对其依赖的妇女与其进行性交并结婚而被定罪的人每年只有20—30人（尽管在现实生活中此类案件的数目更多）。

处于种族冲突和军事冲突情况下的妇女、女性难民和女性国内流离失所者的处境仍然困难。就业和获得居所困难，家庭破裂的风险，特别是在跨种族（跨国）婚姻中配偶死亡的情况下，会使她们丧失生计，迫使她们寻求非法收入来源。她们常常成为犯罪行为的受害者，遭受性虐待和性剥削。对妇女的暴力行为因为环境的恶化而增加。在家庭、学校和整个社会中道德教育变得薄弱。大众传媒会宣传消费女性的性感和女性裸体的行为，加剧了对女性进行物化的程度。

缺乏相关立法、执法机构的工作效率低下以及国家统计数据的缺失，使我们无法真实评估卖淫现象的严重性。对这种现象的道德评判不足，特别是媒体的不当传播，导致从事卖淫的妇女人数增加。

二 《关于提高俄罗斯妇女地位的构想》的目标与实施

为了解决上述问题，《关于提高俄罗斯妇女地位的构想》指出，俄罗斯政府应该在如下几个方面做出努力。

第一，尊重妇女权利与人权和基本自由。审查俄罗斯联邦的法律，提出修改建议以确保本国关于妇女权利的法律符合国际人权标准；制定评估对妇女歧视情况的标准和方法；分析监测对联合国《消歧公约》、其他国际法律以及俄罗斯联邦关于妇女权利的法律的履行情况；确保充分执行联合国《消歧公约》《消除对妇女的暴力行为宣言》和国际劳工组织相关公约中所提建议。

第二，促进妇女参与各个层次的决策。在大众媒体上开展广泛的信息宣传工作，重点是促进妇女参与社会经济转型实践，增加妇女在政府机构中的人数；促进妇女参与各个层次的决策，形成新的道德标准，以使妇女广泛参与社会运动，使妇女参与各级代表机关和行政权力机构；为促进妇女参与政治、国家活动和管理工作做好准备工作；制定适当的方案，对妇女进行培训和再培训，为在各级政府部门中工作的女性工作人员提供帮助；定期收集、分析和公布在联邦、区域和国际层面男性和女性参与国家和公共生活的统计数据；确保妇女参与公共服务中所有类型的活动，但不仅限于传统女性行业（教育、卫生、社会服务）；广泛吸收女外交官到驻外机构工作，包括俄罗斯常驻联合国和其他国际组织的代表团；考虑增加俄罗斯联邦女性大使的人数；为主动采取行动提高妇女地位的妇女组织、青年组织、工会组织和其他组织提供支持，从这些机构中为各级政府机构推举具有较强工作能力和职业素养的妇女；制订和实施面向妇女的法律教育计划，向妇女解释俄罗斯联邦法律和俄罗斯联邦承认的国际条约赋予妇女的权利和基本自由；在大众传媒中客观报道妇女在经济、社会和政治生活中的真实作用，广泛宣传俄罗斯执行联合国《消歧公约》的情况和其他保障妇女权利的行为，以及其他国家在该领域的经验。

第三，确保妇女在劳动力市场上享有平等权利。为在劳动力市场实现男女权利和机会平等创造条件，设法提高女性的劳动竞争力，并使妇女适应新的经济形势；在社会经济危机的背景下分析妇女在劳动力市场中的现实处境；评估俄罗斯联邦批准在国内执行的国际劳工组织关于女工问题的相关公约的实施情况；使俄罗斯联邦的立法与确保女性在就业领域享有平等机会和待遇的国际法律文书相一致，评估关于确保男性和女性在劳动力市场上享有平等权利和机会的政策以及现有的法律规范（雇用、解雇、职业晋升等方面）；建立有效的实施机制；颁布法令，对相关企业提供经济激励和优惠措施，增强雇主雇用承担家庭责任的公民的意愿，鼓励采用兼职、机动工作或在家中远程办公等灵活办公方式；加强国家对保障劳动妇女权利的法规执行情况的监管力度；针对违反法律和歧视妇女的情况采取制裁措施；广泛联合国有经济和私有经济，完善机制，维持妇女现有工作岗位和创造新工作岗位。在制定国家社会经济政策时，应考虑发展和支持以妇女为主的行业（轻工业、纺织工业、仪器制造等）。在社会服务和公共服务领域创设更多工作岗位；改进确保各个群体中妇女就业的社会支持的方法，包括鼓励妇女独立解决就业问题的积极方式。建立协助和控制机制，以扩大妇女参与小型企业和家族企业，包括对这些企业提供税收、信贷和保险方面的优惠政策。在联邦和地区层面制订促进小型企业和家族企业发展的计划，鼓励各种形式的自营职业。建立"企业孵化器"系统，提供创业基础知识培训和心理培训，对组织自主创业项目进行专家审查，并给予临时免税，提供软贷款、设备、原材料、房屋等形式的政策支持。对希望自主创业的妇女提供咨询，建立职业指导系统，协助落实专家评选出的优秀创业方案。完善妇女职业培训和再培训制度，提高妇女的职业素质，为休产假和育儿假而中断工作的妇女参加职业再适应培训、进阶培训或再培训创造条件，以便其重新就业。对涉及劳动关系的法律条文进行性别审查，排除性别歧视和年龄歧视。制定措施，实行同工同酬原则，缩小主要就业领域的性别工资差距。使社会性别研究领域的研究为国家的科学发展提供支持，并宣传有关妇女在社会中的作用和地位、男女相互关系的科学知识。全面支持和发展覆盖各种类型家庭的学前教育、校外教育机构和社会服务机构网络。持续监测妇女在劳动力市场中所处状况。就各类企业和组织中环境因素和工作条件对妇女的健康（包括生殖功能）造成的影响制定评估标准。采取措施加强对妇女的劳动保护，特别是从事农业工作的妇女。为市场竞争力较弱的妇女（残疾人、多子女母亲、单亲家庭的家长、军婚妻子等）创造友善的就业环境。建立一套有效的措施，鼓励用人单位雇用上述弱势群体参与劳动，为劳动权受到侵犯的弱势群体提供法律保护。

第四，保障妇女健康。增强妇女身体素质，为妇女行使生殖权利、安全孕产创造条件。考虑到不同年龄妇女的特殊健康状况，建立妇女生殖健康初级保健系统。增设和完善专门针对妇女和女孩的医疗机构。保障妇女能够负担其所需的最低水平的食品营养需求，孕妇和哺乳母亲的食品消费按照最低价格供给。国家担保为妇女和儿童提供免费医疗服务。促进现代医学技术的研发和推广，以确保健康儿童的出生、预防残疾、更好地照顾早产婴儿和安全堕胎。针对生殖系统的癌症制定预防、早期诊断和治疗方案。通过实施"计划生育"国家计划来减少堕胎次数。针对妇女，特别是在青少年中，开展高质量的健康教育，普及性教育、安全孕产和预防性传播疾病等知识。在改革基础上促进国内医疗行业的发展，保障医疗技术的发展和妇幼保健医疗设备生产。支持妇女健康领域的科学研究，包括制定保障医疗质量和效果的评估标准，监测胎儿状况，预防胎儿可能遭受的侵害，进行产前诊断，治疗宫内感染、先天性和遗传性疾病。支持开展有关妇女健康的预防学、流行病学和医学研究。完善所有类型的产前诊断，优化医学－基因护理、新生儿复苏、重症监护、哺乳早产儿等技术。在确保基本医疗服务的基础上，使针对妇女和儿童的专业医疗服务实现区域化分布。向妇女和女童进行预防酗酒和吸毒教育，宣传酗酒和吸毒的危害，为酗酒和吸毒患者提供康复援助方案。向关心妇女健康的非政府组织提供支持。

第五，消除针对妇女的暴力。根据联合国大会1993年12月10日通过的《消除对妇女的暴力行为宣言》，在妇女生活的各个方面防止发生针对妇女的暴力行为；制定刑事、民事、劳动和行政制裁措施，以惩处包括家庭暴力在内的针对妇女的暴力违法行为并处以罚款。与非政府组织合作，建立遭受暴力侵害妇女的康复服务机制。建立覆盖面广的服务网络，向暴力受害者提供援助。保障种族冲突和军事冲突中的女性受害者以及女难民和国内流离失所者的社会康复。对卫生、教育和执法机构相关社会工作者进行全面培训和教育，使其更好地服务遭受暴力的公民，并向公民提供预防针对妇女的暴力行为的咨询服务。优化统计报告，包括关于针对妇女的犯罪行为的统计数据，以便获得关于各种形式的对妇女的暴力行为的客观完整的信息，鼓励对妇女的暴力行为的起因、性质、程度、后果预防和消除暴力措施进行有效研究。提供改变传统刻板性别观念的宣传和教育工作，改变一种性别优于另一种性别的观点，在学生课程系统中纳入必要的有针对性的心理和体能训练，以预防可能发生的针对妇女的暴力行为。实施包括立法在内的旨在消除对妇女的性剥削的举措，包括减少卖淫发生率的措施。

三 执行《关于提高俄罗斯妇女地位的构想》的部际协调

为更好地执行《构想》，有必要在俄罗斯正在制定的规范性法案以及联邦、部门和区域规划草案中纳入一些有关提高俄罗斯联邦妇女地位的议题。在实施《构想》时，有必要对联邦和区域行动所有环节进行协调，以提高妇女的地位并确保其在社会中享有平等权利、适当的财政支持，对执行期限、具体的执行者以及实施活动加强监督。执行《构想》还需要与非政府组织和社会联盟密切合作，使它们广泛地参与旨在提高妇女地位的政府活动。在此背景下，提高俄罗斯妇女地位部际委员会应运而生。

1996年5月17日，俄罗斯政府颁布了俄罗斯联邦政府第599号法令，即《关于成立提高俄罗斯妇女地位部际委员会的法令》，该法令规定成立提高俄罗斯妇女地位部际委员会（以下简称"委员会"），主要任务是确保俄罗斯联邦和联邦主体的政府部门在开展提高俄罗斯联邦妇女地位工作时采取协调一致的行动；为俄罗斯联邦政府编写、制定和执行有关妇女的国家政策，协助执行《消歧公约》。

委员会有权在其职权范围内做出必要的决定，以协调联邦执行机构和俄罗斯联邦组成实体的执行机构在提高妇女地位方面的活动；分析俄罗斯联邦妇女的社会经济状况；提出关于妇女的国家政策优先领域的建议；研究俄罗斯联邦主体行政机关在提高妇女地位方面的经验；就世界妇女大会"以行动谋求平等、发展与和平"（1995年，北京）的成果文件的执行情况提出建议；就参加拟定缔结国家间协定（条约）和批准旨在改善妇女地位的公约提出建议；参加关于妇女的社会经济地位的国家和国际会议、专题讨论会、学术会议和研讨会的筹备和举办工作。

委员会有权要求俄罗斯联邦行政机构、科学和教育机构、公共协会和其他组织的代表参加委员会的工作；对俄罗斯政府的相关政策提供建议；从俄罗斯联邦行政机构、科学和教育机构、公共协会和其他组织等处收集相关材料；组建专家评估小组，共同商讨和拟定改善妇女地位的建议。为确保在提高妇女地位的问题上与非政府组织、运动和公共协会进行互动，委员会设立了一个公共理事会，其工作规则由委员会确定。

第二节　谋求妇女发展的俄罗斯妇女联盟

苏联反法西斯妇女委员会（Антифашистский комитет советских женщин）成立于1941年9月，1956年改名为苏联妇女委员会（Комитет советских женщин）。1990年11月，新组织俄罗斯妇女联盟（Союз женщин России）成立并成为苏联妇女委员会的一员。苏联解体后，有50年历史的苏联妇女委员会相应解体，1992年俄罗斯妇女联盟（简称俄罗斯妇联）继承了苏联妇女委员会的权利与合法地位。俄罗斯妇联是俄罗斯最大的妇女组织，它的主要任务是提高俄罗斯妇女的社会地位和经济地位，促进性别平等和妇女发展。

一　俄罗斯妇联的发展历史

苏联妇女委员由苏联各加盟共和国、州和城市的妇女代表，以及工会和合作社的代表共同组成，领导机构为苏联妇女委员会全体会议，全会每年召开一次，休会期间的领导机构为主席团。从1963年到1987年，苏联妇女委员会的主席是苏联第一位女宇航员、苏联英雄、技术科学副博士瓦莲京娜·弗拉基米罗夫娜·捷列什科娃（Валентина Владимировна Терешкова），她同时还是苏共中央委员、苏联最高苏维埃主席团委员、国际妇联副主席。苏联妇女委员会的主要任务是参与并促进国际妇女解放运动，向世界各国展示苏联妇女同时担负母亲、劳动者和公民三重责任的美好形象，并代表她们发声，支持其他国家妇女同胞参与的反侵略、倡导民主和促进社会进步等行动；[1] 向本国妇女宣传苏联共产党的路线、方针、政策和法令，参加苏

---

1. Вера Костамо, Нина Воронина: Наша инопроверочная база прославилась на всю Москву, РИА, 13.01.2016. https://ria.ru/75names/20160113/1358117913.html, 最后访问日期：2018年5月21日。

联宪法及各种法律的制定和修改工作，动员妇女参与本国经济建设，接收和处理群众来信和来访，组织各类有关妇女问题的研讨会、座谈会和进修班等。1987年，全苏联妇女代表会议在莫斯科举行。会议通过了关于苏联妇女委员会新章程，决定恢复建立基层妇女委员会，基层妇女委员会可以解决基层妇女的现实难题。有的基层妇女委员会创办了刊物，成立了俱乐部，还有的基层妇女委员会创办家庭知识讲座、服装和仪表讲座等，使很多妇女从中获益。[1]

自1954年起，苏联妇女委员会和苏联工会一起合办《苏联妇女》杂志，用俄文、英文、德文、法文、中文、西班牙文等12种文字同时发行，主要介绍苏联妇女的生活、苏联妇女参与共产主义建设的情况，讨论世界妇女解放运动等议题，刊登文学和艺术作品，对饮食、化妆和衣着提供可行性建议。苏联妇女委员会在保障苏联妇女儿童权益，增进苏联妇女同各国妇女的彼此交流和相互了解方面发挥了积极作用。

苏联解体后，俄罗斯妇女联盟继承了苏联妇女委员会作为联合各界妇女的国际非政府组织的角色，继续执行苏联妇女委员会发起的项目与活动，包括国际性的和国内的项目；致力于以支持妇女、儿童和家庭，保护环境，要求裁军为目标的活动；继续推动俄罗斯的妇女解放运动，促进性别平等，从而使俄罗斯妇女获得更好的发展，为社会进步做出贡献。根据俄罗斯妇联的章程，该组织的宗旨是：提升俄罗斯妇女的社会地位，促进她们在俄罗斯的政治、经济、社会和文化生活中发挥重要作用；保障妇女权益，保护家庭稳

---

1. 孙晓梅：《国际妇女运动概况》，北方妇女儿童出版社，1990，第182—183页。

固；参与针对妇女、家庭和儿童问题的政府决策；促进妇女更多地参与决策工作。

俄罗斯妇联由俄罗斯全国妇联和地方分支机构及会员单位共同组成，这些机构包括妇女委员会、妇女协会和妇女俱乐部等。俄罗斯共有85个联邦主体，截至2016年3月，俄罗斯妇联在82个联邦主体设有地方分支机构95个，包括20个自治共和国（阿迪格共和国、卡累利阿共和国和克里米亚共和国等），9个边疆区（哈巴罗夫斯克边疆区、堪察加边疆区和滨海边疆区等），46个州（莫斯科州、列宁格勒州和伏尔加格勒州等），3个联邦直辖市（莫斯科、圣彼得堡、塞瓦斯托波尔），1个自治州（犹太自治州）和3个民族自治区（涅涅茨民族自治区、汉特-曼西斯克民族自治区和亚马尔-涅涅茨自治区），俄罗斯妇联只在印古什共和国、车臣共和国和楚科奇民族自治区三个联邦主体没有分支机构[1]（参见表2-1）。

俄罗斯妇联有包括女艺术家社会创作地方协会"鸢尾花"、莫斯科医疗保险机构协会和航空行业妇女地方组织"女飞行员"在内的34个会员组织，其中6个会员组织具有联邦地位（俄罗斯海军妇女联盟、俄罗斯全国社会组织联盟"谋求民族健康的妇女运动"、俄罗斯学校图书馆协会、俄罗斯妇女运动组织、俄罗斯全国社会组织"边境妇女联盟"和俄罗斯全国社会组织"国界妇女联盟"）。[2]俄罗斯联邦委员会副主席奥尔洛娃（Светлана Орлова）认为："俄罗斯妇女联盟是严肃的、具有稳定性的全俄罗斯的组织，拥有庞大的地区代

---

1. Список региональных отделений Союза женщин России на 1 марта 2016 года, http://wuor.ru/index.php?route=record/blog&blog_id=3_14, 最后访问日期：2017年6月24日。

2. Список членских организаций СЖР на 1 марта 2016 г., http://wuor.ru/index.php?route=record/blog&blog_id=3_14, 最后访问日期：2017年10月2日。

表2-1 俄罗斯妇女联盟分支机构分布情况

州 (46/46)	自治共和国 (20/22)	边疆区 (9/9)	联邦直辖市 (3/3)	自治州 (1/1)	民族自治区 (3/4)
阿穆尔州、阿尔汉格尔斯克州、阿斯特拉罕州、别尔哥罗德州、布良斯克州、弗拉基米尔州、伏尔加格勒州、沃洛格达州、沃罗涅日州、伊万诺沃州、伊尔库茨克州、加里宁格勒州、卡卢加州、克麦罗沃州、基洛夫州、科斯特罗马州、库尔干州、库尔斯克州、列宁格勒州、利佩茨克州、马加丹州、莫斯科州、摩尔曼斯克州、下诺夫哥罗德州、诺夫哥罗德州、新西伯利亚州、鄂木斯克州、奥伦堡州、奥廖尔州、奔萨州、普斯科夫州、罗斯托夫州、梁赞州、萨马拉州、萨拉托夫州、萨哈林州、斯维尔德洛夫斯克州、斯摩棱斯克州、坦波夫州、特维尔州、托木斯克州、图拉州、秋明州、乌里扬诺夫斯克州、车里雅宾斯克州、雅罗斯拉夫尔州	阿迪格共和国（阿迪格）、阿尔泰共和国、巴什科尔托斯坦共和国、布里亚特共和国、达吉斯坦共和国、**印古什共和国**、卡巴尔达－巴尔卡尔共和国、卡尔梅克共和国－哈利姆格坦格奇、卡拉恰伊－切尔克斯共和国、卡累利阿共和国、科米共和国、马里埃尔共和国、摩尔达维亚共和国、萨哈（雅库特）共和国、北奥塞梯共和国、鞑靼斯坦共和国（鞑靼斯坦）、图瓦共和国、乌德穆尔特共和国、哈卡斯共和国、**车臣共和国**、楚瓦什－恰瓦什共和国、克里米亚共和国	阿尔泰边疆区、克拉斯诺达尔边疆区、克拉斯诺亚尔斯克边疆区、滨海边疆区、斯塔夫罗波尔边疆区、哈巴罗夫斯克边疆区、堪察加边疆区、彼尔姆边疆区、外贝加尔边疆区	莫斯科、圣彼得堡、塞瓦斯托波尔	犹太自治州	涅涅茨民族自治区、汉特－曼西斯克民族自治区、**楚科奇民族自治区**、亚马尔－涅涅茨自治区

注：用加粗标注的联邦主体为没有设立俄罗斯妇女联盟分支机构的联邦主体。

资料来源：根据俄罗斯妇联官网整理。

表联系网络，具有广泛的代表性。"[1]

2018年12月11日，俄罗斯总统普京签署了《关于全俄社会—国家组织"俄罗斯妇女联盟"》的总统令，由此，俄罗斯妇女联盟由非政府性质的社会组织转为全俄社会—国家组织，时任俄罗斯妇联主席为拉霍娃（Лахова Екатерина Филипповна）。其主要职责包括：第一，保护妇女的权益；第二，提高妇女的社会地位，发挥妇女在政治、经济、社会和文化生活中的作用，为农村妇女实现自我发展创造机会；第三，参与执行《2017—2022年国家妇女战略》；第四，协助执行国家家庭政策，强化家庭制度；第五，协助执行俄罗斯联邦人口政策，保护母亲和儿童；第六，支持推动实施人口、健康、教育、文化和环境领域的国家计划的社会倡议。[2]

二 俄罗斯妇联的职责范围

俄罗斯妇联的主要工作包括：执行联合国消除对妇女歧视委员会（以下简称联合国消歧委员会）制定的《消除对妇女一切形式歧视公约》，协助政府编写递交联合国相关部门的定期报告，并独立编写官方报告的备选报告；促进形成关于性别平等、男女享有平等的权利与自由和实现权利与自由的平等机会的社会共识；积极推动妇女参与社会和国家事务管理工作，促使更多妇女进入决策层面；对妇女进行职业培训和再培训，提高妇女的业务素质，提供社会保障，保护她们在市场经济条件下平等就业的权利，向创办和经营企

---

1. Светлана Орлова: Женщины должны иметь возможность сочетать материнство и трудовую деятельность, http://www.council.gov.ru/events/news/14563/, 最后访问日期：2017年10月11日。

2. Указ об Общероссийской общественно-государственной организации «Союз женщин России», http://kremlin.ru/acts/news/59383, 最后访问日期：2020年3月15日。

业（尤其是小型和中型企业）的妇女提供支持；稳固家庭，承认妇女生育和抚养子女、从事家务劳动的社会价值，保护儿童的合法权益；促进实现社会和谐、稳定和和平；弘扬和复兴传统美德和精神财富，保护文化传统；解决生态环境问题；创造无核和非暴力的世界。俄罗斯妇联工作的主旨是在执行和响应《消歧公约》《北京宣言》《行动纲领》《联合国千年发展目标》等国际文件的基础上，改善俄罗斯妇女和她们的生活条件，提高妇女社会地位，消除一切形式的歧视，促使俄罗斯针对家庭、妇女和儿童的政策更加人性化。俄罗斯妇联认为，歧视妇女，对儿童和老人缺乏关注等因素都会阻碍法治国家和文明社会的建设，因此有必要消除任何形式的歧视，并在此基础上建设稳定、强大、道德健康和繁荣昌盛的俄罗斯。

除了俄罗斯国内的性别平等工作，俄罗斯妇联还十分重视开展国际交流与合作的重要性，并作为国际社会的重要一员，为谋取全球妇女发展和世界和平积极努力。俄罗斯妇联与联合国多个专门机构开展合作，其中包括联合国妇女地位委员会、国际劳工组织、世界卫生组织、联合国教科文组织、联合国儿童基金、联合国工业发展组织、联合国环境规划署、联合国开发计划署、联合国难民事务高级专员办事处和联合国欧洲经济委员会等。俄罗斯妇联与联合国新闻部之间有密切的合作，在联合国经济及社会理事会具有特别咨商地位，被联合国授予"和平使者"称号。俄罗斯妇联是独联体国家妇女组织联盟（Международного альянса женских организаций стран СНГ）、世界家庭组织（Всемирной организации семей）、世界乡村妇女协会（Всемирной ассоциации сельских женщин）、国际民主妇女联合会（Международной демократической федерации женщин）和国际妇女理事会（Международного совета женщин）成员。此外，俄罗斯妇联还与100多个国家的非政府组织建立了良好的伙伴关系。

三 俄罗斯妇联主持的重大社会项目

俄罗斯妇联制定了《二十一世纪平等、发展、和平五年规划（2013—2017年）》，其中包括6个具有重大社会意义的项目，分别是："稳固的家庭—稳定的国家""保障可持续发展和社会安全""保障男人和女人享有平等权利和平等机会""精神、文化和健康的生活方式""世界和平、国际合作和国际友谊"和"先进实践、新思路和肯定性行动"。该五年规划期满后，俄罗斯妇联在原有基础上，将原属于"保障可持续发展和社会安全"项目的部分内容加以丰富增设为"妇女带来乡村复兴"项目。[1]

下面分别介绍这七个项目的基本情况。

（一）"稳固的家庭—稳定的国家"项目

俄罗斯妇联认为，健康、稳固、物质和精神幸福的家庭是构建健康社会和保障国家安全的基础。家庭塑造未来一代，年轻人的教育、社会地位和健康、社会的未来发展都跟家庭息息相关。家庭的正常功能、生活状况和稳固性都将影响整个社会的稳定。国家应该将保证家庭的物质水平和精神健康作为所有家庭政策的重中之重，那些与家庭问题没有直接关系的政策，要注意其实施结果是否会对家庭稳固甚至国家稳定发展产生不良影响。因此，俄罗斯妇联的一个工作重点就是家庭和家庭的利益。[2]

---

1. «Женщины за возрождение села», https://wuor.ru/Page/104-vi171zhenschini_za_vozrozhdenie_sela187, 最后访问日期：2020年4月14日。

2.«Крепкая семья – стабильное государство», http://wuor.ru/docs/krepkaya-semya-stabilnoe-gosudarstvo.doc, 最后访问日期：2020年2月3日。

　　"稳固的家庭—稳定的国家"项目旨在提高家庭地位，提高国家、社会、社会组织和父母对于抚养和教育子女的责任感，宣传传统家庭价值，提高精神修养和职业道德，推广家庭教育经验和健康生活方式，恢复家庭重要的社会角色功能。为实现这一目标，俄罗斯妇联认为应该促使政府积极参与到下列行动中去：完善对于家庭、妇女和儿童的社会保障体制和立法保护；在国家和地区层面制定有针对性和综合性的家庭政策；形成和加强国家和地区落实家庭政策的长效机制；就提升家庭文化素养、改善家庭教育氛围问题形成社会共识；塑造自觉的、负责任的、专业的、文明的教育和抚养方式；为保证孕产妇和儿童健康提供便捷和高质量的医疗服务和卫生保健、为生育健康儿童提供良好条件；为实现家庭责任和职业发展相结合创造条件，包括就业、继续教育、家庭内部实现男女平等、家庭责任平等分配；提供优质便捷的学前教育、初级和高级教育、文化发展和信息安全；为弱势家庭（低收入家庭、单亲家庭和多子女家庭等）提供保障，政府应该对所有的儿童予以同样的关注；建立预防和消除社会和家庭中的身体、性和心理方面的暴力行为的有效机制；建立预防出现家庭贫困、忽视儿童和遗弃儿童等问题的综合机制，对于没有父母照料的儿童应通过各种方式加强政府支持；采取措施降低孤儿和流浪儿童数量，预防和减少儿童和青少年犯罪，帮助他们回归正常生活；查明未成年人在社会中可能会面临的危险处境；完善领养儿童程序；等等。

　　"稳固的家庭—稳定的国家"项目还包括多个社会活动，分别是以下几种。

　　"家庭的权力"活动。该活动的目的是评估关于家庭问题的现行法律，促进制定新的法律条款，以解决家庭和子女抚养等问题。向不同家庭提供法律咨询、医疗、教育等社会服务，推广先进经验。

"团结起来更强大"活动。把家庭引入到社会发展进程中去，建立家庭自尊，创造自我实现的机会，听取来自广大家庭的意见，建构稳固的家庭。弘扬俄罗斯民族的精神传统和文化传统，激发人民的爱国之情，尊重历史遗产，尊敬老一辈人的奉献精神。

"健康的家庭"活动。支持美好家庭，全面促进它们的发展。开办父母文化中心、父母经验交流俱乐部。举办以"健康的家庭带来健康""健康的生活方式"为主题的活动。旨在构建平和友爱、积极向上的邻里关系，希望家长们针对培养身心健康的儿童等问题交流经验，而培养好子女也是一种自我实现。了解青少年的成长情况，督促老年人锻炼身体，培养健康的生活习惯，推广健康的饮食方式。开展家庭联欢和运动比赛，提倡积极健康的休息方式。

"负责任的家长——俄罗斯稳定的基础"活动。培养家庭责任感、建立正确的家庭价值观是当代俄罗斯发展的首要任务。家庭、母亲和父亲都应该担负起照顾子女的责任，子女在成年之后应该赡养老人。应该创造和谐的氛围，构建稳定、相互信任、相互了解、相互尊重和相互负责的家庭关系，推广传统的家庭理念。为此，应该在国际家庭日（5月15日）以及父亲节，母亲节，儿童节，俄罗斯家庭、爱情和忠诚日（7月8日）举行专题活动。

"给每一个孩子一个充满爱的家庭"活动。俄罗斯妇联致力于减少孤儿和流浪儿，并对他们进行救助。俄罗斯妇联认为，为了减少遗弃孤儿的现象，应该采取下列措施：提倡传统家庭观念，开办"负责任的家长培训班"；保护孤儿的权利、正常生活和健康，为他们创造个人发展的环境和舒适的生活条件；尽量将孤儿安置在有血缘关系的亲戚家中；积极走访年轻家庭，培养家庭责任感；对于贫苦家庭和收养孤儿的家庭给予帮助，开办收养子女培训班；

鼓励救助贫困家庭和贫困儿童的志愿者活动；降低和减少社会和家庭中的暴力行为，监管媒体对于暴力行为的报道。

"我会当妈妈""迎接送子鹳鸟"和"你好，小家伙和年轻的家庭"等系列活动。为了促进俄罗斯人口繁育，保持俄罗斯生殖潜力，俄罗斯妇联认为应该对即将成为父母的年轻人进行家庭责任培训；向适龄妇女传授备孕、孕期保养、分娩和新生儿看护知识；向未成年人开展性教育，预防性病；创办年轻妈妈中心，给年轻妇女提供帮助。

"在父亲的臂膀下"活动。该活动的目的是提高父亲在照顾家庭和抚养子女中的地位和责任感，承认父亲在家庭中的重要作用。负责任的父亲是孕育者、教育者、子女走上社会的引路人，通过个人行为教育子女勤劳、果断、有智谋、有勇气和有信心，照顾家庭、民族和国家的责任心。俄罗斯妇联认为应该创办父亲委员会，同母亲委员会一起抵制分裂家庭的行为；创办负责任的父亲中心和男性危机中心；在家庭居住地附近为男性创造就业机会并限制轮班制工作模式，为父亲更好参与家庭工作创造条件。

（二）"保障可持续发展和社会安全"项目

俄罗斯妇联认为，可持续发展可以改善人民生活，并将经济发展、社会公平、生态安全等议题很好地结合在一起，可以更好地保护生活环境、文化和精神环境。人类社会的一个重要变化趋势是全球化，一方面会带来政治和经济变革，这些会给人类文明带来空前的发展机会；另一方面，也会形成大国强国对小国弱国的霸权地位，体现在经济、政治和文化等各个方面。这种情况加剧了贫富差距，并增加了贫穷者的数量，对于公民社会造成了威胁。

全球化进程还对处于弱势地位的老人、妇女和儿童带来一些不利影响。[1]

为了保障可持续发展，实现社会安全，俄罗斯妇联采取了下列措施：在新的经济环境下加强妇女团结，提高她们的地位，使她们成为经济改革过程中与男人平等的、同样具有积极性的合作者，消除对待不同性别劳动者的双重标准；赋予妇女经济权利和机会，使她们享有平等使用资本、土地、信贷的权利，鼓励妇女开展企业经营，特别鼓励妇女自主创业；预防全球化对妇女带来的不利影响，消除造成贫困的原因，帮助制定和实施消除贫困的国家战略；消除雇用和解雇环节中的性别歧视；为消除就业中的性别歧视提供法律支持和行政保护；改善妇女劳动条件，提高经营者的社会责任感，完善关于就业的相关法规，比如保障同工同酬；承认乡村妇女的劳动价值，尊重她们为保障全国食品供给和粮食安全所做的贡献；协助妇女取得小额信贷，拓宽土地使用模式，使得乡村妇女有权获得和使用土地，提高她们的社会地位；加强妇女职业培训和再培训，宣传培训信息，提供妇女在非传统女性经济活动中的综合竞争力，比如高科技领域；尊重妇女的无偿照料和家务劳动，承认她们对于社会发展的价值；帮助弱势妇女群体，向她们提供有效的社会救助；保障每个人享有良好生活环境、文化和精神环境的权利；禁止掠夺式资源开发以及污染环境等对健康造成严重损害的活动。

在"保障可持续发展和社会安全"项目下，俄罗斯妇联制定了多项活动计划，其中包括以下几种活动。

---

1. «За обеспечение устойчивого развития и социальной безопасности», http://wuor.ru/docs/za-obespechenie-ustojchivogo-razvitiya-i-socialnoj-bezopasnosti.doc, 最后访问日期：2020年1月17日。

"我可以"活动。该活动的口号是：战胜社会消极因素，自力更生、自我实现。活动的目的是团结妇女身边的其他妇女朋友，一起为改善生活而努力。

"反对残忍行为和暴力行为"活动。该活动旨在消除家庭内部针对妇女、儿童、老人和残疾人的暴力行为。协助政府部门、社会民间组织消除社会和家庭内部的暴力行为的工作。在当今社会，对于妇女的暴力行为被看作是对民主的威胁，对持久和平的阻碍，国民经济的负担，对人权不可容忍的侵犯。俄罗斯妇联认为应该与社区的父亲委员会等其他社会组织一同建立"援助小组"和"家暴监测站"，有效预防这种破坏家庭和危害社会的行为发生。禁止报纸杂志、电视媒体和网络宣传违背道德、有害正确价值观的行为、社会陋习和不合时宜的思想，这些都将导致空虚、肆意挥霍、贪婪和暴力。应该宣传宽容和非暴力的、坦诚和诚实的、善良和有同理心的、团结和相互帮助的、正面和讲道德的行为。

"洁净的家园 洁净的国家 洁净的地球"活动。这一活动的口号是：为了下一代，拯救和保护自然环境和文化。活动目的是：对于保护周围环境形成社会共识，提倡健康可持续的消费理念，保护地球上自然界的平衡。保护俄罗斯自然资源、景观和地形、历史文化和精神遗产。引起国家、社会和各个组织重视生态环境破坏带来的严重后果，及其对居民生活和健康产生的不利影响。培养民众爱护环境和爱护地球的责任感，保护自己国家的自然资源、历史文化遗产的责任感。监测水和空气的清洁度和质量、能耗和废品回收情况，开展净化身边环境的义务劳动，并开展相应的评选活动。

"新技术—新机会"活动。俄罗斯妇联认为，新技术可以有效促进人类文明的发展和经济效益的提高，特别是信息和通信技术的发展。因此应该帮助妇女掌握电脑和网络操作技能，建立电脑学习班和培训班，使妇女全方位了解信息和通信相关知识。

（三）"保障男人和女人享有平等权利和平等机会"项目

俄罗斯妇联认为，每个公民所拥有的权利，包括公民的、文化的、经济的、政治的和社会的，甚至个人发展的权利，都是不可或缺、不可分割、相互联系的，对于21世纪的性别平等、发展与和平来说都是迫切需要保障的。妇女在国家权力机构的各个层级的平等的准入机会、同等的代表权和全面的参与，比如行使行政、立法和司法权力，参与政治活动、进入地方权力机构和管理发展事务的各行政部门，是构建公民社会、加强民主的基础。[1]

为实现此目的，俄罗斯妇联认为必须推进以下工作：执行宪法规定，实现男女享有平等的权利与自由和实现权利与自由的平等机会；使妇女权利与公民基本人权保持相当水平；消除对妇女一切形式歧视；平衡领导岗位上的性别比例，增加妇女在国家和地方权力机关的真实权力；巩固和加强旨在改善妇女地位的国家机制；培养性别问题研究领域的专业人才；通过法律保障女人和男人在任职和离职中享受平等权利和平等机会；开展旨在改善俄罗斯社会性别文化的教育宣传活动，设计和开展向妇女传播法律知识的活动；消除教育中陈旧的刻板的性别观念，编写具有先进性别意识的教材，在幼儿园、中小学和大学推广。

"保障男人和女人享有平等权利和平等机会"项目同样开展了多项社会活

1.«За гарантированное равенство прав и возможностей мужчин и женщин», http://wuor.ru/docs/za-garantirovannoe-ravenstvo-prav-i-vozmozhnostej-muzhchin-i-zhenshchin.doc, 最后访问日期：2020年1月12日。

动，具体包括以下几项。

"妇女的法律教育"活动。该活动力图对妇女开展法律教育，介绍俄罗斯联邦宪法、俄罗斯其他法律法规以及国际通行标准所规定的妇女应该享受的权利。就妇女就业、家庭、公民和刑事权利等议题，向不同社会层次的妇女提供法律咨询服务，召开圆桌会议讨论进一步完善这些立法的方案。

"促进妇女进入决策层"活动。该活动旨在从本国妇女中培养进入国家行政机构的后备力量，培养进入联邦和地区级别的立法和司法机关的候选人。俄罗斯妇联和分支机构积极参与联邦和地方一级的竞选活动。组织提高妇女领导能力的培训，开办研讨会和培训班。

"信息推广"活动。该活动借助大众传媒进行性别平等宣传，塑造平等的男女形象，宣传各个生活领域男女同等重要的观念，尊重每一个个体的价值。定期召开推广先进性别理念的新闻发布会，为俄罗斯妇联各分支机构提供通报和分析材料，出版发行《通报》和《公报》；通过文学作品、摄影作品等对性别平等议题进行直观展示；开展家庭普及教育和家庭大学等针对家长的法律和教育知识宣传工作。

（四）"精神文化和健康的生活方式"项目

俄罗斯妇联认为，良好的道德文化是现在和未来社会健康生活方式的基础。勇敢和诚实是俄罗斯人代代相传的美德，颂扬这些美德的主要形式是歌曲、民间传说和文学作品，最重要的传承和教育场所是家庭。应该促进人民团结，以身作则自觉抵制社会疾病和精神堕落，禁止暴力、酗酒、吸毒、谩骂、流浪等行为。尊重祖国的历史文化，尊敬长辈，战胜心灵空虚和颓废。

在俄罗斯妇联地方分支机构所在地区宣传和推广传统美德，提高全民道德修养和弘扬民族文化，为家庭和睦和社会安定打下良好基础。[1]

为了实现上述目标，俄罗斯妇联认为有必要采取下列措施：宣扬团结与互助、善良与同情心、荣誉感与尊严、职业道德、诚实和谦虚、合理健康的消费观念、公民意识和责任心等崇高品德；培养爱国主义精神，热爱祖国，尊重国家历史；尊重祖国历史文化遗产；完善对儿童的品德和艺术教育体系，开展家庭业余文化创作、工艺制作，庆祝传统节日，学习传统礼仪；培养儿童的阅读兴趣，加强图书馆的作用，尤其是农村图书馆，举办捐赠图书等公益活动；在社会中形成普遍的生态保护意识，对公民开展生态教育，支持保护生态环境和维持生态稳定的项目；积极推广全面健身运动，培养健康生活习惯；坚决抵制酗酒、吸毒、吸烟、谩骂、不道德行为、卖淫、嫖娼、暴力行为；等等。与其他合作伙伴一起守护幼儿园、学校、居民区的正常生活；避免对资源的过度开发和过度消费。

"精神文化和健康的生活方式"项目包括下列社会活动。

"家庭的价值"活动。家庭是守护和传承俄罗斯文明、思想和传统的天然场所。长久以来，不同的地区差异形成了俄罗斯具有多样性的文化，应该加以大力宣传和推广，以便形成对民族的认同、对差异的容忍、对民族文化和习俗的尊敬和对民族敌人的反抗和不屈服。

"健康的生活方式"活动。该活动目的是推广健康的生活方式，防止出

---

1. «Духовность. Культура. Здоровый образ жизни», http://wuor.ru/docs/duhovnost-kultura-zdorovyj-obraz-zhizni.doc, 最后访问日期：2020年1月12日。

现反社会现象，为提高个人素养创造条件。所采取措施包括：提高个人道德修养，提高社会积极性，举办有意义的社会活动。同其他社会民间组织、委员会、慈善基金会、宗教界人士和大众传媒一起，开展道德、劳动和爱国主义教育。反对酗酒、吸毒、吸烟、流浪、性滥交等社会不良行为，在年轻群体中开展禁止吸毒、反对酗酒等宣传活动，使他们自觉抵制毒品的使用和流动。

"记忆的浪潮"活动。该项目在具有重大意义的纪念日开展主题活动，提升俄罗斯社会的凝聚力，培养人们的爱国热情和对祖国历史的尊重，激发公民责任感。翻修历史纪念碑，提升民族士气，尊敬老兵和在战争中出生的孩子。加强社会的精神文明建设，保护俄罗斯的历史文化遗产和精神财富。纪念日活动包括庆祝重大军事胜利纪念日，纪念重大历史战役和战斗英雄、纪念其他有重大意义的日子。比如，祖国保卫者日（2月23日）、航天日（4月12日）、卫国战争胜利日（5月9日）、第二次世界大战胜利纪念日（9月2日）、民族团结日（11月4日）、十月革命胜利日（11月7日）、无名烈士纪念日（12月3日）和祖国英雄日（12月9日），等等。

"春天沙龙"活动。举办俄罗斯妇女艺术创作双年展，由俄罗斯艺术科学院主办，在境外分两次展出。第一年主题：春天的希望；第二年主题：春天的沙龙。活动的目的是将俄罗斯女艺术家的作品展示出来，给予她们充分的认可和精神支持，促进她们创作出更好的作品。此外，还将举办女艺术家作品评比，在俄罗斯妇联举办个人作品展。

"妇女艺术家与儿童"活动。该活动旨在将俄罗斯妇女艺术家组织起来，在艺术院校和艺术俱乐部辅导儿童，对年青一代进行艺术熏陶。

（五）"世界和平、国际合作和国际友谊"项目

俄罗斯妇联认为，性别议题受到国际社会的普遍关注，是全球性的问题，要解决这一问题，需要世界各国交流经验、交换信息。《联合国千年宣言》指出，某些基本价值对21世纪的国际关系是必不可少的，其中包括：自由、平等、团结、宽容、尊重大自然和共同承担责任。由此，俄罗斯妇联认为应该通过广大妇女同胞的努力，在世界范围内创造良好环境，维护和平和民主，消灭恐怖主义，减少国际争端。[1]

为实现上述目标，俄罗斯妇联开展了多项工作。比如，与国外妇女组织开展有深度开放式的对话，加深国际人文交流，开展民间外交，扩大合作范围，寻找新的合作伙伴，研究伙伴国在国内社会改革和维护世界和平方面的先进经验。加强与国际民间组织的交流，参与交流会议，扩大与不同的非政府组织的合作范围。在与境外妇女组织交流过程中，如参加国际组织举办的国际会议和国际论坛，利用这些机会加强国际文化交流，展示俄罗斯民族文化的价值，阐明俄罗斯内政外交意图，介绍俄罗斯在促进男女平等方面取得的成绩，在立足本国经验、传统和自身发展的基础上，代表俄罗斯和俄罗斯的妇女在国际社会发声。促进和加强不同民族和不同信仰妇女之间的交流，派出赴各国亲民代表联合组织慈善活动，加深跨文化交流，了解必需的文化、传统和习俗，化解种族矛盾。

"世界和平、国际合作和国际友谊"项目包括下列社会活动。

---

1. «За мир, международное сотрудничество и дружбу», http://wuor.ru/docs/za-mir-mezhdunarodnoe-sotrudnichestvo-i-druzhbu.doc, 最后访问日期：2020年1月13日。

"朋友们，让我们牵起手"活动。广泛参与国际和地区层面的会议、会谈和论坛等活动，包括国际民主妇女联合会、世界家庭组织、世界乡村妇女协会、国际妇女理事会、联合国各委员会和联合国公共信息部等部门召开的会议。就各类问题交流看法，促进合作。根据已有合作协议，与独联体国家妇女共同规划未来发展。

"我们的家园——俄罗斯""祖国从何而来"活动。宣传俄罗斯的传统文化，促进跨种族、跨信仰、跨文化的交流，消除误解和矛盾，消除国际争端。开展国际教育、文化、艺术等交流合作，做好侨民保护和安置工作，与各国人民建立友谊。

"友谊是最美好的艺术"活动。该活动由俄罗斯妇联和其他妇女组织联合举办。目的是加强俄罗斯与其他各国的文化交流，共同组织艺术展览等文化活动，互派代表参观考察、交流经验。

（六）"先进实践、新思路和肯定性行动"项目

"先进实践、新思路和肯定性行动"项目下包括多项具体工作，比如，加强俄罗斯妇联组织机构建设，在居民点开办妇女委员会；开展跨区圆桌会议和研讨会，交流经验；开展妇女组织工作监管和审查；为俄罗斯妇联各地分支机构提供咨询、建议和指导；发现先进工作经验并积极推广；吸引包括学者、企业家、媒体人等在内的各界妇女精英协助俄罗斯妇联项目落地工作；开办妇女运动、性别平等和家庭政策培训机构（研讨会、讲习班、学校）；召开联邦范围内圆桌会议、研讨会，学习和交流工作经验，探讨地方发展机遇；与权力部门开展合作，制定保护妇女、儿童和家庭利益的长期协议和社会契约。

俄罗斯妇联积极协助国家和地区主管妇女、家庭和儿童事务的委员会等机构的相关工作。吸引年轻妇女加入妇联，为妇女平权运动增加后备力量。各地区分支机构代表群众向国家政府机关及其相关部门反映问题，呼吁当局调整和解决对社会稳定、家庭和儿童处境造成不良影响的社会经济和政治事件、立法措施。对妇女平权运动进行年度审核，表彰和奖励积极推动性别平等的优秀工作者。建立俄罗斯妇联数据库，记录和总结本国和国外妇女运动情况。[1]

"先进实践、新思路和肯定性行动"项目包括下列社会活动。

"妇女的社会地位"活动。该活动目的是组织论坛，设立对话平台，吸引年轻妇女加入妇女平权运动中。

"社会伙伴"活动。该活动目的是加强与提出保障妇女和儿童权益的政策的社会团体领袖和成员之间的交流合作。为了最大限度地保障妇女和儿童的权益，与各社会组织、教育工作者、学者、地区权力机构、企业和工会建立和发展伙伴关系，加强对话。与各级权力机关签订关于促进性别平等、保障公民基本权利的合作协议。在各个社会团体的妇女平权运动之间搭建桥梁，签订合作协议。定期安排社会团体领导者与妇女运动积极倡导者见面。

"从单独行动到积极协作"活动。该活动通过各个妇女非政府组织的合力，实现北京第四次世界妇女大会通过的《北京宣言》和《行动纲领》。采取统一行动，举办研讨会和圆桌会议，向政府和议会提供建议，向相关国际组

---

1. «Передовая практика. Новые идеи. Позитивные действия», http://wuor.ru/docs/peredovaya-praktika-novye-idei-pozitivnye-dejstviya.doc，最后访问日期：2020年1月14日。

织提交报告。

"公共接待室"活动。该活动接收和处理信访和到访，审查消除性别歧视工作情况，安置女性难民，提供法律咨询等帮助。

（七）"妇女带来乡村复兴"项目

俄罗斯妇联认为，改善农村家庭生活状况是实现可持续发展的基础，妇女对于复兴乡村起着重要的作用，因此，应该恢复遭受损害的乡村社会结构，为实现优质生活提供保障，提高乡村妇女的社会地位，更加全面地发挥她们的工作能力、创造力、聪明才智和精神潜力。协助发展农场经营，留住农村的青年劳动力，支持年轻人开办农场。开展年轻农庄和乡村的女主人活动。积极抵制反社会现象，比如禁止酗酒、吸毒等给家庭和社会带来极大的负面影响的行为。该项目旨在引起有关部门对于农村妇女及其家庭生活处境的关注，共同制定解决乡村妇女面临的严峻问题的最佳方案。

该项目主要任务包括：加强乡村基础设施建设、改善农村环境；根据各地实际情况，适度实现地方自治，以实现地方有效治理并改善农村人口福利；认可农村妇女的工作，尊重其对确保粮食安全做出的重大贡献；为女农民提供优惠信贷，推动有利于妇女获得土地和土地所有权的土地使用方式；鼓励农民加入农业生产合作模式，改善中小型农场农产品的销售体系；推广绿色技术，生产环保产品；发展乡村旅游业；维护和发展妇女在手工艺和民间工艺领域的创业精神；发展乡村文化和教育活动，支持艺术创造，保护原始民俗文化；创办和管理乡村图书馆；等等。

"妇女带来乡村复兴"项目包括"有序的农村—富饶的国家"活动。该活动旨在解决农村面临的发展问题，鼓励组织乡村妇女委员会，发挥妇女在乡村复兴中的作用。

第三节　争取性别平等的俄罗斯妇女组织

苏联解体后，伴随着俄罗斯妇女运动的发展，俄罗斯的妇女组织经历了十余年快速发展期，妇女组织数量大，类型多，倡导议题广。根据俄罗斯妇女组织"东方和西方：妇女创新项目"的统计，21世纪初，俄罗斯的妇女组织有近140个。[1] 俄罗斯知名性别问题专家伊伦娜·兹德拉沃斯洛娃（Елена Здравомыслова）在《当代俄罗斯女权运动概述》一书中详细论述了当代俄罗斯建立十年间俄罗斯妇女运动的演变历程，介绍了妇女组织发展情况，她总结道："还不能说这个运动（俄罗斯妇女运动）是有影响的政治力量，尽管它的声音在公众言论中日趋强大。它的主要成就在于俄罗斯妇女逐步意识到并提出了以前从来没有提出过的问题，比如家庭暴力、性骚扰、对于妇女的歧视、青少年性行为等，以及妇女政治纲领概念本身的确立。"[2]

俄罗斯有代表性的性别议题网络资源中心"东方和西方：妇女创新项目"对135个俄罗斯妇女组织的宗旨、活动方式、成立年份和所在地进行了介绍，通过梳理这些信息可以发现，这些妇女组织的目标和宗旨涵盖关于妇女社会地位和平等权益的很多议题，包括性别研究与先进性别意识推广和

---

1. Организации женские российские, http://www.owl.ru/iw/2.html, 最后访问日期：2020年4月28日。网站共给出163条统计信息，但有重复，经笔者整理，有效信息为135条。

2.〔俄〕伊伦娜·兹德拉沃斯洛娃：《当代俄罗斯女权运动概述》，乔亚译，《第欧根尼》2003年第1期。

教育、针对妇女的社会救助、妇女与信息、保障妇女权益、妇女参政、消除性别歧视、落实《北京宣言》和《行动纲领》、反对家庭暴力、对遭受家庭暴力和其他伤害行为的妇女提供心理咨询服务、对未成年母亲和单亲母亲等弱势母亲群体的社会救助、女性创造力与就业、失业妇女再就业、女性职业培训、女性再培训与晋升、女性艺术家互助、女新闻工作者互助、女企业家互助、女科学家互助、军事人员母亲互助、妇女退役军人互助、农村妇女问题、妇女戒酒、打击人口贩运、针对妇女提供相关法律咨询、关注国内女性流离失所者和难民、改善妇女生活、提升妇女社会地位、鼓励妇女参政、妇女自我赋权和西方经验分享与借鉴、和平与人权、社会性别主流化、支持性少数权益，等等。

俄罗斯妇女组织的活动方式主要包括开展社会项目，进行田野调查，发表学术论文，发行报刊和通讯手册，举办国内外学术会议，编导电视节目，编写推广先进性别意识的教学方案，建立网站、电子资源库和实体图书馆，提供信息，开通服务热线提供法律和救助服务，等等。俄罗斯妇女组织开展的社会项目包括"男性世界中的女性安全""危机中的儿童""妇女与统计""俄罗斯妇女：过去，现在和未来"和监测本国性别平等政策项目等，出版物包括报纸《娜塔莉》，杂志《莫斯科女性》《商业女性》《俄罗斯妇女权利：立法与实践》《女性笔记本》《女孩的人权杂志》《女孩需要被关注！》，新闻通讯《立法与妇女权利》《关于我们与我们的业务》，以及关注政治生活和日常生活中对于妇女的歧视、生育健康问题、女犯的恶劣待遇、强奸、家庭暴力与其他类型的暴力问题。俄罗斯妇女组织举办的国内外会议包括"性别与文化"系列研讨会、"拯救我们的星球"国际妇女论坛。电子资料中心"东西方"于1995年建立了"妇女的权利和机会"专题图书馆，提供有关健康、家庭、妇女权利、性

别问题、劳动和就业、人口等主题的资料。大部分俄罗斯妇女组织的工作语言
为俄语，26个妇女组织使用俄语和英语工作，1个妇女组织的工作语言包括俄
语、英语、德语和法语。（参见图2-1）

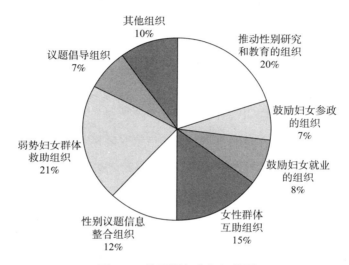

图2-1 俄罗斯妇女组织类型

资料来源：根据"东方和西方：妇女创新项目"对135个俄罗斯妇女组织的
介绍统计整理。

俄罗斯的妇女组织类型大致可以分为八大类，具体包括推动性别研究和教
育的组织、鼓励妇女参政的组织、鼓励妇女就业的组织、女性群体互助组织、
性别议题信息整合组织、弱势妇女群体救助组织、议题倡导组织和其他组织。
当然，俄罗斯妇女组织的主要宗旨和目标存在交叉的现象，因此有很多组织同
时属于不同的类型，在妇女运动框架下，发挥着复合性作用。

一 推动性别研究和教育的组织

此类组织的目标是促进社会发展和扩大性别平等、提升妇女利益和社

会地位、制定性别教育方案、消除陈旧刻板的性别观念和发起社会倡导、推广先进性别观念等，比如"莫斯科性别研究中心""圣彼得堡性别问题研究中心""卡累利阿性别研究中心"和"圣彼得堡国立大学妇女研究综合中心"等。

1.莫斯科性别研究中心

从1990年创建至统计之时，莫斯科性别研究中心组织了数十次研讨会，其中有很多是国际会议，中心工作人员在俄罗斯和其他国家的科学和教育机构中进行了100次关于性别议题的讲座；向俄罗斯和国外的科学会议的参与者提供了100多份报告。此外，该中心的成员还多次参加国家杜马、其他民选机构和公共组织中举办的关于性别问题的圆桌会议和研讨会。莫斯科性别研究中心主要关注议题为家庭福利、性别研究、生殖权利、性别理论纳入社会科学和人文科学、男女权利平等和机会均等，并向俄国政府提交相关政策建议。中心力图通过一种新的性别方法来分析社会生活，对与妇女相关的社会政策和立法进行性别审查，并将先进的性别观念纳入俄罗斯的研究和教育计划。

2.圣彼得堡性别问题研究中心

圣彼得堡性别问题研究中心作为区域性组织，是一个具有女性主义、资源性、教育和研究特性的非营利组织。其主要目标是强调和克服现代俄罗斯社会中的性别不平等，创建于1992年。中心网站集合了很多文献资料和俄罗斯妇女社会运动的信息，包括对女性主义先锋人物、女性主义理论的介绍，以及关于少数民族妇女和女同性恋组织等有关组织的简要信息和网络链接。

3.圣彼得堡国立大学妇女研究综合中心

圣彼得堡国立大学妇女研究综合中心是"妇女与文明"科学和理论研讨会的继任者,该研讨会自1986年开始举办,将列宁格勒州立大学的教师和研究人员以及该市苏联科学院的研究人员联合起来。该研讨会的任务是引导社会学、心理学、文化研究、民族志和民间文学艺术、文学批评和语言学、法律和政治科学等各个知识领域的研究人员进行自我认同和自我赋权,纳入妇女议题并将其引入教学实践中。研究的重点是未成年人、老年妇女、女大学生、处境困难的家庭妇女和失业妇女。

4.圣彼得堡科学中心"俄罗斯妇女"

圣彼得堡科学中心"俄罗斯妇女"是由科学家、行业专家、研究人员、学生和实习生组成的独立非政府公共团体。该中心的目标是通过跨学科的研究方法,对生活中各个领域的妇女状况进行科学研究。协助进行有关"俄罗斯妇女:过去,现在,未来"主题的基础研究和应用研究;开展相关的培训和咨询活动,以发展妇女能力,实现自我解放;培训新的科学学科(女性学、性别研究和家族史)的专家。

5.卡累利阿性别研究中心

卡累利阿性别研究中心位于卡累利阿共和国,开展活动的前提是承认妇女权利是人权的组成部分。中心的活动包括进行性别研究、建立一个反映卡累利阿妇女组织和妇女情况的数据库;确定妇女对信息、教育、心理支持和其他方面的需求;制定和执行性别培训方案、课程和心理培训;发展妇女运动的信息基础设施,确保信息的可获取性和透明度;监测对包括生殖在内的妇女权利的落实情况；发展国际合作，包括参加国外的教育培训计划；参加区域和市政发展计划的审查工作；提出消除针对妇女歧视的政策；向妇女和妇女组织提供免费的信息和教育服务；支持彼得罗扎沃茨克妇女危机中心的活动。

6. 俄罗斯妇女运动

俄罗斯妇女运动是 1996 年注册的全俄罗斯妇女社会政治组织。该组织在俄罗斯联邦的 62 个联邦主体中设有分支机构，包括 194 名集体参与者（1998 年数据）。该运动的目标是促进在俄罗斯形成一个文明社会，在这个社会中，自由、尊严和安全将成为生活的绝对标准；落实宪法中规定的男女享有的平等权利、自由和平等机会；加强妇女对俄罗斯社会政治生活的参与，并在各级政府中促进妇女晋升。该组织出版月刊《俄罗斯妇女》，还参加科学和理论杂志《俄罗斯社会中的妇女》的出版工作。

7. 女性主义中心

女性主义中心位于莫斯科市，宗旨是在社会和教育的民主变革的背景下发展女性思想，支持在教育系统纳入女性主义思想，支持妇女组织发展。

8. 妇女、家庭与性别研究中心

"妇女、家庭与性别研究中心"隶属于俄罗斯青少年研究所，是由教师、研究人员和学生于 1993 年创立的妇女教育非政府组织，其活动范围包括莫斯科和周边地区。该中心的主要目标是：在青年的教育中引入性别方面的内容；对性别问题进行研究并组织培训和举办研讨会、出版发行教学资料、推广其在解决冲突和处理妇女危机中的经验。

9.伊万诺沃州性别研究中心

伊万诺沃州性别研究中心是伊万诺沃国立大学的一个独立研究机构，该中心积极参与有关女性学、性别问题和妇女运动的研究，并召开相关主题学术研讨会，积极宣传先进的性别观念。

10."现代妇女"中心

区域公共组织"现代妇女"中心位于莫斯科，通过制定教育、信息和文化计划，力图为妇女的全面发展创造良好的社会条件，在就业、社会文化领域促进妇女享有与男子平等的权利。

11.妇女倡议中心

雅库茨克国立大学妇女倡议中心宗旨是发掘妇女在社会中日益重要的作用，希望团结高校力量共同解决妇女的社会保护问题，该中心力图为萨哈（雅库特）共和国的家庭政策提供政策建议，提高妇女地位，支持维护和平行动和慈善活动。该中心还组织了雅库特女科学家联盟。

12.独立妇女联合协会

独立妇女联合协会成立于1995年12月。北京世界妇女大会之后，俄罗斯妇女决定团结起来，共同为建设完善的社会机制和鼓励妇女实现自身发展贡献力量。该组织力图增强其在提高妇女地位中的作用；将妇女的利益纳入社会、经济和文化政策中，提供信息交流，发行各种出版物，开发特别教育课程，开展学术研究，组织对法律草案的公开审查，协助权力部门解决妇女问题。独立妇女联合协会包括36个成员组织，其中33个来自俄罗斯，其余3个分别来自白俄罗斯、哈萨克斯坦和乌克兰。

13. 盖亚

盖亚国际妇女中心位于莫斯科，是一个国际非政府组织，有6个分支机构，其中4个在俄罗斯，分别在萨哈（雅库特）共和国、圣彼得堡、奥廖尔和西德维纳，另两个一个在亚美尼亚，一个在美国（密歇根州）。盖亚与其他妇女组织一起积极开展广泛的妇女运动。它是妇女联盟、妇女非政府协会联合会等的创始者之一；该中心是"妇女与市场经济"国际会议（1992年10月）的组织者之一。该组织参加了第一次关于俄罗斯妇女地位的议会听证会（1993年5月），并参与了旨在提高俄罗斯妇女地位的具体项目的实施。

14. 格洛丽亚

妇女社会活动中心"格洛丽亚"位于圣彼得堡，该中心优先关注保障妇女享有实现健康生活的权利和发展的权利，促进妇女参与公共事务和政治生活。组织名称的意思是"荣耀"。中心活动集中在政治和社会方面：争取公民权利和提升妇女在政府事务中的参与度，开展社会学研究和妇女的心理咨询，与国内外的环保组织合作。该组织的项目包括"文化、创造力与科学"等。

15. 独立妇女倡议协会

独立妇女倡议协会是一个地区性的社会组织，由女性主义者俱乐部"妇女之光"和妇女健康中心"琳娜"联合创建，以支持和实施促进民主社会形成的社会文化和教育项目，以期摆脱性别歧视、种族歧视和暴力，将公众意识从男性占统治地位或女性处于从属地位的刻板印象中解放出来，加强妇女团结，寻找妇女参与城市和地区事务的新形式。

16.沃罗涅日市独立妇女民主倡议论坛

沃罗涅日市独立妇女民主倡议论坛大约有200名妇女成员，包括研究人员、教师、医生、律师、经济学家和文化工作者，这些成员具有较高社会参与积极性、应变能力和丰富的生活经验。该组织主要目标是提升公民的社会参与，消除公众意识中的女性刻板印象。该组织重点关注女性在商业、经济、政治和文化中的地位和角色。

17.普斯科夫州独立社会妇女中心

普斯科夫州独立社会妇女中心的目标是提高该地区妇女的地位，发展国际合作，参与区域和市政发展计划，包括对这些计划进行专家审查，在媒体报道和教育计划中纳入先进性别观念。

18.妇女非政府组织联合会

妇女非政府组织联合会覆盖俄罗斯48个地区的150个组织、亚美尼亚的2个组织、乌克兰的2个组织和阿塞拜疆的1个组织。其中包括科拉半岛妇女大会、俄罗斯妇女企业家协会、妇女小额信贷网络等。联合会主要目标为执行宪法关于男女平等权利、自由和平等机会的规定；加强妇女非政府组织在建设民间社会中的作用。

19.卡累利阿共和国妇女联盟

卡累利阿共和国妇女联盟是由多个非政府组织合并而成的社会组织，于1994年成立，是"俄罗斯妇女"运动和俄罗斯妇女联盟的成员。联盟的主要目标是增强妇女在卡累利阿共和国的政治、经济、社会和文化生活中的作用，保护妇女利益，发展慈善事业，救助贫困妇女。

20. 法尔塔

妇女中心"法尔塔"的目标是宣传先进的性别意识，建立国家机构与政府机构之间的互动机制，保护妇女利益，制定和实施提升女性领导力的方案，解决冲突，开展创办妇女组织方面的培训，为遭受暴力侵害的妇女提供心理支持，曾出版诗集《接触的力量》，以治疗性暴力受害者心理创伤。

21. 她

独立妇女活动家协会"她"位于特维尔，是一家非营利性公共组织。创建目的是提高妇女地位，重视妇女的创造力和历史作用，规划和实施维护妇女权益的社会活动，在特维尔发展妇女运动。

22. 当代女性

地区公共组织"当代女性"位于特维尔，其目标是通过发挥民间社会的作用为提高妇女在特维尔地区的地位做出贡献；吸收国内外经验，促进妇女适应市场经济条件，以改善国内以及世界范围内的妇女地位，在经济领域消除针对妇女的歧视。

23. 女子学院

女子学院位于雅库茨克，创建目的是为极端环境中生活的妇女提供实际帮助。组织活动包括开设美发、缝制皮草产品、裁剪和缝制课程，建立妇女和儿童危机中心以及向家庭和儿童提供心理援助。

24. 变容

妇女俱乐部"变容"位于莫斯科，创建于1989年，主要活动包括制定女性主义文化和教育计划、在俄罗斯其他城市招募俱乐部成员、编写和出版年度俄罗斯女性主义杂志《变容》、创建和实施儿童医学教育的新方案。

25.萨哈（雅库特）共和国妇女组织联盟

萨哈（雅库特）共和国妇女组织联盟的宗旨是巩固妇女组织的活动，增强其在萨哈（雅库特）共和国的社会、政治、经济和文化生活中的作用，促进家庭发展，保护妇女利益，与本国和国际妇女组织积极互动。

26.妇女同盟

非营利性组织"妇女联盟"位于阿尔泰边疆区巴尔瑙尔市，创建目的是促进妇女民间社会的发展，鼓励独立妇女运动，提高妇女的领导才能，并激发其创造潜力。该组织包含妇女危机处理中心、父母文化中心、妇女资源和分析中心等。

27.妇女倡导创新协会

地区公共组织"妇女倡导创新协会"的主要任务是帮助妇女发挥其在经济、政治和社会生活中的潜力，鼓励有潜力、有意愿和有能力的妇女参与解决城市和区域的社会问题。

28.当代妇女研究所

该研究所的任务是在个人意识层面和公共事务中促进男女平等互动文化的发展。

二 鼓励妇女参政的组织

此类组织的目标是促进妇女在政府中发挥作用，为最大限度地发挥妇女的智慧和组织潜力创造条件，比如，"俄罗斯妇女""库兹巴斯妇女议会"和

"赖莎·戈尔巴乔娃俱乐部"等。

1.俄罗斯妇女

全俄罗斯公共政治运动"俄罗斯妇女"成立于1993年，目标是鼓励妇女参加竞选活动。该组织曾两次参加了州一级的杜马选举，其领导者是阿列维蒂娜·费杜洛娃（Алевтина Федулова）。

2.赖莎·戈尔巴乔娃俱乐部

赖莎·戈尔巴乔娃俱乐部由苏联总统戈尔巴乔夫的夫人赖莎·戈尔巴乔娃（Раиса Горбачёва）创办。建立该俱乐部的目标是增强妇女在公共事务中的活力，发挥妇女在公民意识形成中的作用。

3.库兹巴斯妇女议会

库兹巴斯妇女议会是地区性社会组织，倡议口号是"妇女应享有一切权利"。该组织提出，女性比男性更柔和、更人性化，妇女参政比例低不是因为她们不想参与，而是没有人给她们投票。据了解，有很多库兹巴斯男性公民对这一倡议表示认同。

4.选民联盟（圣彼得堡）

选民联盟的成员包括圣彼得堡80多个公共和政治组织的代表，创建目标是协助落实和保护公民的政治、社会、经济和文化权利，鼓励妇女充分参与公共和政治生活。

5.社会妇女组织"博代博女市民"

"博代博女市民"是市级社会妇女组织，宗旨是改善妇女的经济和社会地位，为她们实现自我创造条件，提高她们在各级决策中的参与度。该组织还关注北方妇女的地位、她们面临的问题以及社会伙伴关系。

6.希望与信赖

全俄政治公共组织"希望与信赖"力图促进妇女在政府中发挥作用，提高其在社会中的重要性，为最大限度地发挥妇女的智慧和组织潜力创造条件。该组织网站会发布俄罗斯妇女运动领导人的讲话及时事评论。

7.俄罗斯保护妇女党

俄罗斯保护妇女党成立于1998年，拥有15余万名成员，其中一半是男性。该党的起源是"妇女运动"组织。

8.选民联盟（普斯科夫）

选民联盟位于普斯科夫，目标是提升妇女的政治地位，开展人权保护活动。

9.信仰、希望和爱

罗斯托夫州妇女社会政治组织"信仰、希望和爱"的主要任务是吸引妇女参政和复兴民族传统。

三　鼓励妇女就业的组织

这类组织旨在促进妇女享受平等权利和消除针对妇女的各种形式的职业和社会歧视，帮助妇女适应不断变化的社会经济状况，关注职业女性的职业发展和法律地位；培训失业妇女并帮助其再就业；捍卫妇女平等获得工作和职业晋升的权利，比如"转型与妇女""妇女商业资源中心""妇女团结"和

"支持妇女创业区域基金"等。

1.妇女商业资源中心

公益组织妇女商业资源中心的主要任务是：为包括高校毕业生在内的暂时失业的妇女建立一个专业资源中心，以支持、恢复和增强妇女的职业潜力，提高她们在劳动力市场的综合竞争力。主要服务人群包括：休产假的妇女、高校女性毕业生等。

2.商业妇女中心

该中心的主要目标是鼓励女企业家活动，创造新的就业和自营职业领域；帮助失业妇女再就业，协助其与国有企业和私营公司的雇主建立联系。

3.妇女联盟"倡议"

妇女联盟"倡议"位于萨拉托夫，成立于1995年。目标是帮助妇女适应新的市场关系。活动的主要领域：向公众通报妇女运动的新闻，与国内外妇女组织开展交流，建立公共组织的数据库；举行教育活动、研讨会和培训；制定和执行保护妇女权益的社会方案；推广女性文学和女性艺术创作。该联盟支持在信息、教育、社会、文化、环境方案和儿童方案领域中加强妇女倡议。其举办的研讨会包括"政治中的女性""心灵生态学"和"当代俄罗斯信息保障"等。

4.萨拉托夫商界女性俱乐部

萨拉托夫商业女性俱乐部是一个关注职业女性的职业发展和法律地位，力图提高其技能并拓宽其视野的组织。主要行动包括捍卫女性平等获得工作和职业晋升的权利，帮助女性在商界建立和扩大联系，为妇女建立一个商业和资源中心，组织业务培训，为她们提供社会和法律保护。

5. 转型与妇女协会

"转型与妇女"协会位于莫斯科，主要目标是帮助妇女适应国防企业转型过程。该协会有7个地区性分支机构，主要活动包括在国防企业中开展针对妇女的社会学研究，直接与被改制企业的妇女建立联系。

6. 俄罗斯的商业女性

"俄罗斯的商业女性"是全俄罗斯非政府组织，旨在培养职业妇女，解决中小企业创业和就业问题，开展职业教育，提供信息资源支持，在此基础上参与促进就业等社会发展方案的制定。该组织的口号是"为了每个人的成功与荣耀！"共聚集了来自俄罗斯50个地区的约1500名成员。该组织曾为企业管理者、人力资源和法律服务专家、会计师和审计师组织国内外研讨会。

7. 妇女团结

地区性公共组织"妇女团结"位于莫斯科，主要活动是帮助失业妇女再就业，为其提供心理支持，发展社会项目和发起社会倡议，并积极寻找资金支持。

8. 诺夫哥罗德妇女议会

地区组织"诺夫哥罗德妇女议会"是一个非政府非营利组织。其目标是团结妇女，共同寻求国家层面和非国家层面妇女面临的社会、政治、法律、经济和心理问题的解决方案，激发妇女的创造力和创业能力。

9. 支持妇女创业区域基金

支持妇女创业区域基金位于叶卡捷琳堡。其主要目标是促进妇女创业，通过提供关于经济、金融、市场、广告、法律、心理方面的信息和培训，协助妇女建立自己的企业。

10. 妇女没有障碍

该组织位于莫斯科，于1991年成立，其目标是培训失业妇女并帮助其再就业。该中心提供20多门培训课程，包括编织、绘画、木雕、皮革产品设计、帽子和鞋子制作、家居设计等。

11. 积极职业妇女俱乐部

地区公共组织"积极职业妇女俱乐部"位于莫斯科，其主要目标是支持妇女参与社会、经济、文化和教育领域的工作。

四 女性群体互助组织

此类组织希望消除不同生活领域里对妇女的歧视，表达妇女的要求，为妇女争取平等发展机会，比如"女性新闻工作者协会""科学和教育中的妇女"和"女艺术家创意协会"等。

1. 女性新闻工作者协会

女性新闻工作者协会位于莫斯科，成立于1992年。该协会的目标是改变妇女在媒体中的形象，与陈旧刻板性别印象作斗争，互帮互助，交流信息，开展具有教育意义和社会意义的活动，建立女性新闻工作网络。具体活动包括：开展学术研究，在莫斯科国立大学新闻学院开设专门课程，开展培训，举办会议，出版杂志《我们》等。

2.摩尔曼斯克女性新闻工作者协会

摩尔曼斯克女性新闻工作者协会旨在通过媒体宣传民间社会的先进观念，提高女性新闻工作者在该主题上的能力，并促进独立媒体的发展。

3.科学和教育领域妇女协会

科学和教育领域妇女协会包括来自俄罗斯40个城市和独联体国家的1000多名成员；在12个城市设立了地区分支机构。该协会的主要活动形式是举办女科学家主题会议。

4.雅库特女科学家

妇女联盟"雅库特女科学家"主要目标为对女科学家提供社会支持，为联盟成员实现自我发展创造条件；为女科学家提供信息、咨询、物质和组织支持；促进女科学家参与国际项目、科学会议、专题讨论会和研讨会等；跟踪科研项目的进展；寻找新的科学观念和先进的教学方法。

5.女性与数学

俄罗斯妇女协会"女性与数学"位于下诺夫哥罗德，拥有来自俄罗斯和独联体国家的70多个城市的超过600名成员。该协会的成立旨在为选择数学作为职业的女性提供信息、咨询、心理和物质支持。

6.俄罗斯妇女与商业协会

俄罗斯妇女与商业协会是世界女企业家协会（FCEM）的成员。有200名来自俄罗斯不同地区的妇女和30名来自圣彼得堡的女性企业家和政府官员加入该协会，为女性企业家交换信息、招商引资架设桥梁。

7.圣彼得堡商业和职业妇女俱乐部

该俱乐部支持妇女获得较高水平的职业发展和社会利益；促进妇女享受平等权利和消除针对妇女的各种形式的职业和社会歧视；帮助妇女适应不断变化的社会经济状况；希望借助其他国家的经验解决俄罗斯妇女面对的社会问题；让俄罗斯妇女参与国际范围内的创新计划与合作。

8.萨哈（雅库特）共和国女企业家协会

萨哈（雅库特）共和国女企业家协会的目标是提升萨哈（雅库特）共和国妇女的商业能力，扩大其创业活动的范围，支持雅库特妇女的商业活动。具体行动包括：保护女商人的利益，创造新的工作岗位，制定妇女企业家发展方案，针对妇女开展职业培训、再培训和高级培训，促进妇女群体的商业交流和经验交流，从事慈善事业。

9.商业女性俱乐部

地区公共协会商业女性俱乐部自1989年以来一直在报纸《经济新闻》旗下运营。俱乐部成员包括女性科学家、政治家、企业主管、银行负责人和各种公共基金会和协会负责人等，关于妇女、家庭和儿童的重要问题的国家计划草案审议和公开讨论工作都依托该组织进行。该俱乐部为妇女发展创业提供帮助。传统的活动形式是定期举行圆桌会议，会有著名的政治和公共活动家、企业负责人和企业负责人参加，讨论俄罗斯妇女当下面临的最紧迫的问题。

10.远东女企业家联盟

远东女企业家联盟是跨地区妇女组织，旨在促进政府制定有助于保护妇女创业的法律条文。

11.有子女的女艺术家协会

有子女的女艺术家协会位于圣彼得堡，将从事艺术创作的妇女团结在一起，将艺术活动与抚养孩子相结合，创造舒适和温暖的家庭环境。

12.女艺术家创意协会

女艺术家创意协会旨在建立俄罗斯与国外妇女组织之间的文化往来；对女艺术家提供社会支持。

13.海军妇女领袖

该组织是全俄海军妇女独立组织，旨在保护海军中妇女的合法权益。目前，海军中约有1万名妇女，尽管她们接受过高等军事教育，但在大多数情况下，她们只承担秘书和电话接线员等工作。该组织认为，女性应该与男性一样，平等地担任海军的领导职务。

14.顿河妇女非政府组织

该组织宗旨是保护妇女权利、保护女性军事人员权利以及为民众提供免费的社会和法律援助。

15.喀秋莎

"喀秋莎"是由第二次世界大战雅库茨克战场的妇女参战人员组成的俱乐

部。其宗旨是：保护老年人在社会经济方面的权利和自由；改善她们的生活条件、健康状况和医疗保健水平。俱乐部活动：参加各级选举；提供社会救助；俱乐部成员之间的文化活动和交流；组织针对孤儿院、寄宿学校等专门机构的慈善活动；在学生和青年中开展爱国教育工作。

16.全国的"瓦西莉萨"团结起来

瓦西莉萨是俄罗斯民间传奇故事中的女主人公。该组织位于莫斯科，自1994年成立以来，已会集了300多名具有不同职业和专业兴趣的女性，其宗旨是保障妇女在教育和卫生领域的权益。

17.妇女协调理事会

妇女协调理事会位于斯维尔德洛夫斯克州，该组织为妇女群体创建了法律事务接待室，举办慈善活动和教育研讨会，还积极参与各种城市计划的实施活动。

18.妇女论坛—新政策

区域间社会和政治运动"妇女论坛—新政策"伏尔加格勒地区分会的主要目标：实现妇女的利益，改善妇女社会地位，确保妇女享有平等的权利和机会，保护俄罗斯联邦宪法所保障的权利。该组织积极参加会议，参加竞选活动，举办研讨会，配合落实地方当局解决妇女问题的举措，参加关于权利保护的法院听证会等。

19.妇女议会

地区妇女组织"妇女议会"位于大诺夫哥罗德。主要目标是团结个人和法人实体，共同解决妇女在社会、法律、经济和心理方面遇到的问题，激发妇女的创造能力，培养专业素质。

20.远东妇女组织

远东妇女组织是促进远东地区妇女组织联盟，所在地包括阿穆尔州、楚科奇自治区、犹太自治区、哈巴罗夫斯克领地、堪察加州、马加丹州、滨海边疆区、萨哈林州和萨哈（雅库特）共和国。

五　性别议题信息整合组织

此类组织的目的是促进妇女组织之间的信息交流，推广先进的性别观念，为妇女群体提供各类所需信息，比如"妇女信息网""GISET+数据库""互联网—女性"和"电子资料中心'东西方'"。

1.独立妇女论坛信息中心

独立妇女论坛位于莫斯科，拥有来自22个地区的35个组织，它的信息中心不仅是信息采集中心，还是分析和咨询中心。该中心的主要目标是支持地区妇女倡议；编制妇女教育方案；促进妇女组织之间的信息交流，促进妇女组织和其他非政府组织与政府机构的互动，使妇女运动制度化，鼓励妇女充分参与地方一级的公共事务；推动实现妇女权利；在媒体上树立妇女和妇女倡议的正面形象，通过开展教育活动来改变社会对性别问题的态度。信息中心设有一个图书馆，保存关于妇女问题的国际文书和俄罗斯本土文件，以及关于各种妇女组织的信息和参考资料；每月通过电子邮件分发3—4次"新闻通讯"。

2.社会倡议和信息支持中心

社会倡议和信息支持中心位于莫斯科，目标是促进社会发展和实现性别平等，将妇女利益纳入社会政策改革，制定性别教育方案，消除陈旧刻板的性别观念。该中心的图书馆拥有3500种与妇女运动相关的俄语版和英语版图书。社会倡议和信息支持中心与其他组织一起，参与俄罗斯承诺落实《北京宣言》的相关行动，监测本国性别平等政策的项目，曾出版新闻通讯《立法与妇女权利》，并举办主题为"性别与文化"的系列研讨会。

3.东方和西方：妇女创新项目

该组织自1993年起活跃在莫斯科。该组织的目标：促进人们形成积极的生活态度，保障妇女接受教育并向她们提供必要的信息，以增强和协调她们的公民参与；促进跨文化联结，传播先进工作经验。该组织积极参与国际社会和俄罗斯关于妇女议题的联合项目的实施。该组织的活动成果包括：1996年创建妇女新闻网站"妇女开放连线"（Open Women Line, OWL）；出版社会和教育杂志《妇女＋》（*Woman Plus*），该组织自1994年以来向俄罗斯其他妇女组织发放杂志共约1500本；在公共活动中提供信息技术咨询；举办关于妇女地位的专题研讨会；等等。

4.电子资料中心"东西方"

该中心于1995年建立了"妇女的权利和机会"专题图书馆，提供有关健康、家庭、妇女权利、性别问题、劳动和就业、人口等主题的资料。

5.妇女的未来

国际妇女中心"妇女的未来"是俄罗斯最早建立的非政府组织之一（该中心成立于1990年）。该中心派代表参加了国际妇女政治联盟，主要活动包括设立"危机中的儿童"项目，为儿童制定社会支持方案，特别是为残疾儿童制定医疗和社会救助方案；实施公益项目"妇女与政治""商业妇女"和"妇女与宗教"。中心设立了奖学金，资助孤儿接受高等教育。

6.妇女信息网

妇女信息网位于莫斯科，它的任务是在妇女组织中建立联盟，维护独立妇女组织之间的联系，传播相关信息，并与其他妇女运动进行交流。主要活动领域：秉持为妇女运动提供信息支持的理念，维护有关俄罗斯和独联体妇女运动的数据库，在莫斯科和其他地区举办有关信息发展和妇女运动的教育研讨会，鼓励妇女参与竞选活动，与政府机构互动，以保护妇女的利益，保障妇女的权利。该组织曾出版杂志《俄罗斯妇女权利：立法与实践》和时事通讯《关于我们与我们的业务》。

7.科拉半岛妇女大会

科拉半岛妇女大会位于摩尔曼斯克，力图在不同领域组织和协调妇女团体工作，为其提供信息、法律和教育支持，提请公众注意妇女的社会地位和财产权，鼓励妇女提出倡议并协助执行。在法律和政治领域、计算机技术领域提高妇女素质水平，建立妇女组织的区域网络。该组织定期发放通讯，参与录制每月的妇女节目"妇女俱乐部"和电视节目"女性伙伴"，还为非政府组织建立资源中心网站，第一个网站最先在摩尔曼斯克设立。1997年，该组织在摩尔曼斯克成立了暴力侵害妇女幸存者危机中心（设有庇护所）。

8.妇女档案馆

妇女档案馆位于莫斯科，主要收集关于世界妇女组织及其倡议和活动的资料，以及俄罗斯独立妇女运动的历史资料。

9.赛博女性俱乐部

赛博女性俱乐部是圣彼得堡自由文化公共组织的一部分，是由从事新媒体工作的妇女组成的社会组织，成员包括哲学家、艺术家、作家、程序员和社会活动家等。该俱乐部的任务是向妇女介绍新的信息技术，鼓励俄罗斯妇女参与国际妇女电信网络。

10.雅库特公共组织

雅库特公共组织提供关于妇女运动的信息，其网站提供妇女组织联盟、"雅库特妇女科学家联盟"、人道主义倡议协会、女企业家协会、"土著人"妇女组织、"北方人"公共妇女运动、雅库特士兵和水手父母委员会等其他妇女组织的网络链接。

11.蓝鸟

非营利性公共组织"蓝鸟"位于符拉迪沃斯托克，分为环境部门、儿童工作室和妇女咨询室三个部门。该中心的主要目标是为妇女社会活动发展创造有利条件，并协助在滨海边疆区创建和注册非营利性妇女组织。该中心的主要活动：在符拉迪沃斯托克建立一个妇女组织的信息网络；发行关于妇女志愿组织信息的季度通讯；建立慈善基金会和其他潜在资金来源数据库；为性暴力和家庭暴力幸存者提供支持，并就相关议题举办研讨会。

12."GISET+"数据库

"GISET+"数据库是妇女信息网络多年运作的结果。至统计时，该数据库包含有关2248名妇女运动参与者、1500个妇女组织和172个世界妇女运动事件的信息，以及俄罗斯和国外的妇女相关议题列表。该网站还包含有关解决俄罗斯妇女地位问题的妇女媒体和政府机构的信息。

13.安娜

莫斯科危机中心"安娜"是地区公共组织，该组织网站会发布与"中心信息"、针对妇女的"国家计划"和"家庭暴力"相关的资讯。"中心信息"包括中心历史、活动方向、工作理念和统计信息；"国家计划"包括妇女培训计划、反对家庭暴力、医疗保健倡议、打击人口贩运和法律信息（包括俄罗斯联邦刑法摘录、刑事诉讼程序、索偿书、医疗援助信息等）；"家庭暴力"包括什么是家庭暴力、家暴的类型和形式、暴力循环、传说与事实、暴力行为、殴打的后果和其他信息。

14.高加索站点

民间组织"高加索站点"网站上有包括20个妇女组织在内的数据库（截至2002年7月18日），其中包括被迫流离失所妇女组织、亚美尼亚女商人组织、俄罗斯南部妇女移民组织、克拉斯诺达尔的社会组织"为被拘留、迫害和判刑人员维权的母亲"等。

15.动因

妇女信息和教育中心"动因"位于莫斯科州杜布纳市，是一个地区性公共组织，成立于1995年，致力于为北部乡镇妇女谋求平等的社会、法律、政治和文化利益并开展慈善工作。该组织在莫斯科州西部地区为当地非营利妇女组织创建一个信息网络（由全球妇女基金会资助）。

16. 女子俱乐部

女子俱乐部是一个妇女交流和分享的平台，她们可以在这里交流关于职业、健康、个人发展等方面的感想或经验。

17. 互联网—女性

该机构在网站上用英俄双语发布关于妇女权益的新闻、消息和资料。

六　弱势妇女群体救助组织

此类组织针对特定弱势妇女群体，比如贫困的妇女、遭受家暴的妇女、未成年母亲、单亲母亲、失去子女的母亲等。这些社会救助组织为上述弱势群体提供物质、心理和法律支持和社会救助，维护性少数群体合法权益，比如，"妇女危机心理干预中心""保护妇女免受暴力协会""谁来帮助年轻的母亲？"和"跨地区女律师协会"等。

1. 圣彼得堡妇女危机心理干预中心

圣彼得堡妇女危机心理干预中心是地区性公共协会。该组织由14位女心理学家构成。1995年3月，该组织开通本市的第一条专业求助热线为遭受各种形式暴力和有其他危机情况的妇女服务。除了全职心理咨询外，危机心理干预中心还参加了多个国际和全俄行动计划，并开展针对妇女危机心理的科研工作，编写向妇女提供心理援助新方法的材料和暴力幸存者指南。

2. 圣彼得堡妇女中心

圣彼得堡妇女中心是由一群坚持非暴力和女权思想的妇女创立的，该协会的主要目标是：提高妇女的自我意识；向遭受家庭和社会各种形式暴力侵害的妇女提供社会心理援助；认可女性生活方式的价值，将女性看作成熟的个体。圣彼得堡妇女中心与德国妇女组织保持着积极联系。该中心启动了俄罗斯第一个为遭受家庭暴力的妇女建立的国家庇护所，并计划建立一个针对妇女的暴力案件数据库。

3. 俄罗斯妇女危机中心协会

俄罗斯妇女危机中心协会的目标是：帮助俄罗斯建立没有暴力的公民社会；支持俄罗斯妇女政治和社会活动的发展；同公私领域中针对妇女的歧视行为做斗争。

4. 巴什科尔托斯坦共和国性别研究与法律保护中心

巴什科尔托斯坦共和国性别研究与法律保护中心是非营利性妇女公共组织，目的是保护妇女的权益，从根本上改变妇女的社会地位，增强其在现代社会生活中的作用。

5. 妇女危机心理干预中心

妇女危机心理干预中心位于圣彼得堡，成立于1995年，旨在保护和实现妇女的权利和自由。该中心的长期目标是建立一个综合的专业系统，为遭受各种形式暴力侵害的妇女提供援助和支持，包括医疗、心理和法律援助，呼吁国家和社会对针对妇女的暴力行为和对受害者的不人道待遇予以关注；培训该领域的专家并向同类机构输送。中心设有热线，实时接听暴力受害者的电话，并对其提供帮助。

6. 保护妇女免受暴力协会

保护妇女免受暴力协会致力于帮助遭受暴力侵害的妇女。这些暴力侵害包括强奸、家庭暴力、工作中的性骚扰和乱伦等行为。协会帮助遭受暴力侵害的妇女康复，并致力于预防对妇女的一切形式的暴力。主要目标为提请公众和行政机构关注针对妇女的暴力问题，预防自杀和减轻暴力行为受害女性的心理不适；预防和制止针对妇女的暴力侵害发生，为处境困难的妇女提供紧急心理援助，与类似组织建立联系并交流经验。

7.姐妹

"姐妹"位于莫斯科，成立于1994年，是一家向性暴力幸存者提供帮助的独立慈善机构。主要活动领域：向性暴力幸存者提供热线电话咨询和现场接待服务；制定预防青少年暴力的研讨会和教育方案，为区域危机中心提供培训和实习机会；与执法机构合作；参加有关暴力和保护妇女权利问题的行动和研讨会；与媒体合作，改变有关性暴力幸存者的舆论，为暴力受害者的康复创造有利的心理和法律条件；参与有关暴力侵害妇女行为文学的创作和宣传。其网站提供以下信息："关于中心的信息""您需要了解的暴力"（对妇女的暴力形式的描述）"法律信息"（详细说明与执法机构联系的程序、建议和提供联系电话）"停止暴力反对妇女艺术展"（暴力幸存者展示画作）和中心的联系方式等。

8.跨地区女律师协会

跨地区女律师协会位于萨拉托夫，由萨拉托夫女律师于1994年9月创建。该协会的目标是在俄罗斯联邦建立法律民主国家，为公民社会的发展提供全面援助，为低收入公民、暴力受害者提供专门的法律咨询；维护妇女在政府机构和司法机构中的合法权益。该协会在俄罗斯联邦的许多城市均设有办事处，包括阿斯特拉罕、圣彼得堡、普斯科夫、斯塔夫罗波尔、莫斯科、摩尔曼斯克、诺夫哥罗德和乌里扬诺夫斯克等。

9.在第三个千年中—信仰、希望和爱

"在第三个千年中—信仰、希望和爱"是斯塔夫罗波尔边疆区的公益慈善组织，旨在帮助该地区的国内流离失所者和难民。组织任务：在保护国内流离失所者和当地居民的共同利益和共同目标的基础上，向难民和国内流离失所者提供法律、社会和心理援助，为他们安排新的居住地并帮助他们融入当地社区。

10.母亲和儿童

非政府组织"母亲和儿童"位于阿尔泰边疆区，宗旨是为未成年母亲、单身母亲及其他处境困难的妇女提供庇护所，为她们提供心理、法律、教育、社会、医疗和人道援助。

11.慈善

社会支持和保护公民中心"慈善"位于阿尔泰边疆区，由巴尔瑙尔市杜马叶卡捷琳娜·阿布拉莫领导，该组织的官网发布关于组织发展历程、创办宗旨、科研项目等内容，该组织重点关注未成年母亲的议题，并开展专项社会调查和研究。

12.谁来帮助年轻的母亲?

该组织成员包括心理学家、老师、医生、律师和社会工作专家，力图在社会保护、公共卫生和教育服务领域向年轻孕妇或未成年母亲提供帮助，并研究和探讨未成年母亲及其家长如何在抚养和遗弃孩子之间做选择的问题。

13. 多子女母亲俱乐部

多子女母亲俱乐部位于特维尔州，是"慈善和居民社会保障"社会组织的一部分。俱乐部的宗旨是对特维尔州的多子女家庭提供社会帮助。

14. 圣彼得堡士兵母亲

圣彼得堡士兵母亲旨在保护应征入伍者及其家人的权利，保护他们的健康、生命和享有尊严的权利。

15. 俄罗斯士兵母亲委员会

俄罗斯士兵母亲委员会是一个非营利性公共组织，致力于保护士兵及其家人的权利。

16. 士兵和水手父母委员会

士兵和水手父母委员会位于萨哈（雅库特）共和国，该组织的宗旨：帮助复员的士兵和水手就业或入学深造，为在和平时期和"热点地区"丧生的士兵和水手的父母提供帮助和支持。

17. 士兵母亲委员会

公共组织"士兵母亲委员会"位于阿尔泰边疆区，该组织的目标是为应征入伍者及其父母提供法律和公共保护；为在和平时期丧生的士兵的父母提供物质和精神援助；核查士兵受伤事件。

18. 母亲的权利

母亲的权利基金会是一个非政府非营利性组织，致力于保护和平时期丧生的军人的父母的权益。

19.妇女与祖国

特维尔地区公共妇女组织"妇女与祖国"的目标是保护母亲和儿童，向退休妇女、残障妇女、俄罗斯和独联体国家有困难的家庭和儿童提供援助。

20.克谢妮娅

克谢妮娅是位于圣彼得堡的公共组织，创建目的是帮助单亲妈妈家庭，创造有利于儿童成长的环境，参与慈善、教育和保健领域的活动，与环保组织开展合作。

21.克拉斯诺谢尔斯克的世界

地区公共组织"克拉斯诺谢尔斯克的世界"位于列宁格勒州，创建目标是为单身母亲提供社会心理支持和法律保护、增强妇女自我意识、鼓励俄罗斯母亲更多地参与城市的社会和政治生活。举办活动包括建立家庭俱乐部、组织文化活动、组织儿童绘画展览、与其他妇女协会交流经验。

22.妇女俱乐部"阿尔忒弥斯"

地区公共组织妇女俱乐部"阿尔忒弥斯"的主要目标是向贫困妇女、单身母亲及其家庭成员提供财物和精神上的支持，鼓励妇女积极参与保护环境的活动，并在官网提供西伯利亚及远东地方非政府组织的相关信息。

23.奥尔加女公爵

女企业家协会"奥尔加女公爵"位于莫斯科，成立于1997年，旨在复兴俄罗斯的慈善事业并提供社会救助。该组织的目标：改善该国的慈善活动机制，在现代俄罗斯的舆论中塑造对慈善的积极态度，宣传这项有价值且崇高的事业，建立授予表现突出者荣誉头衔的奖励制度。

24.国际运动"女人与地球"的东方分部

国际运动"女人与地球"的东方分部位于圣彼得堡。这一运动汇集了来自各个行业的专家：艺术家、音乐家、心理学家、教师、新闻工作者、计算机艺术家、摄影师、动物治疗师、歌手和金刺绣大师等，她们一起联合开发活动和项目，旨在激发生活困难情况中的弱势群体（任何年龄、各种身份健康状况）的自信心和创造能力。

25.替代

妇女社会保护中心"替代"位于圣彼得堡，主要目标是帮助那些对自己的能力失去信心的弱势群体。该中心的任务包括：帮助失业女性重塑自信，开发新的职业选择，即劳动力市场中的非主流职业，作为重新就业的替代性选择；培养妇女在市场经济中独立工作和生活的能力，发展其主动性、企业精神和创造力；促进妇女做出适当的职业自决，协助其掌握相关专业知识和技能；创造专门就业岗位和后续就业机会。

26.拉布里斯

圣彼得堡妇女公共组织"拉布里斯"成立于1997年，由两个独立的圣彼得堡女同性恋组织"独立妇女俱乐部"和"萨福—圣彼得堡"组成。该组织的主要目标是：保护女同性恋者的权利和合法权益，提高她们的自我赋权意识，进行支持女同性恋者的社会倡议，引起公众对女同性恋者问题的关注。"拉布里斯"是该市唯一的女同性恋信息中心，该组织的主要工作是提供咨询，包括与女性主义议题相关的文章、评介女同性恋电影和相关俄语出版物、有关圣彼得堡和莫斯科女同性恋俱乐部的信息、女同性恋者创作的诗歌和绘画作品。

27.农妇

"农妇"是一个区域性的公共组织，致力于改善农村地区妇女的社会状况。该组织的目标是向社会介绍农村地区妇女的状况，消除对这一群体的歧视，并提高其社会地位。该组织网站提供的咨询包括"与妇女组织的链接""来自农村的报告""民间文学艺术"和"医疗保健"。

28.回声

妇女非政府组织"回声"位于阿尔泰边疆区。该组织的主要目标是保护公民，特别是女性公民的经济、文化、社会权利和自由。该组织还有改善儿童生活和帮助残障人士康复的社会项目。

七　议题倡导组织

此类组织积极开展对和平、人权等国际议题的倡导，目标包括保护妇女的利益、人权和维持和平，宣传和平文化和妇女人权的重要性。具体组织有"顿河的女性""雅典娜"等。

1.人道主义倡议协会

人道主义倡议协会是萨哈（雅库特）共和国米尔内市妇女区域公共教育机构。创立主旨：增加妇女的社会活动参与程度，提高其社会地位，增加针对妇女的教育培训的财政支持。人道主义倡议协会参与制定米尔内市的人道主义政策，致力于发展当地的社会网络系统。正在实施的教育和社会项目包括"商业和教育伙伴关系""妇女与民族复兴""妇女与统计""妇女运动和新闻业""男性世界中的女性安全""青年人的价值观"及"国民文化组织中的妇女"。曾发行报纸《娜塔莉》和杂志《商业女性》。

2. 安加拉

贝加尔湖地区"安加拉"妇女联盟位于伊尔库茨克，是非政府非营利性的妇女组织，联合了贝加尔湖地区的20多个妇女团体，与俄罗斯和国际妇女运动开展多次合作。联盟的优先目标是落实第四次世界妇女大会通过的《北京宣言》和《行动纲领》，以及在伊尔库茨克举办的第一届"拯救我们的星球"国际妇女论坛通过的相关国家行动计划和区域行动计划。联盟的任务包括：改变妇女在社会中的陈旧刻板印象；展示女性在城市和地区中的真实位置；提高她们的性别意识和自我意识；提请国家和地区权力机构关注妇女议题。联盟力图克服贝加尔湖地区妇女在社会文化、教育、经济和政治生活中面临的危机，并消除对妇女的歧视和一切形式的暴力。具体活动包括为教育机构制定和实施关于妇女议题的研究和教育方案，创办失业妇女培训中心和就业中心，创建妇女运动信息库等。

3. 雅典娜

非政府组织"雅典娜"信息中心位于顿河河畔罗斯托夫，在以下领域开展工作："妇女通讯社"（在该地区报纸上编写和刊登有关人权和妇女问题的材料），罗斯托夫地区非政府组织资源支持小组（与罗斯托夫市和罗斯托夫地区的24个非政府组织保持工作联系，向它们提供信息援助）。官网栏目包括"顿河河畔的妇女非政府组织（NGO）""妇女人权""雅典娜新闻"，报纸《妇女议会》等。

4.女性人道主义委员会

该委员会建立的目的是汇集各领域专家的创造力，在教育和文化领域为女性专业人员提供支持；在俄罗斯、独联体国家和其他国家妇女之间发展国际人道主义合作。主要任务是在教育系统中创造条件，展示女性对社会文化问题的观点和看法，在社会进步过程中提高妇女的社会地位和展示女性的特质，参与对年轻一代的道德教育。它还在科学、教育、文化和慈善领域开展活动。该委员会是"圣彼得堡妇女"社会—政治组织的成员，并与外国组织积极开展合作。

5.顿河妇女联盟

顿河妇女联盟旨在增强妇女在政治、经济、社会和文化生活中的作用，保护她们的利益，保护人权和维持和平。通过建立法律咨询服务机构，提高人们的法律素养；为经历武装冲突的人提供心理援助并帮助其适应社会，提出解决种族冲突的方案，宣传和平文化。

6.妇女公共协会"女性"

妇女公共协会"女性"位于鞑靼斯坦共和国，该组织旨在实现和保护妇女的公民、经济、社会和文化权利，活动集中在研究、教育和信息等领域。它在市场经济转型的背景下，对该地区妇女状况开展社会研究并发布研究结果，参加国际会议，参与城市规划的制订；与其他妇女协会开展交流，出版教材，参加有关妇女议题的电视节目的制作，出版杂志《女性笔记本》《女孩的人权杂志》和《女孩需要被关注！》。

7. 顿河的女性

"顿河的女性"位于新切尔卡斯克,创建目标为发挥妇女在政治、经济、社会和文化生活中的作用,保护妇女的利益、人权和维持和平。该组织成立了保护人权委员会和顿河人权信息中心。1996年,联盟发起并组织了国际常设会议"妇女们争取没有战争和暴力的生活"。

8. 小红花

小红花位于圣彼得堡,是一个人权慈善教育组织。该组织的项目包括"公众接待""促进家庭制造中心"和"妇女家庭工作"等。(俄语里面的小红花 Аленький цветочек,是《美女与野兽》改编后的俄语版民间故事的题目)

9. 世界母亲理事会

世界母亲理事会位于圣彼得堡,呼吁维护俄罗斯妇女和儿童的权益,呼吁和平与和谐。

10. 妇女独立组织"柳巴瓦"

妇女独立组织"柳巴瓦"创建目的是扩大和加强俄罗斯的妇女人权网络,以便在俄罗斯任何地方的妇女都能获得帮助,该组织在偏远农村地区都设有办事处。

八 其他组织

这类组织关注包括妇女戒酒、原住民妇女生活等议题,比如"亚历山德拉""机车女士"和"原住民妇女"等。

1.亚历山德拉

"亚历山德拉"女性俱乐部位于特维尔，是一家女性戒酒协会。组织宗旨：向不适应社会生活的妇女提供援助；帮助边缘群体，为她们提供工作机会；为没有社会保障的妇女提供心理服务；创建戒酒村。

2.机车女士

机车女士俱乐部位于莫斯科，它的网站为喜欢开车的女性提供了一个交流的平台。她们可以在轻松、友善的气氛中，展示和解释在不同的交通状况下如何正确驾驶，特别是交流在赛车运动中的经验。在该网站上还可以获得几乎所有与汽车有关的问题的解答，这里还会展示交通规则、驾驶安全注意事项、汽车图片、俱乐部会议、有用的网络资源及相关法律信息等。

3.原住民妇女

原住民妇女组织位于雅库茨克，创立的目标是保留北方少数民族的民族传统和生活方式，组织活动包括拯救民间工艺、为部落社区及游牧民族家庭提供社会、法律和精神方面的援助。

4.妇女运动"阿拉斯·霍顿"

妇女运动"阿拉斯·霍顿"的创建目标是增加妇女在社会生活中的参与，宣传和促进北方人民传统的复兴，提倡合理利用土地，改善当地生态系统。

5.北方原住民妇女

北方原住民妇女组织在萨哈（雅库特）共和国。该组织的目标是改善生活在俄罗斯北部苔原地带极端条件下的妇女群体的命运。活动包括组织妇女运动、学生社团，创办残障人士之家等。

6.俄罗斯"计划生育"协会

自1994年以来，国家联邦计划"计划生育"在俄罗斯开始运作，协会的主要目的是减少堕胎次数，向妇女提供避孕药具并检查其生殖健康。

7.家庭世界

家庭世界基金会是一个非营利组织，旨在促进家庭的复兴、稳定和发展，并将其作为俄罗斯社会稳定的基础。

8.阿克·卡尔法克

塔塔尔妇女协会"阿克·卡尔法克"旨在吸引塔塔尔妇女参加民族保护运动，以保护塔塔尔人的基因库，复兴其家庭基础、原始传统、习俗和母语。在该协会的组织下，建立了母亲和婆婆学校、新婚俱乐部，并邀请心理学家、经济学家和律师参加这些活动。阿克·卡尔法克与俄罗斯联邦和国际的妇女组织建立了友好关系，包括俄罗斯妇女、士兵母亲，以及哈萨克斯坦、土耳其、芬兰、瑞典和黎巴嫩的妇女协会等。

9.为了亲爱的乌拉尔

斯维尔德洛夫斯克州妇女运动"为了亲爱的乌拉尔"的目标是强调家庭在社会中的重要性，参与制定家庭政策，以辅助俄罗斯的人口政策。

10.妇女组织"扎多"

妇女组织"扎多"总体目标是设立支持民间文化和医学的项目和提出保护妇女权益的社会倡议。

11. 妇女与权力

公共组织"妇女与权力"位于圣彼得堡，旨在促进国家繁荣和改善人民生活水平，该组织参加了一系列政府文件的编制工作。

12. 女人比政客更聪明

"女人比政客更聪明"位于卡累利阿共和国，重点强调女性智慧，主持"保护儿童免受毒品侵害"等社会项目。

13. 实验剧场"单声道"

莫斯科实验剧场"单声道"旨在揭示女性在现代社会中的作用、女性个性的形成和发展。借助艺术手段向俄罗斯妇女展示两性之间文明关系的标准、西方同龄人的经验、她们享有的权利和实现这些权利的方式。

总的来说，俄罗斯妇女组织在推动性别研究和推广先进性别观念、促进妇女政治和经济领域赋权、实现妇女群体信息共享和互助、针对弱势妇女群体提供社会救助、收集和整合相关信息、发起社会倡议等方面发挥了积极作用。俄罗斯常驻联合国大使丘尔金在2015年10月13日安理会第7533次会议上介绍俄罗斯妇女组织的作用，他指出："妇女积极参与俄罗斯民间社会工作。我们有成千上万的非营利性组织，截至目前，其中三分之一为妇女组织，它们做大量的社会和慈善工作，以支持妇女、儿童和家庭；预防家庭暴力、贩卖人口和性暴力；并开展其他重要社区活动。"[1]

---

1. 俄罗斯代表2015年10月13日在联合国安理会第7533次会议上的发言（S/PV.7533），https://undocs.org/zh/documents/view_doc.asp?symbol=S/PV.7533，最后访问日期：2020年4月2日。

但在20世纪末21世纪初，在俄罗斯妇女组织经历了十余年的快速发展期之后，受俄罗斯政治环境所限，妇女组织的发展开始进入缓慢甚至萎缩阶段。如圣彼得堡欧洲大学教授伊伦娜·兹德拉沃斯洛娃（Елена Здравомыслова）所说，俄罗斯现代妇女运动作为持不同政见者势力，发轫于20世纪70年代末由 T. 马莫诺娃、T. 戈里切娃、V. 马拉霍夫斯卡娅、Ju. 沃兹涅先斯卡娅"独立创办"的杂志《俄罗斯妇女》和《玛利亚》。当时刊载文章的主题包括苏联政治生活和日常生活中对于妇女的歧视、生育健康问题、女犯的恶劣待遇、强奸、家庭暴力与其他类型的暴力。但这些撰稿者在20世纪80年代被迫移居国外。随后十年内，"并没有群众性的妇女运动出现。在官方的言论中，妇女的社会地位被置于'业已解决的妇女问题'等一般框架内进行讨论"[1]。

另一方面，2012年，俄罗斯总统普京签署了《非政府组织法》修正案（Федеральный закон «О внесении изменений в отдельные законодательные акты Российской Федерации в части регулирования деятельности некоммерческих организаций, выполняющих функции иностранного агента» от 20.07.2012 N 121-ФЗ），[2]规定接受国外资助并从事政治活动的俄罗斯非政府组织将被认定为"外国代理人"（иностранный агент）。2015年，普京又签署一项法律允许俄罗斯检察机关有权将某些境外非政府组织宣布为"不受欢迎的机构"，并予以取缔。俄罗斯妇女非政府组织也受到一定影响，前文所述的

1.〔俄〕伊伦娜·兹德拉沃斯洛娃：《当代俄罗斯女权运动概述》，乔亚译，《第欧根尼》2003年第1期。

2. Российский Федеральный Закон о внесении изменений в отдельные законодательные акты Российской Федерации в части регулирования деятельности некоммерческих организаций, выполняющих функции иностранного агента, http://www.consultant.ru/document/cons_doc_LAW_132900/, 最后访问日期：2020年5月24日。

很多妇女组织都已经关闭，官方网站均无法打开，"东方和西方：妇女创新项目"统计的关于性别议题的研讨会和社会组织活动记录仅更新到2008年。当然，还有很多组织依然在发挥作用，比如莫斯科危机中心"安娜"就是俄罗斯反家暴法的积极支持者，2019年该组织作为外国代理人出现在题为《我们反对通过反家暴法》的致俄罗斯总统普京的公开信中。[1]伊万诺沃州性别研究中心仍在积极开展性别相关研讨和培训活动，比如举办"妇女组织发展中的创新项目"春季培训和"性别视角下的现代世界：妇女运动的新挑战""认识反对性别转换的政治和社会力量以及反对女权组织的新型组织"等系列夏季培训，出版《性别歧视：问题、路径与解决方案》（论文集）和《中学性别教育：俄罗斯和加拿大的经验》等出版物。[2]

小　结

俄罗斯政府没有制定执行第1325（2000）号决议的国家行动计划，将落实"妇女、和平与安全"议程的重点放在解放妇女、赋权妇女和实现妇女赋权等方面。在此过程中，俄罗斯政府、俄罗斯妇女联盟和妇女组织都做出了很多努力。总的来说，俄罗斯政府通过制定与妇女议题相关的国家行动计划、国家战略，出台相关法律文件等方式，促进本国妇女发展，关注的焦点是提高妇女的社会地位，改善女性劳动者的待遇，促进妇女平等就业，打击人口

---

1. Мы против принятия Закона о профилактике домашнего насилия! https://regnum.ru/news/polit/2748248.html, 最后访问日期：2020年8月17日。

2. Ивановский Центр Гендерных Исследований, http://icgs.ru/ru/, 最后访问日期：2020年8月17日。

贩运等；但在防治家庭暴力方面，虽然国家杜马几次审议《俄罗斯联邦反家暴法（草案）》，却迟迟没有通过该法，仅在《俄罗斯联邦刑法典》中列出了相关法文，效果有限。俄罗斯妇女联盟最初是全俄妇女非政府组织，后作为全俄社会—国家组织为妇女群体服务，通过制定七大社会项目来改善妇女问题，主题包括保障男人和女人享有平等权利和平等机会，倡导世界和平、国际合作和国际友谊，尊重妇女的无偿照料和家务劳动，鼓励妇女参与公共事务决策等。俄罗斯的妇女组织涉及很多重要议题，包括先进性别观念的学习、推广和实践，鼓励妇女参政和参与劳动市场，反对家暴和为遭受家暴妇女提供社会救助，妇女群体互助，弱势群体帮扶和改善女性生活，等等。

第三章　俄罗斯落实发展的妇女、和平与安全观的具体实践

为了落实"妇女、和平与安全"议程，俄罗斯政府将精力放在促进本国妇女全面发展方面。在第二章所列举的政府文件中不难看出，俄罗斯解决妇女问题、促进妇女发展的政策措施重点放在经济、政治和社会领域的妇女赋权实践，包括消除经济领域的性别歧视，促进妇女就业和再就业，鼓励妇女参政和参与社会组织并在其中发挥积极作用。从三个领域的赋权效果来看，近年来俄罗斯妇女参政水平有所改善，但仍有很大提升空间，俄罗斯妇女组织经历了十年左右的繁盛期之后，需要在更加严格的政治环境中探索新的活动模式。俄罗斯妇女经济赋权实践效果比较明显，苏联解体之后妇女面临的严峻的失业、工资低等问题得到了缓解和改善，因此本章将对俄罗斯妇女经济赋权的实践进行详细论述。此外，俄罗斯在裁军和控制国防军费、打击人口贩运方面也付出了努力，为构建和平安全的环境创造了条件，符合《行动纲领》、第1325（2000）号决议等国际文件关于"妇女与武装冲突""针对妇女的暴力"等议题的目标和要求。俄罗斯妇联是开展妇女工作的重要机构，也是落实"妇女、和平与安全"议程的重要载体，其采取的具体措施包括主

持重大社会项目，参加或举办国内外会议，开展国际合作与交流，对本国妇女进行社会救助等。

下面从俄罗斯妇女经济赋权实践，裁军和缩减军事开支，打击人口贩运，俄罗斯妇联参加或举办的国内外会议、参与国际交流与合作和提供社会救助等方面介绍俄罗斯促进本国妇女发展的具体措施。

第一节　俄罗斯通过经济赋权提高妇女地位[1]

俄罗斯政府历来重视本国妇女在经济领域的发展，早在苏联时期，将妇女从家庭中解放出来使其投身于社会主义改造的政府行为便是妇女经济赋权的早期尝试，苏联妇女经济赋权实践初具规模。苏联政府制定了《关于施行男女同工同酬的法令》（Постановлением Советского Правительства введена равная оплата мужчин и женщин за равный труд）和《劳动法典》（Кодекс законов о труде РСФСР）等法律文件，以实现男女经济平权并保障妇女职业安全。苏联政府还强调妇女享有参与国民经济决策事宜的权利。"在苏联，妇女被有计划地分配到国民经济的各个部门，并越来越多地走到领导岗位上来。"[2]

苏联政府还积极配合国际组织的工作，比如，苏联十分支持联合国非政府组织成员国际民主妇女联合会（Women International Democratic Federation,

---

1. 节选自王海媚《俄罗斯妇女经济赋权模式分析》，硕士学位论文，北京外国语大学，2016，第18—32页。
2.〔苏〕奥尔利柯娃等：《妇女劳动》，于山译，《苏联大百科全书选译》，上海人民出版社，1956，第18—19页。

WIDF）的工作，苏联政府多次派代表参加国际民主妇女联合会召开的世界妇女大会（WIDF Congress）并高度认同该会议的重要意义。1953年6月《真理报》有一篇社评写道："世界妇女大会能够号召全世界的妇女紧密地合作，为争取她们作为母亲、工人和公民的权利进行有组织的斗争。"[1]作为联合国《消除对妇女一切形式歧视公约》的缔约国之一，苏联认真履行缔约国义务，开展旨在消除对妇女的歧视、争取性别平等的工作，并向联合国消除对妇女歧视委员会定期提交工作报告；苏联还是联合国1975年、1980年、1985年三次世界妇女大会的主要参与者。

苏联解体后，俄罗斯继承了苏联在联合国的席位，继续响应联合国促进性别平等的号召开展妇女工作。1995年俄罗斯参加了在北京举办的第四次世界妇女大会，对此次会议中多次提到的"妇女赋权"议题予以高度评价并付诸实际行动。1996年俄罗斯政府通过的《关于提高俄罗斯妇女地位的构想》（Концепция улучшения положения женщин в Российской Федерации）和《关于改善妇女状况并提高其社会地位的国家行动计划》（Национальный план действий по улучшению положения женщин и повышению их роли в обществе）都是根据第四次世界妇女大会的会议精神，针对本国妇女赋权问题制定出来的。2015年正值《北京宣言》和《行动纲领》通过20周年，俄罗斯常驻联合国代表楚尔金（В. И. Чуркин）在联合国安理会以妇女、和平与安全问题为主题的会议上中再次强调了第四次世界妇女大会取得的重要成就，他认为"'妇女赋权'是《北京宣言》和《行动纲领》通过20年来世界范围

1.《苏联〈真理报〉发表社论评世界妇女大会的伟大意义》，新华社，http://www.maoflag.org/simple/index.php?t97811.html，最后访问日期：2020年3月4日。

内解决妇女问题的首要目标"[1]。俄罗斯表明了对于本国妇女赋权工作，尤其是妇女经济赋权工作的重视。

　　俄罗斯在开展本国妇女经济赋权工作时充分考虑了实际国情，如《关于提高俄罗斯妇女地位的构想》开篇指出，该构想旨在根据俄罗斯本国国情，遵照俄罗斯联邦宪法规定的男女拥有同等的权利和自由并拥有实现权利和自由的同等条件的原则，在考虑到俄罗斯应履行的国际义务和第四次世界妇女大会会议精神的基础上，为俄罗斯有关妇女议题的国家政策确定战略方向。《关于提高俄罗斯妇女地位的构想》列出了国家应该首要关注的五个妇女问题，分别是：妇女人权和基本自由、妇女参与决策、保障妇女在劳动力市场的平等权利、妇女的保健和针对妇女的暴力问题。在保障妇女在劳动力市场的平等权利部分，列出了包括"在政治和经济危机的背景下，分析俄罗斯妇女的实际经济状况；改善妇女就业机制，创造新的就业岗位；加强对保障妇女劳动权利的法律法规执行情况的监管力度；发展联邦和地区的中小型企业，促进妇女自主创业"[2]等内容在内的15大项（24小项）具体措施。在《关于改善妇女状况并提高其社会地位的国家行动计划》中同样提到了改善妇女经济状况的问题，制定了"调查妇女在劳动力市场中所处状况；精确和系统化妇女经济地位的调查数据；将促进妇女就业议题列入国家发展规划"[3]等国家

---

1. Выступление Постоянного представителя Российской Федерации при ООН В. И. Чуркина на заседании Совета Безопасности ООН по теме «Женщины, мир и безопасность», http://russiaun.ru/ru/news/sc_womn, 最后访问日期：2020年5月8日。

2. Концепция улучшения положения женщин в Российской Федерации, http://www.owl.ru/win/docum/rf/koncept.htm, 最后访问日期：2020年5月8日。

3. Национальный план действий по улучшению положения женщин и повышению их роли в обществе, http://www.owl.ru/win/docum/rf/plan.htm, 最后访问日期：2020年5月8日。

层面的行动规划。在1997年俄罗斯通过的《通过立法保障男性与女性享有平等权利和平等机会的构想》（Концепция законотворческой деятельности по обеспечению равных прав и равных возможностей мужчин и женщин）中有这样的描述："目前，俄罗斯正在经历由计划经济到市场经济的转变，这造成了妇女参与决策的机会变少、劳动力市场对妇女的歧视加重、妇女的医疗卫生和个人安全水平下降等一系列负面问题。同时，那些与妇女息息相关的社会关系正在发生激烈的变化，因此急迫需要采取措施改变这种现状。"[1]由此，在综合考虑俄罗斯实际国情基础上的俄罗斯本国的妇女经济赋权工作陆续开展，具有俄罗斯特色的妇女经济赋权模式逐步形成。

一 俄罗斯妇女经济赋权模式形成的背景

俄罗斯妇女经济赋权模式的形成满足了三方面的需求。首先，苏联政府十分重视经济领域的男女平权工作，该时期是妇女经济权利提升的高峰期，这一时期形成了一套苏联特有的妇女经济赋权模式，俄罗斯妇女经济赋权模式的形成满足了苏联妇女经济赋权模式的历史延续的需求。其次，苏联解体后，苏联原有的妇女经济赋权模式遭到破坏，俄罗斯妇女经济处境走向低谷，俄罗斯妇女经济赋权模式的形成满足了解决苏联解体后俄罗斯妇女经济地位恶化问题的迫切需求。最后，国际社会愈发重视妇女在经济中的重要作用，第四次世界妇女大会之后妇女经济赋权日益成为世界妇女发展中最重要的议题之一，俄罗斯妇女经济赋权模式的形成顺应了妇女发展国际大趋势的现实需要。

---

1. Концепция законотворческой деятельности по обеспечению равных прав и равных возможностей мужчин и женщин, http://www.owl.ru/win/docum/rf/concept2.htm, 最后访问日期：2020年5月8日。

（一）苏联时期形成的妇女经济赋权模式

　　妇女经济赋权苏联模式的形成受到了马克思主义哲学的影响，列宁（В. И. Ленин）、柯伦泰（А. М. Коллонтай）、阿尔芒（И. Ф. Арманд）、克鲁普斯卡娅（Н. К. Крупская）和雅科夫廖娃（В. Н. Яковлева）成为苏联最早运用马克思的观点解决妇女问题的代表人物。他们认为对妇女的压迫是资本主义的产物，妇女解放将在社会主义改造中实现，参加社会劳动是妇女解放的一个重要的先决条件，因此应该将妇女从家务中解放出来完全投入到生产中去，而实现经济独立将改变所有妇女的生活。1900年列宁的妻子克鲁普斯卡娅在小册子《女工》（Работница）中"描述了城市和乡村中俄罗斯妇女所处的恶劣的工作环境，她在研究了马克思、恩格斯和倍倍尔的思想之后指出，妇女在生产中的参与具有进步意义，妇女的解放会在阶级斗争胜利后最终到来"[1]。

　　为了实现经济领域的男女平等，苏联政府采取的措施包括：通过立法在经济领域赋予妇女与男性平等的权利；改变传统家庭的角色和作用，通过家务和照顾孩子的集体管理制将妇女从繁重的家务工作中解放出来；有计划地将妇女分配到国民经济的各个行业，并在其中提拔技术骨干和管理人才；教育妇女，改变她们的自我意识；对妇女进行职业教育，提高她们的业务素质；提高妇女的社会保障；等等。这些措施取得了一定的成效，它消除了沙俄时期对妇女劳动权利的限制，提高了妇女在国民经济中的参与程度，提高了妇女受教育和职业培训的程度，提高了妇女在国家经济管理中的参与程度。

---

1. Королева Т.А. Феминизм: идейно-теоретические основы и политическая практика: автореферат дис. кандидата политических наук: Место защиты: Рос. гос. пед. ун-т им. А.И. Герцена. – Санкт-Петербург, 2007г, ст. 86.

由于苏联的妇女解放运动属于国家政治的一部分，是社会主义改造中的一个方面，因此，苏联的妇女工作必须接受苏联共产党的领导。在此背景下，以政府为主导、通过国家政策推动的妇女经济赋权的苏联模式逐渐形成。

（二）苏联解体后极度恶化的妇女经济地位

苏联解体后，国家体制的巨大转变破坏了苏联原有的制度，其中包括苏联的妇女经济赋权模式；俄罗斯采取的"休克疗法"导致国有经济的急剧衰退，民众的生活受到严重影响，而妇女受到的影响更加明显，俄罗斯妇女经济地位陷入低谷。根据俄罗斯政府在提交给联合国消除对妇女歧视委员会的第四次、第五次定期报告中的描述，该时期俄罗斯妇女的处境十分艰难，她们同时需要应对失业率提高、失业期变长、收入下降、通货膨胀、物资短缺和离婚率飙升等一系列问题。

失业是俄罗斯妇女首先要面临的问题。"俄罗斯从1991年起开始正式承认失业现象。1991年至1992年俄罗斯失业人数增长了8倍。截至1993年底，登记在册的失业人口为83.55万人……其中妇女失业者占到68%，而43.2%的失业妇女受过高等或中等专业教育。"[1]俄罗斯妇女的失业期比男性长，并且在持续增加。通货膨胀和物资短缺同样是俄罗斯妇女需要面对的问题。莫斯科大学人口研究中心针对1992—1996年俄罗斯通货膨胀和居民收入情况的调查结果显示："这一时期，俄罗斯主要的消费品价格增长了2200倍，与1991年初

---

1. Четвёртые периодические доклады государство-участников, подлежащий представлению в 1994 году (Российская Федерация), ст. 11, http://docstore.ohchr.org/SelfServices/FilesHandler.ashx? enc=6QkG1d%2fPPRiCAqhKb7yhsvglKm%2f71Q4iogAZSMgJYVvff%2b1TLZduXgAe5t8iyVnWk HqrscHQnTdAnl6GQ9Gk3Hql5HULj02j9uPWHENxnu0f2VMFOyTRIpJOlmjYQWC8, 最后访问日期：2020年5月9日。

相比，肉和奶制品价格增长了8000—12000倍，面包价格增长了15000倍，而俄罗斯斯民众的平均工资只增长了860倍。"[1]严重的通货膨胀导致俄罗斯妇女的实际收入急剧下降，在这种情况下，她们还不得不应对生活物资紧缺的状况，每天都需要花费大量时间用在排队购买日用品上面。俄罗斯的社会动荡还导致家庭离婚率持续升高，苏联解体之后，俄罗斯的单亲家庭大量出现，"1994年俄罗斯的单亲家庭占家庭总数的13.4%。单身母亲以及子女组成的家庭总数占全体单亲家庭总数的94%"[2]。大量单亲妈妈的出现使俄罗斯妇女不得不担负起养家的重任，这导致妇女的负担进一步加重。此外，俄罗斯妇女还面临就业条件差、劳动报酬偏低、技术培训不足、技术水平比较低、被拖欠工资和家务繁重等问题。

苏联解体后，原有的妇女经济赋权模式不能正常发挥作用，俄罗斯妇女艰难的经济处境迫切需要俄罗斯妇女经济赋权模式根据形势做出相应调整，重新发挥作用。

（三）妇女经济赋权日益增加的重要性

一段时间以来，妇女经济权利问题成为联合国关注的重点问题，它与消除对妇女的暴力行为、和平与安全、领导和参与、人权等内容共同构成联合国妇女署推动妇女发展和促进性别平等的基本工作内容。联合国妇女署认为当前世界妇女的经济地位并不乐观，"虽然有越来越多的研究表明，加强妇女的经济地位将有利于国民经济的发展，但是目前妇女在获得土地资源、金

---

1. 初智巍：《俄罗斯婚姻家庭问题现状及其社会学原因》，《西伯利亚研究》2005年第3期。
2. 王晓峰：《90年代俄罗斯家庭结构和单亲家庭状况分析》，《人口学刊》2001年第3期。

融信贷服务和体面工作等方面远远落后于男性"[1]。因此，必须抛弃阻碍妇女获取经济资源和机会的多重障碍，实现经济赋权。2015年6月，中国驻联合国副代表王民大使在联合国妇女署执行局2015年年会上建议，应该继续将妇女经济赋权作为联合国未来的工作战略重点。王大使表示："妇女的经济赋权工作有助于改善妇女与儿童的健康状况，提高她们的教育水平，妇女经济赋权对于打破贫困的代际循环、维系经济增长和社会发展的纽带具有极其重要的意义。"[2]

妇女经济赋权问题不仅受到联合国的高度关注，世界大型企业也积极加入妇女经济赋权行动中来。2016年3月赋权予妇女原则官网上的最新数据[3]显示，全世界已有超过1000家企业签署了《赋权予妇女原则》的CEO声明，表示愿意参与到性别平等和妇女赋权的工作中来。2014年9月，世界直销协会联盟（WFDSA）在亚太经济合作组织（APEC）支持下推出了一项以世界直销协会联盟名义开展的全球女性经济赋权项目，该项目主要内容是为妇女开展基本技能培训，宗旨是改善世界妇女的经济状况。可见，妇女经济赋权议题日益受到国际社会的高度重视，这要求各国积极参与妇女经济赋权实践，俄罗斯也不例外。

二 俄罗斯妇女经济赋权模式的具体措施

在历史、现实和国际因素的综合作用下，在遵循第四次世界妇女大会精神和充分考虑实际国情的基础上，俄罗斯妇女经济赋权模式逐渐形成。该模式以

1. 联合国妇女署官网，http://www.un.org/zh/aboutun/structure/unwomen/focus.shtml，最后访问日期：2016年3月2日。

2.《常驻联合国副代表王民大使——经济赋权当为联合国妇女工作战略重点》，人民网，http://world.people.com.cn/n/2015/0701/c1002-27233850.html，最后访问日期：2016年3月2日。

3. 赋权予妇女原则官网，http://weprinciples.org/Site/Companies/，最后访问日期：2016年3月2日。

政府为主导，通过具体的政策措施来推动和落实俄罗斯妇女经济工作。俄罗斯现有的妇女经济赋权模式的具体措施可细分为不同的类型以及不同的侧重点。

（一）俄罗斯妇女经济赋权模式的具体措施

俄罗斯政府采取的实现妇女经济赋权的具体措施主要包括制定法律，制定国家行动计划，建立致力于改善妇女经济状况的国家机构，召开审查妇女状况的政府会议，建立性别教育推广机制、积极开展本国的性别问题研究这五种类型。

第一，制定和修订旨在保障男女平等权利和机会、保护妇女劳动权利的法律、法规和决议，如1995年补充和修改了《俄罗斯联邦劳动保护基本法》（Основы законодательства Российской Федерации об охране труда）、1997年颁布关于《男女劳动者待遇和机会平等：有家庭义务的劳动者公约》的联邦法（Федеральный закон «О ратификации Конвенции о равном обращении и равных возможностях для трудящихся мужчин и женщин: трудящиеся с семейными обязанностями»）、2000年通过关于"批准《禁止雇用妇女从事繁重劳动和有害或危险劳动条件的工作清单》的决议"（Постановление Правительства Российской Федерации № 162 «Об утверждении Перечня тяжелых работ и работ с вредными или опасными условиями труда, при выполнении которых запрещается применение труда женщин»）等。这些文件为妇女在经济方面享受与男性平等的权利提供了法律保障。[1]

1.《禁止雇用妇女从事繁重劳动和有害或危险劳动条件的工作清单》由苏联政府于1974年制定，苏联解体后，俄罗斯政府于2000年批准生效，清单列出火车司机等456个禁止妇女从事的职业，旨在保护妇女的人身安全。2021年1月1日起，俄罗斯新修订的《禁止雇用妇女从事繁重劳动和有害或危险劳动条件的工作清单》正式生效，取消了对火车司机等356个职业的性别禁令，以适应当代妇女自由选择职业的需求。参见王海媚《俄罗斯修订禁止雇用妇女工作清单》，《中国妇女报·环球女界》2021年6月16日第7版。

第二，制定保障妇女权益的国家行动计划，如1996年通过《关于改善妇女状况并提高其社会地位的国家行动计划》，1997年制定了《1998—2000年帮助俄罗斯联邦居民就业的目标纲领》（ Федеральная целевая программа содействия занятости населения Российской Федерации на 1998-2000 годы ），2006年通过《俄罗斯联邦保障男女平等权利和机会的国家战略》（ Национальная стратегия обеспечения равных прав и равных возможностей мужчин и женщин в Российской Федерации ），2007年通过《至2025年俄罗斯联邦人口政策框架》（ Концепция демографической политики Российской Федерации на период до 2025 года ）等。这些国家项目为改善妇女经济状况设定了行动规划和预期目标。

第三，建立职责为改善妇女生存状况的国家机构，如1993年设立了附属于俄罗斯联邦总统管辖的妇女、家庭和人口问题委员会（ Комиссия по вопросам женщин, семьи и демографии ），1999年国家杜马中设立妇女、家庭和青年事务委员会（ Комитет по делам женщин, семьи и молодёжи ）等。这些专门针对妇女等特殊群体设立的国家机构能够更好地调查和分析妇女面对的经济问题，并提出解决这些问题的政策建议。

第四，召开审查妇女状况的政府会议和全俄妇女大会，如1994年和1998年分别召开了以"妇女和发展：权利、现实和前景"为主题的会议（ Конференции под общим названием «Женщины и развитие: права, реальность, перспективы» ），1994年召开以"劳动、就业、失业"为主题的全俄妇女大会（ Всероссийский женский конгресс «Труд. Занятость. Безработица.» ）等。全俄妇女大会对俄罗斯妇女在经济领域面对的问题进行全面梳理和总结，并探讨了解决方案。

第五，建立面向高等院校和国家公务员的性别教育推广机制，并积极开展本国的性别问题研究，如1997年俄罗斯教育部确定了名称为"俄罗斯妇女运动与性别研究：富有前景的战略与战术"的研究项目（Феминология и гендерные исследования в России: перспективные стратегии и технологии），2001—2003年实施"两性问题研究"方案（Гендерные исследования），2004年实施"高校社会和人文学科教科书和国家标准的性别问题专家评估"方案（Гендерная экспертиза учебников и государственных стандартов по социальным и гуманитарным дисциплинам в высшей школе）。进入2000年以后，俄罗斯政府还在高等院校的"社会工作"（Социальная работа）和"文化学"（Культурология）专业列入了"性别研究"（Гендерология）这一学科。先进性别意识和性别研究成果的推广改变了社会陈旧的传统性别意识，为妇女更好地参与经济活动创造了有利条件。

（二）俄罗斯妇女经济赋权模式的侧重点

俄罗斯妇女经济赋权模式包含不同的侧重点，分别针对妇女失业和再就业、性别工资差异、妇女创业、妇女家庭负担等问题。这些措施主要在保障妇女平等就业的权利、提高妇女薪酬待遇、改善妇女就业环境、消除性别歧视、改变民众对于性别角色的陈旧观念、促进家庭内部性别平等和减轻妇女家庭负担等方面发挥作用。

第一，保障妇女平等就业的权利。在俄罗斯经济"私有化"的过程中，许多机关单位和企业组织面临裁员的问题。在此过程中，妇女的劳动权利往往被忽视了，传统的妇女部门工作职位被大量削减，裁员人数中妇女居多。由此看来，俄罗斯妇女的基本劳动权利首先需要法律的保障，为此俄罗斯政府制定了相关法律，以解决妇女就业和再就业问题。1993年通过的《俄罗斯联邦宪法》（Конституция Российской Федерации）第19条第三款规定："男女拥有同等的权利和自由，并拥有实现权利和自由的同等条件。"[1]这为俄罗斯男女享有平等的经济、政治、公民等权利和机会提供了最基本的法律保障。2001年通过的《俄罗斯联邦劳动法》（Трудовой кодекс Российской Федерации）[2]进一步明确和细化了俄罗斯妇女在劳动领域享有的平等权利和机会，按照该法第2条的内容，俄罗斯妇女同男性一样享有平等的劳动权利和平等机会；享有及时足额领取不低于俄罗斯联邦法规定的最低工资标准的工资的平等权利；享有根据工作能力、职业技能不受歧视平等晋升的机会；享有参加职业协会组织和接受补充职业培训的平等权利。这些法律条文使得妇女接受培训、妇女升迁等平等权利受到法律的保护。

第二，促进失业妇女再就业。俄罗斯妇女因怀孕、生育和照料老幼而造成的工作缺勤和职业培训欠缺等情况，导致她们在劳动力市场的竞争力较低。为了促进缺乏竞争力和就业困难的失业妇女尽快重新融入劳动力市场，俄罗斯政府努力建立一个提高妇女职业技能和新职业再培训的体系，比如1997年批准的《1998—2000年帮助俄罗斯联邦居民就业的目标纲领》（Федеральная целевая программа содействия занятости населения Российской Федерации на 1998-2000 годы）和2007年批准的《至2025年俄罗斯联邦人口政策框架》（Концепция демографической политики Российской Федерации на период

---

1. Конституция Российской Федерации, Статья 19., http://www.constitution.ru/1000 3000/10003000-4. htm, 最后访问日期：2016年3月2日。

2. Трудовой кодекс Российской Федерации, https://www.consultant.ru/document/cons_doc_ law_34683/, 最后访问日期：2016年3月2日。

до 2025 года）中都强调了为妇女接受职业技能和新职业培训创造条件的重要性。俄罗斯完善了包括综合类学校、职业技术学校、中等专业学校和高等学校在内的职业教育网络，并开设了数百种职业和专业，为失业者提供充足的学习机会。同时，"为了鼓励哺育婴幼儿的妇女接受职业培训，各职业教育机构制定了自由选择听课时间、自己制定学习进度的便利条件"[1]。20世纪90年代，俄罗斯政府还曾实行在企业为失业妇女确定工作岗位额的机制，以便使急需帮助的失业妇女得以录用，并向录用失业妇女的企业提供优惠政策，比如降低此类企业的所得税等。此外，俄罗斯还创办了"求职人员俱乐部"（Клуб ищущих работу）等组织，目的是向失业人口介绍求职的方法，并组织了"新起点"（Новый старт）等规划活动，帮助长期失业人口重新就业，这也在一定程度上促进了失业妇女的再就业。

第三，提高妇女薪酬待遇。根据俄罗斯提交联合国消除对妇女歧视委员会的第四次至第八次定期报告中的描述，俄罗斯政府认为本国性别工资差异的主要原因有两个：一是妇女被排挤在工资高且增长快的行业之外；二是妇女较多就职于国家预算支配单位，而在经济转型后的市场竞争带来的压力之下，国家预算支配单位不得不降低员工工资，通过降低成本的方式来提高生产效率。针对该问题，俄罗斯政府采取了为男女同工同酬提供法律保障以及提高传统妇女行业平均工资等措施。2012年俄罗斯总统普京（Владимир Путин）签署了第

---

1. Четвёртые периодические доклады государство-участников, подлежащий представлению в 1994 году (Российская Федерация), ст. 25. http://docstore.ohchr.org/SelfServices/FilesHandler.ashx? enc=6QkG1d%2fPPRiCAqhKb7yhsvglKm%2f71Q4iogAZSMgJYVvff%2b1TLZduXgAe5t8iyVnWk HqrscHQnTdAnl6GQ9Gk3Hql5HULj02j9uPWHENxnu0f2VMFOyTRIpJOlmjYQWC8, 最后访问日期：2016年3月10日。

597号《关于落实国家社会政策的措施的总统令》（Указ «О мероприятиях по реализации государственной социальной политики»），这一总统令的第一段就是关于提高教育、医疗卫生、社会保护等传统妇女行业的平均工资的内容，具体包括"到2018年之前，将医生、高等教育机构的教师和研究人员的工资比相应地区平均工资水平翻两番；将普通教育机构、学前教育机构以及初级和中级职业教育机构教职员工的工资提高至相应地区的平均工资水平"等[1]。

第四，改善妇女劳动条件。为了改善俄罗斯妇女的劳动条件，做好妇女劳动保护的工作，1995年俄罗斯联邦通过了《关于改善劳动条件和劳动保护的措施的决议》（постановление «О мерах по улучшению условий и охраны труда»）。该决议规定企业领导必须在工作场所严格保持符合俄罗斯劳动保护法要求的、安全的劳动条件，按照相关规定为工作人员提供专用服装及保护用品，并提供医疗和险情预防服务。2000年，俄罗斯政府又批准了关于《禁止雇用妇女从事繁重劳动和有害或危险劳动条件的工作清单》，这份清单列出了禁止妇女从事的工作类型，还为劳动场所的安全评估制定了标准，如生产环境的卫生标准，工作负荷的卫生标准，工作强度的卫生标准，工作场所和生产设备的工效标准，企业的医疗和社会标准，等等。

第五，为妇女创业提供便利。在帮助妇女就业和再就业的同时，俄罗斯还在积极促进妇女创业，使俄罗斯妇女与男子一样享有经商的权利，能够获得所需的银行贷款或补助，从而创建和发展自己的事业，比如独立创办中小

---

1. Указ Президента Российской Федерации от 7 мая 2012 года N 597 «О мероприятиях по реализации государственной социальной политики», www.rba.ru/forum/images/vlasti/ukaz_prezidenta_rossiyskoy_federacii_ot_7_maya_2012_goda_n_597.doc, 最后访问日期：2016年3月22日。

型企业，参与中小企业的经营和管理等。为此，俄罗斯政府做出积极的努力，包括"建立和发展保障小型企业运作的企业孵化器；完善小型企业体信贷服务，发展小额信贷业务；逐步降低小型企业管理费用，提高小型企业体的生存力和竞争力"[1]。同时，俄罗斯还鼓励妇女尝试更加灵活机动的就业方式，如利用网络远程办公、非全天办公、非整周办公、在家工作和兼职等。

第六，消除陈旧的性别观念。联合国消除对妇女歧视委员会曾指出，俄罗斯的"改革加剧了社会上的紧张状况，使得社会上对妇女角色的刻板观点重新出现，这种陈旧的性别观念要求她们重新履行其'天生职责'"[2]。虽然俄罗斯的法律规定不能限制妇女的平等权利，但是，社会上关于男女社会角色的刻板的传统观念成为妇女享有所有权利和自由机会的极大障碍，并且这些陈旧的性别观念在童年和学校教育过程中被不断强化，这种陈旧刻板的性别观念不仅影响了妇女的事业发展，同时也使妇女的家庭负担更加繁重。为了消除这种陈旧的观念，一方面俄罗斯政府提高国家公务员、教育者、新闻工作者等人群在两性平等方面的知识水平，在各高校和研究机构开展与性别议题相关的研究；另一方面，俄罗斯最初借助开设专门的妇女报刊进行性别教育推广，随后又将电视和广播等媒体纳入性别教育工作中来，通过宣传妇女

---

1. Объединенные шестой и седьмой периодические доклады государств-участников (Российская Федерация) в 2009 году, ст. 49. http://docstore.ohchr.org/SelfServices/FilesHandler.ashx?enc=6QkG 1d%2fPPRiCAqhKb7yhsvglKm%2f71Q4iogAZSMgJYVvZQ5AhUJY2iAFQC7jp%2fvFQibhisbnYF hIZgGJ4JU1Hho5FROWczJ8yYc3MBZeUNPEp1%2bBL%2bmPPIOyMRaJ6ILWz, последнего访问日期：2020年3月10日。

2. Доклад Комитета по ликвидации дискриминации в отношении женщин, Четырнадцатая сессия, ст. 106. http://docstore.ohchr.org/SelfServices/FilesHandler.ashx?enc=dtYoAzPhJ4NMy4Lu1T OebMz8DRsRAeQHOEFTaCP2yz%2fH%2bBtjlpm22vwOwRREuEPMNrXDsYh2sN%2febX22e%2f 50b8QIIOlGBimpy4eFt6QmDKg%3d, 最后访问日期：2020年3月10日。

在经济发展中扮演的重要角色，呼吁民众改变陈旧的行为模式和思维定式，消除性别歧视，实现家庭内部的性别平等。

三 俄罗斯妇女经济赋权模式的特点

与妇女经济赋权的国际实践相比，俄罗斯妇女经济赋权模式在赋权目标、赋权主体和赋权途径方面各有特点，俄罗斯妇女经济赋权模式倡导妇女事业和家庭和谐发展，俄罗斯政府作为主要的赋权主体发挥主导作用，赋权途径以外部赋权为主。下面就从这三个方面来具体分析俄罗斯妇女经济赋权模式的特点。

（一）俄罗斯妇女经济赋权模式倡导妇女事业和家庭和谐发展

从对妇女经济赋权的具体目标来看，与其他国家一样，俄罗斯重视男女平等权利和平等机会，努力改善妇女整体就业环境；与其他国家不同的是，俄罗斯对于妇女繁育后代和事业发展的态度。

一些国家的民众认为，年轻妇女发展事业的需求会影响其繁育大家庭的意愿，如丹麦学者埃丝特·勃斯拉普（Ester Boserup）说："过去，一般认为年轻妇女的事业心一般与繁育大家庭的需求有冲突，因此欧洲和美国的公众都对已婚妇女的就业持反对意见。"[1]而俄罗斯在重视妇女在国家经济发展中发挥重要作用的同时，也十分重视妇女繁育后代和教育子女的重要作用。2015年国际妇女节这一天，普京总统邀请了多位母亲代表来到克里姆林宫参加妇女节庆祝活动，以感谢她们为祖国养育了优秀的子女。普京说道："在俄罗斯有很多赞美母亲的话语，因此也不必惊讶俄罗斯人会说'最神圣的是母亲'，

1.〔丹麦〕埃丝特·勃斯拉普：《妇女在经济发展中的角色》，陈慧平译，译林出版社，2010，第201页。

在我们国家，将母亲看作是祖国。"[1] 2014年，俄罗斯联邦劳动与社会保障部第一副部长沃夫钱科在向联合国消歧委员会介绍本国政府妇女工作情况时指出："俄罗斯妇女在全力关注自身工作以及职业升迁的同时，并不拒绝组建家庭和生育子女。因此，我国的大多数妇女政策都已为妇女创造能够实现事业和养育子女和谐发展的有利环境。"[2] 由此不难看出，俄罗斯认为妇女的事业和生育并不矛盾，能够相互协调，因此，俄罗斯的妇女经济赋权也是以妇女繁育后代和事业发展为共同目标的。

（二）俄罗斯妇女经济赋权模式以政府为主导

在妇女经济赋权的国际实践中，无论是妇女自身还是主权国家政府、企业和社会组织都可以是赋权的主体，扮演十分重要的角色，而在俄罗斯妇女经济赋权实践中赋权主体是政府，无论是妇女的自我赋权还是外部赋权，政府起到主导作用，企业、社会组织和民众在政府的指导下开展工作。从俄罗斯妇女经济赋权实践包含的具体措施中不难看出，无论是制定法律、制定国家行动计划、建立妇女事务委员会、召开全俄妇女大会，还是开展性别教育和性别研究，都是政府主导的国家行为。

近些年，国际社会特别强调企业在妇女经济赋权中能够发挥巨大的作用，

---

1. Президент Путин поблагодарил женщин за рост рождаемости, http://www.rg.ru/2015/03/08/putin-8marta-site.html, 最后访问日期：2016年3月22日。

2. Выступление Первого заместителя Министра труда и социальной защиты Российской Федерации А.В. Вовченко на 62-й сессии Комитета ООН по ликвидации дискриминации в отношении женщин на защите 8-го периодического доклада Российской Федерации о выполнении положений Конвенции о ликвидации всех форм дискриминации в отношении женщин, ст.4. http://tbinternet.ohchr.org/Treaties/CEDAW/Shared%20Documents/RUS/INT_CEDAW_STA_RUS_22045_R.pdf, 最后访问日期：2016年3月22日。

但是俄罗斯企业与他国企业在世界妇女经济赋权领域的互动较少，如2010年联合国妇女署在《赋权予妇女原则》中明确将企业作为重要的行为体，号召各国企业签署该原则，加入妇女外部赋权行动中来，2016年3月《赋权予妇女原则》官网上的数据显示，在1000多家企业签署了《赋权予妇女原则》的CEO声明的企业当中，美国企业有48家，中国企业有16家，俄罗斯企业仅有3家。比起政府在妇女经济赋权中的主导作用，俄罗斯妇女联盟和妇女组织的作用相对较弱，但是它们一直坚持为实现妇女经济赋权而努力，如1999年俄罗斯政府提交联合国的工作报告中写道："1994—1998年，俄罗斯非政府妇女组织和社会团体的活动和作用大大加强，国家机构和非政府社会组织之间的合作有所增加……1996年，俄罗斯政府还和非政府社会组织合作制定了《关于提高俄罗斯妇女地位的构想》。"到20世纪90年代末，在俄罗斯联邦司法部登记注册的妇女组织已经有上百个，目前，"俄罗斯妇联"（Союз женщин России）、"俄罗斯妇女与商业协会"（Ассоциация «Женщины и бизнес в России»）和"职业妇女联会"（Конфедерация деловых женщин）仍为促进妇女在经济领域的发展发挥作用。

（三）俄罗斯妇女经济赋权模式以外部赋权为主

妇女经济赋权的国际实践包括妇女自我赋权和外部赋权两条途径。在俄罗斯的妇女经济赋权模式中，政府主导的外部赋权扮演最重要的角色，妇女自我赋权作用较弱。由于俄罗斯的妇女经济赋权模式以妇女繁育后代和事业发展为共同目标，俄罗斯在实现妇女经济赋权的过程中采取了多项补偿性政策，如保护怀孕妇女免受不公正待遇的政策、对养育子女的母亲提供补贴的政策、扩建学龄前幼儿教育机构的政策等，这些政策在一定程度上缓解了鼓励生育政策造成的妇女就业困难和家庭劳动繁重等问题。

　　《俄罗斯联邦劳动法》第261条规定，任何单位不得因为妇女怀孕、哺乳等原因单方解除劳动合同；对于怀孕期合同期满的，雇主应该在得到医院书面确认怀孕之后，延长合同期限，直到结束妊娠的妇女按国家规定休满产假为止。2006年12月俄罗斯通过了关于《对多子女家庭给予国家扶持的补充措施》的联邦法（Федеральный закон «О дополнительных мерах государственной поддержки семей, имеющих детей»），该法涉及 "母亲（家庭）资本"［Материнский (семейный) капитал］政策，该政策为生育二胎及更多胎次婴儿的年轻家庭提供住房补贴、教育补贴、收入补贴等多种补贴，鼓励家庭多生育。该政策由2007年1月1日正式开始执行并取得了积极的效果，原计划执行至2016年底，普京总统在2015年国情咨文中建议将 " '母亲（家庭）资本' 政策再延长至少两年"[1]。20世纪90年代初期，由于经济不断恶化，俄罗斯政府用于维持和发展学龄前教育机构和设施的费用大幅减少，无法入托入园的幼儿加重了俄罗斯妇女的家庭负担，为此，俄罗斯沿用苏联时期解放妇女的方式，通过政府拨款来扩建、改建和完善包括托儿所、幼儿园等机构在内的学龄前教育网络， "截至2014年1月1日，俄罗斯新增幼儿园和托儿所幼儿席位超过40万个"[2]。但是，普京总统在2015年国情咨文中提道，俄罗斯仍然存在幼儿入托难、入园难的问题， "恳请政府和地区职能部门对此予

---

1. Послание путина федеральному собранию 2015, http://kremlin.ru/events/president/news/50864, 最后访问日期：2016年3月20日。

2. Восьмой периодический доклад государств-участников в 2014 году (Российская Федерация), ст.34, http://docstore.ohchr.org/SelfServices/FilesHandler.ashx?enc=6QkG1d%2fPPRiCAqhKb7yhsnINnqKYBbHCTOaqVs8CBP3TmYlmAA2CV9d4dYvKMX4uVBTiXYtivunxBE14Wd%2fB0xVNx1d2BusnRmCBI%2fytxFJjNdAsaq97681zznxRTho7, 2016-03-22, 最后访问日期：2016年3月22日。

以特别关注"[1]。

第二节　俄罗斯通过裁减军备营造世界和平环境

1995年，第四次世界妇女大会把"妇女与武装冲突"列为《行动纲领》中的12个重大关切领域之一，其五个战略目标下设6个具体目标，包括妇女参与和保护、以非暴力方式解决冲突和裁军等核心内容。2000年的《1325号决议》和2015年的《改变我们的世界：2030年可持续发展议程》均回顾了妇女和武装冲突议题。[2]2018年，联合国妇女署(UN Women)公布的《第四次世界妇女大会暨〈北京宣言〉与〈行动纲领〉通过(1995年)二十五周年国家级综合审查指导说明》所列《关于北京加25国家报告内容的调查问卷》的第26题，将"采取措施减少过多的军事开支和/或控制军备的可用性"和"从军事支出中重新分配资金用于社会和经济发展，包括促进性别平等和增强妇女权能"作为检验一个国家"在过去五年采取了哪些行动来建立和维护和平，促进和平与包容的社会，以实现可持续发展并实施妇女、和平与安全议程"的指标。[3]可见，俄罗斯的裁军历程和军事开支变化也是衡量该国构建和平与安全环境与落实"妇女、和平与安全"议程实践的重要指标。

---

1. Послание путина федеральному собранию 2015, http://kremlin.ru/events/president/news/50864, 最后访问日期：2020年10月9日。

2. 李英桃、金岳嵘：《妇女、和平与安全议程——联合国安理会第1325号决议的发展与执行》，《世界经济与政治》2016年第2期。

3. 联合国妇女署：《第四次世界妇女大会暨〈北京宣言〉与〈行动纲领〉通过(1995年)二十五周年国家级综合审查指导说明》，https://www.unwomen.org/-/media/headquarters/attachments/sections/csw/64/national-reviews/csw64-guidance-note-for-comprehensive-national-level%20reviews-zh.pdf?la=en&vs=5703，最后访问日期：2021年2月22日。

一　俄罗斯的裁军过程

俄罗斯联邦武装力量（Вооружённые Силы Российской Федерации）前身主要是苏联武装力量在俄罗斯苏维埃联邦社会主义共和国的驻军。1992年5月7日，俄罗斯总统叶利钦签署第466号《关于建立俄罗斯联邦武装力量的总统令》（Указ Президента Российской Федерации от 07.05.1992 г. № 466 О создании Вооруженных Сил Российской Федерации），命令建立俄罗斯联邦国防部（Министерство обороны Российской Федерации），由俄罗斯联邦政府接管俄罗斯境内的所有苏联武装力量，俄罗斯联邦武装力量正式成立。[1]

而在俄罗斯联邦武装力量组建之前，俄罗斯总统叶利钦就承诺履行已达成的裁减军备和解除武装领域内相关国际协定。

根据《关于建立俄罗斯联邦武装力量的总统令》，[2]俄罗斯联邦武装力量在《俄罗斯联邦国家主权宣言》和《俄罗斯联邦安全法》指导下建立，在组建过程中，需要延续俄罗斯军队英勇战斗的良好传统，使用武装部队保护俄罗斯的自由和独立，确保其安全和主权；承诺履行已达成的裁减军备和解除武装领域内相关国际协定，并鼓励独立国家联合体成员国缔结集体安全条约。组建俄罗斯联邦武装力量的基本原则包括军事机构对国家最高权力机构负责；俄罗斯联邦武装力量的组织架构、战斗人员组成和人数应符合俄罗斯安全观；采用征兵和合同兵相结合的方式组建军队；部队服从国家统一指挥；持续的

---

1. П. Е. Газукин, «Вооруженные силы России в постсоветский период. Проблемы реформирования и военного строительства: 1992-2001 гг.» Полития, №2 2001г., http://politeia.ru/files/articles/rus/2001-2-2-244-44-71.pdf, 最后访问日期：2020年4月4日。

2. Указ Президента Российской Федерации от 07.05.1992 г. № 466 О создании Вооруженных Сил Российской Федерации, http://www.kremlin.ru/acts/bank/1279, 最后访问日期：2020年4月6日。

战斗准备；参考本国传统、国际法和世界军事建设的历史经验。

《关于建立俄罗斯联邦武装力量的总统令》还列出了苏联武装力量在俄罗斯苏维埃联邦社会主义共和国的驻军的收编情况。考虑到各个苏联前加盟共和国（现为独立主权国家）的最新领土状况，俄罗斯联邦要履行《联合国宪章》赋予的职责，并考虑在独立国家联合体框架内建立完善的安全系统，因此，将采取如下措施：

将驻扎在俄罗斯的苏联武装部队的军事指挥与控制机构、军事协会、编队、其他军事单位、机构和组织、军事教育机构以及俄罗斯联邦境外的部队和海军力量纳入俄罗斯联邦武装力量中。按照之前采用的协议，保存现有战略部队管理系统。俄罗斯联邦领土上的战略部队是独立国家联合体联合部队的一部分，由俄罗斯联邦分配适当的军力和资源，接受联合武装部队高级司令部的领导。

俄罗斯联邦外交部与俄罗斯联邦国防部将组织国家间谈判，以确定其他独联体国家领土上未纳入其本国武装部队和独立国家联合体战略部队的武装力量的地位。

在《俄罗斯联邦国防法》通过之前，俄罗斯联邦武装力量由俄罗斯联邦总统担任最高统帅，俄罗斯联邦第一国防部长掌有直接控制权。为了防止在俄罗斯联邦武装部队中央军事指挥机构组建期间对武装力量的控制被削弱，俄罗斯联邦武装力量暂由前国防部和苏联武装部队总参谋部进行管控。

在俄罗斯联邦武装力量的组建过程中，俄罗斯国防部拟定了陆军和海军进行军事改革的内容：建议缩减俄罗斯联邦武装力量的规模和开支，分阶段实现俄罗斯联邦武装力量向专业部队的过渡；采取措施对军事人员，包括现役军人、退伍军人和境外派驻军事人员及其家庭成员提供社会和法律保护；重组俄罗斯联邦武装部队军事装备制造和采购系统；持续保护俄罗斯联邦境内的战略要点。

根据1996年5月31日第61号《俄罗斯联邦国防法》（Федеральный закон от 31 мая 1996 г. No.61-ФЗ «Об обороне»）第4条，俄罗斯武装力量的最高指挥官为俄罗斯联邦总统。[1]叶利钦为俄罗斯首位最高指挥官，现为弗拉基米尔·普京。根据俄罗斯的相关规定，国家近卫军、边防军、铁道军并不属于"武装力量"，而是定义为"其他类型武装力量"。俄罗斯联邦国防部直属的部队包括俄罗斯陆军、俄罗斯空天军和俄罗斯海军3个军种，以及空降军和战略火箭军2个"独立兵种"。俄军后勤部负责医疗、消防、后勤、科研等以及维护铁路和管道等设施，其他军种的后勤单位皆独立运作。此外，联邦安全局控制的边防军，俄罗斯联邦安全会议控制的国家近卫军及其前身俄罗斯内卫部队虽然不属于俄军，但也会参与武装行动。

对于俄罗斯联邦武装力量的额定编制，俄罗斯做过几次调整。

1991年底，苏联武装部队中的军事人员达到370万—380万人（不包括文职人员）。1992年5月7日，俄罗斯总统鲍里斯·叶利钦签署《关于建立俄罗斯联邦武装力量的总统令》时，就要求俄罗斯联邦国防部制定并提出有关"减少俄罗斯联邦武装部队的数量和作战力量"的建议。据估计，当时俄罗斯有250万—280万名士兵。

根据公开来源的数据，到1994年，俄罗斯的军事人员数量减少到210万

---

1. Федеральный закон от 31 мая 1996 г. No.61-ФЗ «Об обороне», http://ivo.garant.ru/#/document/135907/paragraph/91807:0, 最后访问日期：2020年4月14日。

人，到1996年降至170万人。1996年5月31日，叶利钦签署了《俄罗斯联邦国防法》。该文件第4条授权国家元首有权规定军事部队、其他部队、军事组织和机构的核定人数。从这一刻起，军事人员的配备水平是根据俄罗斯联邦总统的法令确定的。

1997年7月16日，叶利钦批准颁布《关于改革俄罗斯联邦武装部队和改善其结构的优先措施的法令》(Указ Президента Российской Федерации от 16.07.1997 г. № 725с «О первоочередных мерах по реформированию Вооруженных Сил Российской Федерации и совершенствованию их структуры»)，确定武装部队的人员编制为120万人，裁军对象主要是从国外撤回的部队。[1]1997年开始裁减的50万部队人员，主要对象是后勤机构、军事建筑部队以及原防空军。

王凤才在《俄又有裁军大动作》中分析20世纪末俄罗斯裁军的特点，他认为："从具体裁减人员看，俄军此次裁军有两个特点。一是裁减后勤人员多。这是因为随着军事改革和后勤改革的逐步深化，俄军后勤保障的社会化程度越来越高，军队的一些日常保障事务交由地方单位完成，使军队出现大量闲余后勤人员。另外，俄罗斯强力部门之间现在正开始建立'一体化联勤保障系统'，国防部与内务部、边防总局等强力部门所属部队的后勤保障系统将进行合并，这样又会滞留下大量的保障人员。二是机关编制裁幅大，军官占多数。据俄安全会议副秘书长波塔夫介绍，将要裁减的36.5万名国防部人员中，

---

1. Указ Президента Российской Федерации от 16.07.1997 г. № 725с «О первоочередных мерах по реформированию Вооруженных Сил Российской Федерации и совершенствованию их структуры», http://kremlin.ru/acts/bank/11194, 最后访问日期：2020年4月16日。

有24万人是机关军官和文职官员。俄军之所以这样做，是因为各级机关，特别是国防部各总部机关的编制较大，全军官兵比例和机关与部队比例严重不协调。"[1]

2008年1月1日，俄罗斯总统普京颁布了第1号《关于俄罗斯联邦武装部队的人员编制的总统令》（Указ Президента РФ от 1 января 2008 г. No.1 «О штатной численности Вооруженных Сил Российской Федерации»），规定2008年1月1日起，俄罗斯联邦武装部队的人员总数确定为2019629人，其中包括1134800名军事人员；[2] 2008年12月29日，俄罗斯总统德米特里·梅德韦杰夫（Дмитрий Медведев）颁布《关于俄罗斯联邦武装部队某些问题的法令》（Указ Президента Российской Федерации от 29.12.2008 г. № 1878сс «О некоторых вопросах Вооруженных Сил Российской Федерации»），再次将兵力总数减少了12%，降至100万人。[3] 此外，国防部长安纳托利·谢尔久科夫（Анатолий Сердюков）指出在俄罗斯军事改革的框架下，俄罗斯联邦国防部的中央办公室和管理人员缩减61%——从22000人减少到8500人。2008年谢尔久科夫承诺将军官数量缩减58%——从35.5万人减少到15万人。2011年，新的国防部长谢尔盖·绍古（Сергей Шойгу）减少了军官的裁减规模。

---

1. 王凤才：《俄又有裁军大动作》，人民网，http://dengxiaopingnet.com/GB/channel2/18/20001122/322134.html，最后访问日期：2020年4月16日。

2. Указ Президента РФ от 1 января 2008 г. N 1 «О штатной численности Вооруженных Сил Российской Федерации», http://ivo.garant.ru/#/document/192625/paragraph/1：0，最后访问日期：2020年4月14日。

3. Указ Президента Российской Федерации от 29.12.2008 г. № 1878сс «О некоторых вопросах Вооруженных Сил Российской Федерации», http://www.kremlin.ru/acts/bank/28722，最后访问日期：2020年4月16日。

2015年4月，国防部副部长尼古拉·潘科夫（Николай Панков）宣布俄罗斯的军官数量为20万人。

2016年7月8日，俄罗斯总统普京颁布了第329号《关于俄罗斯联邦武装部队的人员编制的总统令》（Указ Президента РФ от 8 июля 2016 г. N 329 «О штатной численности Вооруженных Сил Российской Федерации»），规定自2017年1月1日起，俄罗斯联邦武装部队的人员总数确定为1897694人，其中包括1013628名军事人员；[1] 2017年11月17日，俄罗斯总统普京颁布了第555号《关于俄罗斯联邦武装部队的人员编制的总统令》（Указ Президента Российской Федерации от 17 ноября 2017 года № 555 «Об установлении штатной численности Вооруженных Сил Российской Федерации»），规定2018年1月1日起，俄罗斯联邦武装部队的人员总数确定为1902758人，其中包括1013628名军事人员。[2]

2008—2018年，俄罗斯联邦武装部队的人员总数减少了11.69万人，缩减了5.79%，军事人员减少了12.12万人，缩减了10.68%。

二　世界范围内各国裁军进程对比

从世界范围看，根据世界银行2020年3月18日公布的数据，1992—2017年，在武装部队人员总数前几名的国家中，俄罗斯武装部队人员总数呈现逐

---

1. Указ Президента РФ от 8 июля 2016 г. N 329 «О штатной численности Вооруженных Сил Российской Федерации», http://ivo.garant.ru/#/document/71438418/paragraph/1：0, 最后访问日期：2020年4月14日。

2. Указ Президента Российской Федерации от 17 ноября 2017 года № 555 «Об установлении штатной численности Вооруженных Сил Российской Федерации», https://rg.ru/2017/11/17/prezident-ukaz555-site-dok.html, 最后访问日期：2020年4月6日。

年递减的趋势，由1992年的世界排名第3降至2011年的第5名，2015年回升至第3名，2016–2017年保持在世界排名第4的位置。[1]1992年俄罗斯联邦武装力量刚刚建立之时，俄罗斯的武装部队人员约有190万人，次于美国，高于印度和朝鲜。1999年，俄罗斯的武装部队人员总数约为148.2万人，位于印度和美国之后，高于朝鲜。2011年，俄罗斯的武装部队人员总数约为136.4万人，位于印度、美国和朝鲜等国之后。2015年，俄罗斯武装部队人员总数约为149万人，2016年，俄罗斯武装部队人员总数约为145.4万人，2017年，俄罗斯武装部队人员总数145.4万，低于印度和朝鲜，高于美国（参见图3–1）。[2]

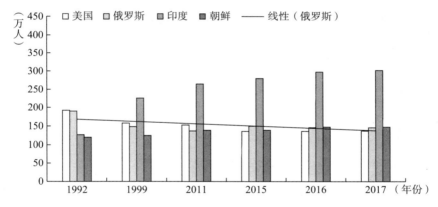

图3–1　1992—2017年美、俄等国武装部队人员总数变化

资料来源：根据世界银行的统计数据整理，https://data.worldbank.org/indicator/ MS.MIL.TOTL.P1?locations=RU，最后访问日期：2020年5月6日。

---

1. 按照世界银行的释义，武装部队人员指现役军人，包括其训练、组织、装备和控制表明可支援或代替正规军队的辅助军队，与"士兵"的概念有所不同，因此在统计数据上看，与前文所述俄罗斯建国初期士兵人数有差异。此处所列各国武装部队人员数量皆按照世界银行的标准统计。

2. Armed forces personnel, total–Russian Federation, https://data.worldbank.org/indicator/MS.MIL.TOTL. P1?locations=RU，最后访问日期：2020年4月4日。

从俄罗斯武装部队人员总数占世界武装部队人员总数比例变化趋势来看，也是呈现下降趋势。根据世界银行公布的数据，1992年，俄罗斯武装部队人员总数占世界武装部队人员总数比例为7.74%，为该比例最高值，此后，这一比例呈下降趋势，1997年之后，一直保持在6%以下。2013年，这一数值降至最低，为4.63%。

综合其他武装部队人员总数排名靠前的国家的情况发现，美国和俄罗斯的武装部队人员总数占世界武装部队人员总数比例均呈现下降趋势，与1992年的数据相比，美国由1992年的7.83%降至2017年的4.96%，减少2.87个百分点，俄罗斯由1992年的7.74%降至2017年的5.30%，减少2.44个百分点。印度和朝鲜的武装部队人员总数占世界武装部队人员总数比例则呈现上升趋势，1992—2017年，两国该数值分别增长了5.88个百分点和0.47个百分点。这从一个侧面说明了俄罗斯裁军的效果（参见图3-2）。

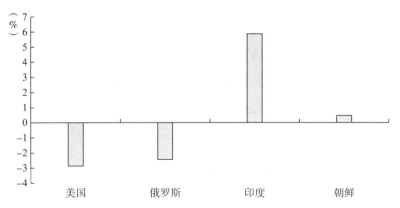

图3-2　1992—2017年美、俄等国武装部队人员总数占世界武装部队
人员总数比例变化

资料来源：根据世界银行的统计数据整理，https://data.worldbank.org/indicator/
MS.MIL.TOTL.P1?locations=RU，最后访问日期：2020年7月3日。

从 2016 年世界各国武装部队人员占劳动力总数的比例来看，[1] 俄罗斯的武装部队人员占劳动力总数的比例位列第 33 名，美国、印度和朝鲜分别位列第 86 名、第 103 名和第 2 名。从总的变化趋势来看，1992—2016 年，俄罗斯武装部队人员占劳动力总数的比例也呈现下降趋势，1997 年该数值最高为 2.62%，2013 年最低为 1.67%，2016 年为 1.94%，比 1992 年的 2.50% 降低了 0.56 个百分点。[2]

三 俄罗斯的国防费和军费变化

根据俄罗斯国家统计局公布的 1998—2017 年俄罗斯财政统计数据（Финансы России 2002-2018 гг.），[3] 1998 年俄罗斯国防费预算为 651 亿卢布，占总预算支出的 7.73%，占 GDP 的 2.4%。随后，该数值持续增长，2016 年俄罗斯国防开支预算最高达到 37776 亿卢布，占总预算支出的 12.06%，占 GDP 的 4.4%。2017 年俄罗斯国防费首次下调，总额为 28542 亿卢布，比 2016 年下降了 24.44 个百分点。

从俄罗斯国防预算占预算总支出和 GDP 的比例来看，1998 年，俄罗斯国防预算占预算总支出的 7.73%，占 GDP 的 2.40%，1998—2017 年，国防预算占预算总支出的比例波动幅度较大，2004—2014 年保持相对稳定的水平，2007—2002 年，该比例一直在 8% 以下。2012 年之后，俄罗斯国防预算占预算总支出和 GDP 的比例均有所上升，并在 2016 年之后开始下降，降至 2017 年的 8.81% 和 3.10%。从平均值来看，20 年间俄罗斯国防预算占预算总支出

---

1. 武装部队人员指现役军人，包括其训练、组织、装备和控制表明可支援或代替正规军队的辅助军队。劳动力包括所有符合国际劳工组织对从事经济活动人口所作定义的人群。

2. Armed forces personnel（% of total labor force）–Russian Federation, https://data.worldbank.org/indicator/MS.MIL.TOTL.TF.ZS?locations=RU, 最后访问日期：2020 年 4 月 6 日。

3. Финансы России 2002-2018 гг., https://gks.ru/folder/210/document/13237, 最后访问日期：2020 年 4 月 6 日。

比例平均为8.71%，俄罗斯国防预算占GDP比例平均为2.86%。

斯德哥尔摩国际和平研究所（Stockholm International Peace Research Institute，SIPRI）2019年公布的数据显示，1993—2016年，俄罗斯的军费开支呈现增长趋势，1993年俄罗斯军费开支为77.67亿美元，世界排名第15位，1998年、1999年两年，该数值暂时处于谷底，最低达到64.69亿美元，世界排名降至20名以外。2000年开始，俄罗斯军费增幅明显，由92.28亿美元增至2016年的692.45亿美元，世界排名由第15名升至第3名。自2017年开始，俄罗斯军费首次下降，2017年和2018年俄罗斯的军费开支分别为665.27亿美元和613.88亿美元，世界排名分别是第4名和第6名（参见图3–3）。

从开支总额来看，俄罗斯的军费涨幅明显，根据斯德哥尔摩国际和平研究所公布的世界各国军费支出占GDP比例的统计数据，[1]俄罗斯军费开支占GDP的比例波动幅度与之相类似。1992年俄罗斯军费开支占GDP的比例为4.43%，1998年最低降至2.73%，2002年、2009年和2016年分别有三次增长高峰，该数值分别为3.76%、3.92%和5.45%。2017年和2018年该比例下降明显，分别为4.23%和3.93%，世界排名在第10名左右。[2]

---

1. 斯德哥尔摩国际和平研究所（SIPRI）的军费支出数据是根据北约（NATO）的定义得出的，其中包括为以下方面提供的所有的经常性支出和资本支出：军队，其中包括维持和平部队；国防部委和其他从事防卫项目的政府机构；准军事部队，如果它们被认为是经过训练的并配备了军事行动装备；以及军用外空活动。此类支出涵盖军队和平民人员，包括军队人员的养老金和人员的社会服务、运营与维护、采购、军事研发以及军事援助（在捐助国的军费支出中）。不包括在内的有民防和以往军事行动的经常性支出，如退伍军人的福利、复员、转业以及武器的销毁。然而，这个定义并不适用于所有国家，因为那将需要远比现有信息更为详细的有关军费预算内容和预算外军费支出项目的信息（例如，军费预算可能会或不会覆盖民兵、预备和辅助部队，警察和准军事部队，像军警和民警那样的双重目的部队，实物军事捐赠，军队人员的养老金，以及一个政府部门向另一个政府部门支付的社会保障缴费）。

2 Military expenditure（% of GDP）– Russian Federation, https://data.worldbank.org/indicator/MS.MIL. XPND.GD.ZS?end=2018&locations=RU&start=1992&view=chart, 最后访问日期：2020年4月4日。

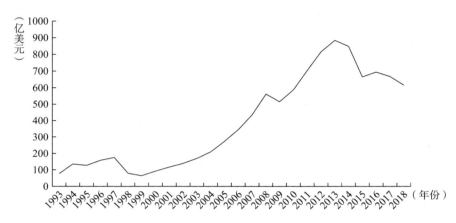

图3-3 1993—2018年俄罗斯军费开支变化

资料来源：根据斯德哥尔摩国际和平研究所数据整理，https://www.sipri.org/databases/milex，最后访问日期：2020年5月8日。

与其他军费大国相比，俄罗斯军费开支占GDP比例与美国大致相当，2013年之后高于美国。1992—2018年，俄罗斯军费开支占GDP比例的平均值为3.78%，美国、沙特阿拉伯、印度和法国的该数值分别为3.68%、9.77%、2.65%和2.52%，世界平均水平为2.35%（参见图3-4）。

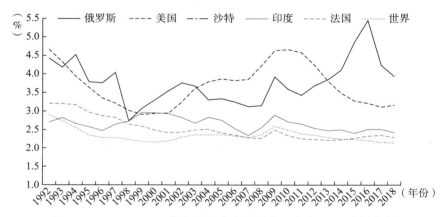

图3-4 1992—2018年主要军费大国军费开支占GDP比例变化

资料来源：根据斯德哥尔摩国际和平研究所数据整理，https://www.sipri.org/databases/milex，最后访问日期：2020年5月8日。

四 俄罗斯国防费和军费变化情况的世界比较

从世界范围看，从1999年到2011年，全球军事支出连续增长，然后在2012年至2016年保持大致相同水平，在2017年增长了1.1％。

斯德哥尔摩国际和平研究所2018年的年度报告称，2017年俄罗斯自1998年以来首次削减了军费开支。按照现有的算法，俄罗斯国防开支的削减达20％（按2016年的汇率折算美元）或16％（如果以卢布计算）。而总的来说，世界倾向于增加支出而不是解除武装。自2017年以来，它们的总量达到1.7万亿美元，创下了自冷战结束以来的纪录。[1]

斯德哥尔摩国际和平研究所2019年度报告显示，与往年相比，俄罗斯军费开支有所减少，年度预算仅为610亿美元，在世界最高军费开支名单中排名第六位。美国以6490亿美元的军费开支高居首位。尽管俄罗斯近期国防投入减少（与2018年相比减少7.7％），但全球累计国防预算规模仍在增长，并于2018年达到1.82万亿美元的峰值，与10年前相比，增长了24％（2008年为1.42万亿美元）。[2]

作为地区大国的俄罗斯只有放在作为苏联最大的继承国的背景下才能理解其情况，而苏联是一个实行中央计划经济、军事能力可与美国相匹敌的社会主义国家。20世纪80年代，苏联的军事开支被认为至少已达到国民收入的18％。规模庞大的苏联军工业有大约1000万名从业人员，到1990年，仅是国

---

1. Как Россия снижает расходы на оборону. Показываем в пяти графиках, https://www.bbc.com/russian/features-43996391, 最后访问日期：2020年4月6日。

2.〔俄〕伊戈尔·罗津：《俄罗斯军费开支减少2019年跌出世界前五》，http://tsrus.cn/junshi/2019/09/12/667119, 最后访问日期：2020年4月6日。

防部下属的武装部队就有339.3万名军人。苏联的军费削减始于1989年，但1992年新独立的俄罗斯仍保留了过于庞大的军事力量。

虽然俄军主要实行征兵制，其庞大的规模意味着军事开支一直以人员及作战和维持支出为主。然而，国防部武装力量的规模已逐渐缩小，自2007年阿纳托里·谢尔久科夫被任命为国防部长以来，俄罗斯武装部队经历了根本性的结构调整和现代化进程。人员数量已经从120万人减少到100万人，主要是通过军官退役的方式。与此同时，许多支持性的工作现由文职雇员承担或外包给外部供应商。根据提交给联合国的数据，2008年俄罗斯联邦国防部的开支中有36%用于人员支出，23%用于作战和维持，23%用于武器采购，各有9%用于研发和建筑。随着时间的推移，武器采购所占的比重逐步上升，而且可能会在未来几年内保持这种趋势。[1]

第三节　俄罗斯通过打击人口贩运保障妇女安全

日益泛滥的贩卖人口问题——特别是贩卖妇女和儿童——是人权专员办事处重大关切问题之一。[2]根据联合国毒品和犯罪问题办公室在《人口贩运问题报告（2012年6月）》中给出的关于人口贩运的定义，"人口贩运"涵盖所有为了强迫劳动或卖淫而通过暴力、欺骗或强迫手段对一个人的招募、窝藏、输送、提供或获得的行为。经修正的《2000年人口贩运受害者保护法》以及

---

1. SIPRI年鉴：军控·裁军和国际安全（2011年），https://www.sipri.org/sites/default/files/SIPRIYB11CHN.pdf，最后访问日期：2020年4月7日。
2.《联合国人权事务高级专员的报告》，https://www.un.org/chinese/hr/issue/trafficking.htm，最后访问日期：2020年3月22日。

《巴勒莫议定书》以几个不同的术语来描述这种强迫的服务，包括非自愿奴役、奴役或类似奴役的做法，债务束缚和强迫劳动。人口贩运可以包括人身的转移，但转移并非必要条件。人们可以被认为是贩运受害者，无论他们是否生为奴仆地位、被输送到受剥削的情形当中、过去曾同意为一个贩运者工作或由于被贩运而导致参与了一个犯罪活动。这种现象的核心是贩运者对其受害者进行剥削和奴役的目的，以及他们为此采取的种种强迫和欺骗的行径。人口贩运包括性贩运、儿童性贩运、强迫劳动、束缚劳动或债务束缚、非自愿家务奴役、强迫童工等类别。[1]俄罗斯的人口贩运情况十分严重，涵盖器官摘取、被迫结婚、被迫生育和抚养儿童、非法领养、性奴隶和非自愿家务奴役等，近年来，俄罗斯开始重视打击人口贩运工作，并取得一定成效。

一 俄罗斯的人口贩运概况

2013年出版的《从苏联到俄罗斯：20年的经验和教训》一书对俄罗斯的人口贩运概况进行了总结：有成千上万的儿童被贩卖成为奴隶，这种新型的奴役模式是在种植业或者重工业场所使用奴隶，人口贩运的目标包括器官摘取、被迫结婚、被迫生育和抚养儿童、非法领养、性奴隶、被迫卖淫和家庭奴隶。现代奴役行为中，妇女和儿童占到绝大多数，仅有2%为男性。2010—2013年，被贩卖的俄罗斯人口数量增加了6倍，还在以惊人的速度增加。国际移民组织新闻处主任伊万·舒什科维奇（Иван Шушкевич）曾提道，对于俄罗斯来说，人口贩运给俄罗斯的国家安全和种族基因库造成严重的威胁。[2]

---

1. 联合国毒品和犯罪问题办公室：《人口贩运问题报告2012年6月》，https://2009–2017.state.gov/documents/organization/195800.pdf，最后访问日期：2020年3月22日。

2. Центр проблемного анализа и государственно-управленческого проектирования, От СССР к РФ: 20 лет - итоги и уроки. Материалы Всероссийской научной конференции, ст. 205, 25 ноября 2011 г., Москва.

21世纪初期，俄罗斯政府意识到人口贩运问题作为国家安全的严重威胁，在很多情况下与恐怖主义问题紧密相关。2004年3月，俄罗斯批准了《联合国打击跨国有组织犯罪公约》和《关于预防、禁止和惩治贩运人口特别是妇女和儿童行为的巴勒莫议定书》（简称《巴勒莫议定书》），承诺承担打击贩运人口的若干义务。根据1997年的估算结果，俄罗斯、中欧和东欧地区每年约17.5万名妇女被贩卖，该数值仅次于东南亚，位居世界第二位。有专家指出，俄罗斯每年至少有数万人被贩卖，这些数据还没有考虑到独联体区域内的人口贩运活动、劳动剥削和性剥削，有大量男人和女人从独联体国家被贩运至俄罗斯。但由于独立联体国家之间实施免签制度，就为该地区的跨境贩运人口提供了便利条件，并增加了防止的难度。边界薄弱和缺乏签证制度导致部分人口贩运活动在边境没有被及时制止，通过加强边境管制措施可以改善这种情况。

2003年12月8日，俄罗斯政府通过第162号联邦法在《俄罗斯联邦刑法典》中引入了两个条款，分别是第127.1条（贩卖人口）和第127.2条（利用奴隶劳动），[1]对贩卖人口的情形、目的进行了具体界定。

第127.1条　贩卖人口

1.贩卖人口，即以利用人口为目的而从事人口买卖或人口招募、运送、转交、藏匿或接收的，处5年以下的剥夺自由。

1.Федеральный закон «О внесении изменений и дополнений в Уголовный кодекс Российской Федерации» от 08.12.2003 N 162-ФЗ, http://www.consultant.ru/document/cons_doc_LAW_45408/, 最后访问日期：2020年5月1日。

2.实施上述行为而有下列情形之一的：对2人以上实施的；对明知未成年的人实施的；利用自己的职务地位实施的；穿越俄罗斯联邦国家边界运送被害人或将被害人非法扣押在国外的；利用伪造的文件，以及有夺取、隐藏或毁灭证明被害人身份的文件等情节的；使用暴力或以使用暴力相威胁实施的；以摘取被害人的身体器官或组织为目的的，处3年以上10年以下的剥夺自由。

3.本条第1款或第2款规定的行为，有下列情形之一的：过失造成被害人死亡，造成被害人健康严重损害或其他严重后果的；使用危及众多人生命和健康的方式实施的；有组织的集团实施的，处8年以上15年以下的剥夺自由。

附注：（1）初次实施本条第1款或第2款第一项所规定行为的人，主动释放被害人并协助揭露所实施犯罪的，如果其行为不含有其他犯罪构成，则免除刑事责任。（2）本条中的利用是指利用他人从事卖淫和其他形式的性生活，迫使他人从事奴隶劳动（服务）或处于奴役地位。

第127.2条　利用奴隶劳动

1.对他人行使所有权而驱使其从事奴隶劳动，如果被害人由于其意识以外的原因而不能拒绝劳动（服务）的，处5年以下的剥夺自由。

2.上述行为，有下列情形之一的：对2人以上实施的；对明知未成年的人实施的；利用自己的职务地位实施的；使用恫吓、暴力或以使用暴力相威胁实施的；有夺取、隐藏或毁灭证明被害人身份的文件等情节的；处3年以上10年以下的剥夺自由。

3.本条第1款或第2款所规定的行为，因过失造成被害人死亡，造成被害人健康的严重损害或其他严重后果，或者是由有组织的集团施的，处8年以上15年以下的剥夺自由。[1]

21世纪初期，俄罗斯开展了一些有关人口贩运的科研项目，主要研究人口贩运的范围，最近几年，在国内、区域和国际上预防和打击人口贩运已成为俄罗斯国家行为的优先领域之一。特别是，打击人口贩运和救助人口贩运的受害者是独立国家联合体成员国合作的重要主题之一。2006—2008年，俄罗斯参与实施了欧盟关于"防止俄罗斯联邦人口贩运"的项目，并就该主题发表了大批研究报告。目前，俄罗斯参与了波罗的海国家委员会（Совет государств Балтийского моря）和黑海经济合作组织（Организация черноморского экономического сотрудничества）框架内打击人口贩运的区域合作项目。2012—2014年俄罗斯外交部监督实施了波罗的海国家委员会打击人口贩运工作队的区域项目"通过加强伙伴关系，联合打击以劳动剥削为目的的人口贩运"。

2013年5月，弗拉基米尔·翁采夫（Владимир Ионцев）和伊琳娜·伊万努克（Ирина Ивахнюк）联合编写了《人口贩运：俄罗斯篇（解释性说明）》，详细论述了俄罗斯的人口贩运问题。[2]

根据翁采夫和伊万努克的分析，俄罗斯在人口贩运中扮演着以下角色。

1. 俄罗斯是人口贩运的来源国

据估计，俄罗斯每年有3万—6万名妇女和儿童被贩卖，大多数情况下

1.《俄罗斯联邦刑法典（外国法典译丛）》，黄道秀译，中国法制出版社，2004，第60—61页。

2. Владимир Ионцев и Ирина Ивахнюк, Торговля людьми: Россия, 2013.

被贩卖妇女被迫卖淫。根据联合国人权事务高级专员办事处的数据，在过去的20年中，已有50万名俄罗斯妇女被卖到了其他国家。专家指出，犯罪分子从俄罗斯贩运人口所使用的路线因边界情况而异，但主要路线如下：（1）"波罗的海线路"：经由立陶宛到达德国，随后前往其他欧洲国家和美国，尽管这些国家加强了过境管理，但它们仍然是从俄罗斯贩运人口的主要目的地国。（2）"地中海线路"：前往土耳其、希腊、塞浦路斯、以色列和意大利。（3）"高加索线路"：通过格鲁吉亚和土耳其到达希腊和意大利。（4）"中东线路"：通过埃及到达以色列等中东国家。（5）"中国线路"：从西伯利亚和滨海边疆区到中国北方。

除了性剥削（这意味着要从事卖淫、组织性旅游、制造色情制品等）之外，从俄罗斯贩运人口的犯罪活动的目标还包括：（1）以剥削为目的的婚姻（包括利用邮件新娘系统），其中包括成为家庭中"新娘"，强迫生育和抚养子女，照料患病或年长的亲戚；（2）强迫代孕；（3）用于器官和组织的移植；（4）为非法收养目的贩运儿童。

俄罗斯发生人口贩运情况主要原因是生活贫困，很多人无法获得体面的工作。艰难的经济状况降低了人们的道德标准，这迫使人们更容易轻率做决定，采用非法途径牟取暴利，这为非法移民、剥削和奴役创造了条件。

俄罗斯最脆弱的社会群体是儿童，青少年，年轻妇女，乡村和小城镇居民，刚迁入城市的流动人口，受教育程度低、缺乏专业教育的人，失业人口，从事卖淫的妇女，有社会风险（结构失衡）的家庭成员（贫穷、酗酒者家庭，遭受家庭暴力的家庭等），吸毒者，单身母亲，无固定住所的人等。

2. 俄罗斯是人口贩运的目的地国

在过去的十年中，俄罗斯已成为主要来自独联体国家的"人口交易"进口国。为了利用奴隶劳动，人被当成了商品，被奴役在包括"血汗工厂"、非正式经济和影子经济、地下工厂、假冒产品的生产、家庭（家庭奴隶制）等场所。在俄罗斯建筑行业也发现了许多贩运人口、限制自由和强迫劳动的案件。因此，国际移民组织在2008年关于人口贩运的报告中提到白俄罗斯和乌克兰时指出，"在大多数情况下，成年男性被销往俄罗斯从事强迫劳动，主要是在俄罗斯建筑行业"。2009年的《人权观察》报告中指出："俄罗斯建筑行业非熟练建筑工作场所有大量使用外国贩运人口的情况。"美国国务院在2012年发布的有关人口贩运的报告中，将俄罗斯列为"恶意贩运人口的绝对受害者人数非常多或显著增加"的国家类别。

从独联体国家进入俄罗斯并准备非法就业的劳务移民很有可能成为贩运者的受害者。这些人很大部分在自己的国家中处于极端困境。贩运人口的实际组织者或帮凶通常是俄罗斯的包工头、各国侨民的代表、私人招聘人员或其他中介机构。中介人和雇主留住劳务移民并强迫他们工作的方法包括没收护照、不付工资、身体暴力、心理压力、威胁举报以及通过罚款和扣除工钱使移民转变为债务人。其结果是，工人必须忍受极差的工作环境和生活环境、无法领取工资、大量加班、缺少食物、遭到殴打等。俄罗斯和人口贩运来源国对此都没有更好的对策。

根据俄罗斯联邦内务部的数据，俄罗斯以劳动剥削为目的的人口贩运受害者人数以百万计。其中特别是难民儿童，他们被贩运到俄罗斯被强加劳动剥削和性剥削，甚至被迫乞讨。根据美国国务院的报告，估计有100万人在俄罗斯从事奴隶劳动，包括在2014年索契奥运会举办期间。

3.俄罗斯是人口贩运的过境国

俄罗斯的地理位置连接东方和西方，原苏联加盟共和国彼此之间的边界具有相对透明性，腐败现象普遍存在，滋生了很多人口贩运的犯罪媒介，这些因素使俄罗斯成为国际犯罪网络关注的对象。这些网络使用俄罗斯领土过境走私和贩运人口，主要从中亚以及从南亚和东南亚向欧盟国家进行移民运输。

欧洲刑警组织的专家称为"东欧"和"波罗的海"的路线，其中一部分是俄罗斯领土，是犯罪组织从中东和东南亚向欧洲国家非法运输人员的最常用中转路线。来自波兰的专家经常作证，说这是继俄罗斯到斯堪的纳维亚国家或德国的中转站之后的下一步。他们证明阿富汗、印度、巴基斯坦和伊拉克（主要是库尔德人）的公民经过高加索地区（通常是阿塞拜疆）前往欧洲，然后通过俄罗斯，而来自阿富汗、中国、越南和孟加拉国的人口贩运路线则通过中亚国家进入俄罗斯。

在俄罗斯联邦内务部的官方网站上，有许多关于制止有组织犯罪集团活动的报道，统计数据表明，2005—2011年，根据《俄罗斯联邦刑法典》第127.1条和第127.2条刑事立案约250起。仅在2011年，俄罗斯联邦的执法机构就根据《俄罗斯联邦刑法典》第127.1条登记了46起犯罪，其中以性剥削、奴役非法收养为目的的贩运儿童案件占绝大比例。此外，2011年，俄罗斯联邦的执法机构根据《俄罗斯联邦刑法典》第240条（涉嫌卖淫）、241条（卖淫组织）、242条（色情材料的非法分发）中的相关规定发现了2000多项犯罪案件。

2012年，为了预防贩运人口案件的发生，俄罗斯联邦内务部网站上发布了《警惕贩运人口 / 如何避免成为受害者》指导手册。该手册旨在介绍人口贩运这种危险的犯罪行为，提供防范人口贩运的基本解决方案，希望通过广泛提升公众的防范意识，大大减少俄罗斯人口贩运受害者的数量。该手册内容包括：人口贩运的概念界定，人口贩运的主要动机，《巴勒莫议定书》的内容，《俄罗斯联邦刑法典》关于人口贩运和使用奴隶劳动部分条款及其他条款的相关内容，哪些人容易成为人口贩运受害者，为什么会成为人口贩运受害者以及如何防止成为人口贩运受害者，签订境外劳动合同的注意事项，如果本人或者亲朋好友陷入人口贩运之中如何自救和求助等。

二 俄罗斯打击人口贩运的效果

人口贩运已成为世界范围内的普遍犯罪现象，每年有成千上万的俄罗斯人成为奴隶贸易的受害者，而这项非法贸易的年收入高达1500亿美元。如何应对现代奴隶制问题，历史学博士、区域间社会运动"替代组织"主席团成员、打击人口贩运的国际专家维拉·格拉切娃（Вера Грачева）在《独立报》撰文《21世纪奴隶制：为何世界人口贩运仍在继续》，呼吁俄罗斯公开承认人口贩运问题的普遍存在，了解其真实规模，并采用已经在许多国家使用并被验证有效的打击人口贩运的措施。[1]

2019年7月18日，欧洲人权法院（ECHR）下令希腊向三名被确认为以性剥削为目的的贩运受害者的俄罗斯妇女支付4.8万欧元的赔偿。欧洲人权法院的法官得出结论，希腊当局违反了《欧洲保护人权公约》第4条（"禁止奴隶

---

1. Вера Грачева, Рабство XXI века: почему в мире продолжают торговать людьми, https://realnoevremya.ru/articles/146038-rabstvo-xxi-veka-pochemu-v-mire-prodolzhayut-torgovat-lyudmi, 最后访问日期：2020年4月15日。

制和强迫劳动"），没有做出足够的努力将负责贩运人口的人绳之以法，没有防止这种犯罪行为，也没有进行有效的调查。迄今为止，这是欧洲人权法院实践中的第二起涉及判给俄罗斯受害人以补偿金的案件，第一次判决于2010年做出。鉴于每年都有成千上万的俄罗斯人成为人口贩运的受害者，无论在俄罗斯还是在国外，人权法院这种国际工具被使用的概率是如此之低。

要认识到人口贩运已成为普遍的犯罪现象，就需要了解其真实规模。这里的统计数据不是辅助工具，它仅具有展示这种具有高度隐蔽的犯罪的复杂构成的能力。统计数据是多变的，例如，在2017年，被提交给国家杜马的俄罗斯人口贩运案件为27例；被提交给联合国毒品和犯罪问题办公室的俄罗斯人口贩运案件为2077例；超过《俄罗斯联邦刑法典》的两个条款（第127.1条和第127.2条）的规定范围，但符合国际公认界定的与贩运人口直接和直接相关的案件为43618例，同时，仍有85％至90％的犯罪未被登记。

人口贩运的受害者主要是那些贫困和被边缘化的人，包括失业者、流浪儿童、残障人士、劳动移民和难民等。

有一些方法在很多国家被验证有效，包括独联体国家，《欧洲委员会打击人口贩运公约》是保护受害者权利的有效国际工具，但俄罗斯尚未加入，是47个欧洲委员会成员中仅剩的几个国家之一。

欧安组织特别代表兼打击贩运人口问题特别代表兼协调员麦迪娜·贾布斯诺娃（Мадина Джарбусынова）2017年曾访问俄罗斯，参加了圣彼得堡国际经济论坛。她在接受《消息报》的记者阿列克谢·扎布罗丁（Алексей Забродин）的采访时指出，现代奴隶制的受害者达2500万人。在71％的案件中，妇女和女童成为人口贩子的受害者。

麦迪娜指出："去年2月我首次对俄罗斯进行了正式访问，让我有机会研究俄罗斯在这方面的法律、执法实践和部门之间的协作。我每年都会访问5—6个国家，我的俄罗斯之行非常忙碌，举行了许多会议，俄罗斯联邦代表始终积极参加我们的会议和讨论活动。去年，我们与俄罗斯联邦外交部联合召开了打击人口贩运，加强政府机构和企业合作关系的研讨会。顺便说一句，俄罗斯非常关注贩运儿童以及为摘取器官而贩运人口的问题。此外，我们注意到俄罗斯联邦为保护劳务移民的权利所做的努力。毕竟，俄罗斯是世界第二大接受劳动移民的国家。俄罗斯还有旨在打击对儿童的性虐待的立法。"[1]

第四节　俄罗斯妇联通过多种措施促进妇女发展

在妇女、和平与安全议题项下，俄罗斯妇联通过组织国内学术研讨、参与国际交流与合作，关注本国妇女发展问题，并同其他国家交流先进经验。此外，为了有效改善本国妇女生活状况，提高她们的社会地位，俄罗斯妇联开展了有针对性的社会救助工作，概括而言，主要包括俄罗斯妇联主持的重大社会项目、俄罗斯妇联参加或举办的国内外会议、俄罗斯妇联参与的国际交流与合作和妇女社会救助工作四个方面。

上一章已经详细梳理了俄罗斯妇联主持的七项重大社会项目的具体情况，本部分重点介绍俄罗斯妇联参加或举办的国内外会议、参与国际交流与合作和提供社会救助三个方面的内容。

---

1. Алексей Забродин, Жертвы современного рабства—25 млн человек, https://iz.ru/746825/aleksei-zabrodin/zhertvy-sovremennogo-rabstva-25-mln-chelovek, 最后访问日期：2020年4月18日。

一　俄罗斯妇联参加或举办的国内外会议

俄罗斯妇联会在总部和地方分支机构举办代表大会、论坛和圆桌会议，就妇女工作的热点和难点问题交流经验，听取地方妇女的声音，归纳共性问题，为解决这些问题提供建设性意见，推广和交流积极有效的工作经验。俄罗斯妇联会邀请政治家、学者、政府机关代表、社会公众人物、妇女组织领袖、文化和体育界活动家和宗教人士等各类社会人士参会，俄罗斯妇联地方分支机构召开会议均有俄罗斯全国妇联委派的代表参加。[1] 根据俄罗斯妇联官方网站提供的统计数据，2006—2016 年，俄罗斯妇联共召开国内会议 30 余次（参见表 3–1）。

表 3–1　俄罗斯妇联 2006—2016 年召开的国内会议

年份	会议主题
2006	圆桌会议"妇女组织对于形成健康生活方式的重要作用"
	圆桌会议"非政府组织参与促进和实施家庭政策"
	俄罗斯妇联全体大会
2007	俄罗斯妇联第四次选举报告大会
	地区研讨会"索斯诺夫斯基区妇联参与解决农村家庭问题"
	科学实践研讨会"儿童、书籍、图书馆——支持儿童阅读的妇女民间组织活动"
	科学实践研讨会"当今社会的家庭"
2008	俄罗斯"家庭日"总结大会
	俄罗斯全国妇女论坛"俄罗斯的妇女：过去、现在和未来"
	地区研讨会"家庭道德文化——健康生活方式的基础"（别尔哥罗德）
	俄罗斯全国父亲研讨会

---

1. «Конференции», http://wuor.ru/index.php?route=record/blog&blog_id=6_17, 最后访问日期：2018 年 1 月 13 日。

续表

年份	会议主题
2009	俄罗斯妇联分支机构总结大会（国际青年年和《消歧公约》通过30周年活动）
	科研会（西拉斯特 Г.Г.宣读科研报告《危机中的俄罗斯妇女》全文）
	科学实践研讨会"危机中的俄罗斯妇女"（《消歧公约》通过30周年纪念活动）
	圆桌会议"儿童、剧院和社会：妇女民间组织为儿童组织文娱活动"（莫斯科儿童话剧巡演开幕式）
	地区研讨会"社会伙伴关系——稳固家庭和加强家庭基本价值观的共同责任"（巴尔瑙尔）
	学前教育工作者论坛工作汇报
2010	俄罗斯妇联成立20周年庆祝大会
	苏联功勋女飞行员戈里佐杜波娃 В.С.诞辰100周年庆祝大会
	研讨会"和平源自家庭"（"为世界儿童建设非暴力与和平文化国际十年"主题活动）
	实践研讨会"健康生活，问题和解决方案"
2011	地区间论坛"政府和民间组织：维护妇女和儿童权益的合作伙伴"（卡卢加）
	圆桌会议"俄罗斯妇联重大社会项目实施进展：经验与前景"
2012	地区间研讨会"一个健康和积极的晚年：非政府组织在处理老年人问题中扮演的角色"（库尔斯克）
	主题会议"俄罗斯妇女：国家利益"
2013	圆桌会议"人类，社会和自然：妇女与积极看待核技术态度的形成"
	俄罗斯妇联第五次选举报告大会
2014	研讨会"妇女联盟和父亲联盟共同倡导稳固的家庭、负责任的父母和受保护的童年"
2015	俄罗斯妇联成立25周年庆祝大会
	圆桌会议"妇联与市属机关在实施重大社会项目中的互动"
2016	研讨会"俄罗斯妇联：处理小事也是对国家发展的巨大贡献"
	主题大会"尊重历史 活在当下 建设未来"（庆祝苏联妇联成立75周年）
	研讨会"妇联是促进地区可持续发展的重要因素"

资料来源：根据俄罗斯妇联2005—2016年会议报告整理，http://wuor.ru/index.php?route=record/blog&blog_id=6_17，最后访问日期：2018年1月13日。

从会议议题设置来看，一部分会议的议题与俄罗斯妇联开展的七大项目的主题相配套，比如科学实践研讨会"儿童、书籍、图书馆——支持儿童阅读的妇女民间组织活动"，地区研讨会"家庭道德文化——健康生活方式的基础"，圆桌会议"儿童、剧院和社会：妇女民间组织为儿童组织文娱活动"等；一部分会议是俄罗斯妇联工作总结，俄罗斯妇联换届选举和组织建设，探讨妇联工作的价值和未来走向，比如，俄罗斯妇联选举报告大会，俄罗斯全国妇女论坛"俄罗斯的妇女：过去、现在和未来"，研讨会"俄罗斯妇联：处理小事也是对国家发展的巨大贡献"等；还有一部分会议是回应国际社会针对妇女问题的倡议、决议或者庆祝世界纪念日活动，比如，俄罗斯妇联关于国际青年年和《消歧公约》通过30周年的庆祝活动等。

俄罗斯妇联还作为俄罗斯最大的妇女组织参加国际会议，代表俄罗斯妇女发声，展示俄罗斯妇女运动取得的进展和问题，总结本国相关工作的经验和教训，并对世界妇女面对的共性问题提出建议和倡议，加强与该类组织的信息共享，与它们建立合作关系，将国外的先进经验引入俄罗斯。根据俄罗斯妇联的官方网站提供的统计数据，2005—2016年，俄罗斯妇联共参加国际会议10余次（参见表3-2）。

表3-2　俄罗斯妇联2005—2016年参加的国际会议

年份	会议主题
2005	国际会议"家庭是欧洲社会健康和福祉的推动因素"
2006	国际妇女理事会第31届会议
	国际会议"黄金时代的土库曼妇女"
2007	世界家庭峰会
	国际妇女理事会欧洲中心大会
	世界乡村妇女协会第25届大会

续表

年份	会议主题
2007	国际民主妇女联合会第14届大会
2008	国际民主妇女联合会执行委员会大会和希腊妇女联盟第10届大会
	世界乡村妇女协会欧洲会议
	议会听证会"消除严重侵犯妇女权利的行为"（布鲁塞尔）
2012	国际会议"乡村妇女——国家稳定与繁荣的重要因素"（莫斯科）
	国际会议"妇女改变世界"（首尔）
2014	国际会议"妇女谋求和平、和谐和安全"（莫斯科）
2016	国际妇女理事会欧洲中心大会"改变社会，加强妇女在本国经济和政治生活中的影响"

资料来源：根据俄罗斯妇联2005—2016年会议报告整理，http://wuor.ru/index.php?route=record/blog&blog_id=6_17，最后访问日期：2018年1月13日。

二　俄罗斯妇联参加的国际交流与合作

俄罗斯妇联代表俄罗斯妇女参与国际合作并同各国开展国际交流与合作，苏联时期，苏联妇女委员会就很重视参与国际活动，苏联妇女委员会主席常年担任国际民主妇女联盟的副主席，并担任驻会书记，积极参与联合国及其附属机构有关妇女问题的各项活动，并以国际民主妇女联盟副主席的身份参加联合国的裁军会议。苏联妇女委员会与120多个国家和地区的250个全国性、区域性和国际妇女组织建立了联系，密切关注社会主义各国妇女组织，经常互派代表团进行访问，交流经验，加强合作，与亚非拉国家的妇女组织活动频繁，多次参加这些国家妇女组织的代表大会，声援该地区的妇女。

同时，作为中国的近邻，中俄两国妇女的友好交流有良好的传统，活动内容和形式也十分丰富。早在苏联时期，两国妇女的友谊就已建立，苏联妇女委员会也十分重视中国妇女工作的经验。1951年新华社记者专访苏联妇女反法西斯委员会副主席、1949年率团出席在北京举行的亚洲妇女代表会议的巴菲诺娃女士。巴菲诺娃对中苏妇女的友谊发表了自己的看法："中苏两国妇女的友谊由来已久，我们苏联妇女从来就以极大的关怀和热烈的同情，来注视中国人民反对帝国主义的英勇斗争，并坚信中国人民会取得胜利。在一九四五年在巴黎举行的国际妇女代表大会上，和一九四六年在莫斯科举行的国际民主妇联执委会会议上，我们曾详细知道了中国妇女的生活与斗争。中国人民的胜利和中华人民共和国的成立，使亚洲妇女代表会议能够在北京胜利举行，从此就更加巩固和扩大了中苏两国妇女的友谊。"[1] 2007年，俄罗斯前驻华大使罗高寿回顾了历史上俄（苏）中两国妇女之间的交流情况：

俄中妇女……在文化、教育、体育、建立商贸和社会联系、发展人民外交方面的贡献尤其重大。请允许我略举几例。

首先是宋庆龄……在20世纪60年代，宋庆龄成为中苏友协主席。记得她总是热情接待苏中友协代表团，1957年参加以毛泽东为首的代表团赴莫斯科出席十月革命40周年活动。在莫斯科，她会见了时任苏联妇女委员会主席的尼娜·瓦西里耶夫娜·波波娃。

在全国妇联主席、中国前副总理李富春夫人蔡畅的积极参与下，20世纪50—60年代，全国妇联与苏联妇女委员会保持了密切联系，在世界

1.《巴菲诺娃发表谈话 赞扬中苏妇女友谊 希望更加团结为争取和平而斗争》，《人民日报》1951年2月15日第4版。

妇联与苏联主席合作。在苏联妇女委员会代表团的参与下，中国举行了各种研讨会，苏联与会者介绍了苏联妇女参与国家事务的经验。

全国妇联和俄罗斯妇联及俄中地方妇女组织仍保持着密切联系。根据俄中友好协会的倡议，定期举行艺术展。在俄罗斯年框架下，一批俄罗斯儿童来到中国，莫斯科和南奥塞梯儿童参加了天津儿童创作节。俄联邦主体妇女组织的代表参加了在上海举行的"圣彼得堡日"活动（圣彼得堡市长玛特维因科出席），在中国举行了"西伯利亚区日"活动，在北京举行"萨哈－亚库特日"活动等。[1]

苏联解体之后，俄罗斯妇女联盟接替苏联妇女委员会，与中华全国妇女联合会（简称全国妇联）继续保持传统的友好关系，双方多次互派代表团。1995年在北京举办的第四次世界妇女大会，俄罗斯妇联也派出代表团参加会议，支持全国妇联的工作。此外，俄罗斯妇女联盟与全国妇联在妇女文化交流和妇女企业家交流两个重要方面开展了丰富的互访与合作，两国共同举办了多届"中俄妇女文化周"活动，还邀请两国妇女企业家相互考察和访问。

（一）"中俄妇女文化周"活动

"中俄妇女文化周"活动由中华全国妇女联合会和俄罗斯妇女联盟共同主办，作为中俄国家级机制性交流项目之一，已成为两国人民特别是妇女交流的重要平台，对于巩固两国世代友好的社会基础发挥了积极作用。自2002

---

1. 罗高寿：《回顾：妇女在巩固和发展俄中关系中的作用》，中国网，http://www.china.com.cn/culture/zhuanti/fnwhz/2007–06/29/content_8459467.htm，最后访问日期：2018年1月13日。

年首届"中俄妇女文化周"活动在北京和上海举办以来，目前已连续举办了7届。

2002年6月，首届"中俄妇女文化周"活动在中国北京和上海两地举行。22日，全国妇联副主席谢丽娟、俄罗斯驻沪总领事安德烈参加在上海锦江小礼堂举行的闭幕式。俄罗斯妇女代表团在沪期间，市政府有关领导接见代表团一行50人。代表团参观了上海博物馆、东方明珠广播电视塔、上海证券大厦，访问了上海的社区和家庭，还在巾帼园举行了俄罗斯服饰展示。[1]全国人大常委会副委员长、全国妇联主席彭珮云在大会上发表讲话，她指出："中俄两国都有着悠久的历史和灿烂的文化，都为人类的文明进步做出了巨大贡献。两国人民的文化交流源远流长。文化交流加强了互相的友谊和了解，促进了国家关系的发展，也推进了人类文明的进步。今天，通过举办首届'中俄妇女文化周'，两国妇女的文化交流必将结出增进两国人民友谊的硕果。毛泽东主席说过'妇女能顶半边天'，中俄两国妇女都为各自国家的建设和推动社会发展进步做出了重要的贡献。长期以来，作为中国最大的妇女组织，中华全国妇女联合会与俄罗斯妇女和妇女组织保持着友好的交流与合作，多次互换女企业家、女艺术家等各界代表团。此次俄罗斯妇女代表团的团员，在各自的岗位上都做出了突出的成绩，文化周期间将和中国妇女同台演出，共同展出艺术作品，进行游长城友好签名活动，还要参观社区、学校、企业等，这种交流对两国妇女事业必将起到积极推动作用。"[2]

---

1. 上海年鉴编纂委员会编《上海年鉴2003》，上海年鉴社，2003，第367页。
2. 全国妇联办公厅编《妇女儿童工作文选》（2002年1月—2002年12月），中国妇女出版社，2003，第66—67页。

　　2004年9月，应俄罗斯联邦委员会副主席奥尔洛娃女士的邀请，中国派出34人代表团赴莫斯科和圣彼得堡参加第二届"中俄妇女文化周"。文化周期间，中俄友好、和平与发展委员会妇女工作分委会中俄双方举行会晤并签署了《中俄两国妇女工作分委会合作交流协议》，中国代表团举办了"走进新世纪的中国妇女"图片展，与俄妇女社会民主大会合作举办了中俄女企业家论坛，与和平夏令营的孩子们进行亲密接触，一起座谈联欢。双方还专门举行了两次发布会，两国10多家媒体的记者参与文化周活动并对妇女文化周活动进行跟踪报道。第二届"中俄妇女文化周"从政治、经济、文化、妇女等角度，探讨两国妇女关心的话题，加强了两国人民，尤其是两国妇女的交流和友谊。文化周活动的成功举办，使"两国世代友好、永不为敌"的和平信念和永做好邻居、好朋友、好伙伴的思想更加深入民心。[1]

　　2006年10月，在北京举办了第三届"中俄妇女文化周"活动。全国人大常委会副委员长、全国妇联主席顾秀莲和俄罗斯联邦委员会副主席奥尔洛娃出席开幕式。顾秀莲在致辞中说，妇女交流一直以来就是中俄人民友好交流的重要组成部分。中俄妇女都在各自国家的建设中扮演着日益重要的角色，发挥着前所未有的作用。加强妇女的交流与合作，有利于增进中俄两个伟大民族的相互了解和传统友谊。她表示，第三届"中俄妇女文化周"活动是两国妇女交流史上的又一个里程碑，它的成功举办必将进一步牢固两国妇女和人民心灵沟通和情感交流的桥梁，结出增进了解和深化友谊的硕果。奥尔洛娃表示，此次文化周活动为加强俄中两国妇女交流与合作提供了难得的机遇。俄中代表将就妇

---

1. 全国妇联办公厅编《妇女儿童工作文选》（2005年1月—2005年12月），中国妇女出版社，2006，第671—672页。

女与政治、经济和社会的关系交流看法。此次"中俄妇女文化周"是中国"俄罗斯年"的重要活动之一，也是中俄友好、和平与发展委员会妇女工作分委会年度计划活动。文化周期间将举办中俄妇女论坛，介绍两国妇女发展总体状况。此外，中俄女艺术家们还将联手举办当代作品展，进行专场文艺演出，并参观考察上海、苏州的社区、工厂、高等教育和医疗机构等。[1]

2007年7月，第四届"中俄妇女文化周"活动在俄罗斯圣彼得堡举行。俄罗斯联邦委员会（议会上院）副主席奥尔洛娃和中国全国妇联副主席、书记处书记赵少华在闭幕式上分别代表俄中双方致辞，期待两国妇女进一步加强交流。两人还共同宣读了本届"中俄妇女文化周"主题活动——《第二届中俄妇女论坛共识》。"共识"指出，此次中俄妇女论坛期间，双方就"家庭与社会""教育和文化"和"居民的社会保障"等议题进行了广泛和深入的讨论。双方高度评价中俄妇女非政府组织为巩固家庭、推动性别平等和居民社会保障所采取的行动，同时谴责一切针对妇女和儿童的暴力行为及性别歧视。双方建议积极扩大政治和经济支持，以巩固家庭、发展教育和文化事业、加强儿童和老年人的社会保障；建议采取积极行动提高妇女的社会政治地位，支持妇女参政；建议进一步采取措施，提高母亲的地位和威望，促进男女平等；建议加深和拓展中俄议会、青年、妇女、非政府组织间的交往。文化周期间，俄联邦议会和政府领导人分别接见了中国代表团，双方还举办了中俄妇女论坛、中俄家庭联欢演出和中俄妇女艺术品展等活动。[2]

1.《第三届中俄妇女文化周在京开幕》，中国商务部官网，http://www.mofcom.gov.cn/article/zt_russia/subjectm/200610/20061003493738.shtml，最后访问日期：2017年10月13日。

2.《第四届中俄妇女文化周在俄罗斯圣彼得堡市落幕》，中国网，http://www.china.com.cn/culture/zhuanti/fnwhz/2007-07/10/content_8503738.htm，最后访问日期：2017年10月13日。

2009年10月，第五届"中俄妇女文化周"暨第三届中俄妇女论坛在京举办。全国人大常委会副委员长、全国妇联主席陈至立，俄联邦委员会副主席奥尔洛娃出席开幕式并分别致辞。陈至立指出，中俄两国人民是好邻居、好朋友、好伙伴，两国妇女更是亲密无间的好姐妹。"中俄妇女文化周"是两国人民友好事业的重要组成部分，其成果必将为进一步推动两国人民特别是两国妇女之间的相互了解和友谊发挥积极的作用。俄联邦委员会副主席奥尔洛娃在致辞中对中方为建设多极化世界所付出的努力表示感谢，希望两国继续加强各方面的合作。本届"中俄妇女文化周"和论坛的主题是"妇女教育与青年发展"，旨在交流两国在推动妇女教育和青年发展方面所做的努力和取得的成就。本次会议通过了《第五届中俄妇女文化周暨第三届中俄妇女论坛共识》。[1]

2010年6月，第六届"中俄妇女文化周"暨第四届中俄妇女论坛在俄罗斯伏尔加格勒落幕。俄罗斯联邦委员会副主席奥尔洛娃和中国全国人大常委会副委员长、全国妇联主席陈至立在闭幕式上分别代表俄中双方致辞，期待两国妇女进一步加强交流。两人随后共同签署了《第六届中俄妇女文化周暨第四届中俄妇女论坛共识》。"共识"指出，此次文化周和论坛期间，双方围绕"妇女与经济"的主题开展了系列交流活动，进行了广泛而深入的讨论。双方高度评价中俄两国政府为促进妇女参与经济而开展的活动，赞赏中俄两国妇女为两国政治、经济和社会发展所做的贡献，赞赏两国政府、议会和非政府妇女组织为进一步促进妇女参与经济发展所采取的积极行动和取得的显

1.《第五届中俄妇女文化周暨第三届中俄妇女论坛在京开幕》，搜狐新闻，http://news.sohu.com/20091028/n267814108.shtml，最后访问日期：2017年10月13日。

著成效，重申《消除对妇女一切形式歧视公约》及联合国第四次世界妇女大会通过的《北京宣言》和《行动纲领》对促进妇女进步具有的重要意义。双方建议进一步提高妇女参与经济的水平；鼓励两国女企业家建立联系，交流经验，开展互利合作，以促进妇女分享经济发展成果，为经济发展做更多贡献；加强中俄两国在促进妇女发展方面的交流，进一步拓展两国妇女的友好联系，开展形式多样的交流活动，增进相互了解、友谊和互信，为两国战略协作伙伴关系做出更大贡献。本届文化周分别在莫斯科和伏尔加格勒两地举办。活动期间，俄议会和政府领导人分别接见了中国代表团，双方还举办了中俄当代女艺术家作品展等活动。[1]

2012年11月，第七届"中俄妇女文化周"暨第五届中俄妇女论坛在莫斯科举办。在文化周活动开幕式上，中国全国人大常委会副委员长、全国妇联主席陈至立，俄罗斯联邦委员会副主席奥尔洛娃，中国驻俄罗斯大使李辉出席并分别致辞。陈至立指出，中俄全面战略协作伙伴关系保持着积极、健康、稳定的良好发展势头，战略和政治互信进一步增强，各领域合作全面推进。"中俄妇女文化周"是两国人文交流，特别是妇女交流的重要平台，有力地促进了两国妇女的深入交流、真诚合作，增进了友谊。中国共产党第十八次全国代表大会提出确保到2020年实现全面建成小康社会宏伟目标。大会把生态文明建设放在突出位置，提出要努力建设美丽中国，实现中华民族的永续发展。妇女在生态文明建设中具有独特优势，相信中俄两国妇女会更多地支持和参与环境、生态保护和旅游事业。她表示中国将继续高举和平、发展、

1.《第六届中俄妇女文化周暨第四届中俄妇女论坛落幕》，中央政府门户网站，http://www.gov.cn/jrzg/2010-06/07/content_1621866.htm，最后访问日期：2017年10月13日。

合作、共赢的旗帜，加强与俄方在各领域的友好交流与合作，推动中俄全面战略协作伙伴关系不断深入发展。奥尔洛娃在致辞中高度评价俄中关系以及两国妇女交流为国家关系发展所做出的贡献。她指出，在两国人民和领导人的共同努力下，俄中关系实现全面快速发展。俄中关系不可替代，一定要进一步加强交流、巩固友谊。"中俄妇女文化周"活动把两国妇女紧密联系在一起，搭建了增进友谊和信任的良好平台。她介绍了俄方在加强环境和生态保护方面所做的工作。本届文化周主题为"妇女与环保、生态和旅游"，中国妇女代表团和俄政府、议会、非政府组织、企业家团体和慈善机构代表等80人参加。论坛结束时，陈至立和奥尔洛娃共同签署了《第七届中俄妇女文化周暨第五届中俄妇女论坛共识》。全国妇联副主席、书记处书记孟晓驷出席文化周活动。[1]

（二）中俄妇女企业家考察活动

1992年9月14日至21日，应俄罗斯妇女联盟的邀请，以全国妇联副主席、书记处第一书记黄启璪为首的中国妇女代表团一行5人访问俄罗斯的莫斯科与伏尔加格勒两地。在莫斯科，代表团与俄罗斯妇女联盟的主要领导人，俄罗斯联邦社会保障部长，俄最高苏维埃保护家庭、母亲和儿童委员会秘书长等进行工作座谈。在伏尔加格勒，该州政府主席莫洛卓夫，副主席、市政府副主席会见代表团，并介绍了伏尔加格勒的光荣历史及现实面临的困难。[2]

1.《陈至立出席第七届中俄妇女文化周开幕式并致辞》，中新网，http://www.chinanews.com/gn/2012/11-24/4354499.shtml，最后访问日期：2017年10月13日。

2. 全国妇联国际联络部编《全国妇联对外活动大事记》（1949至1994年），内部资料，第223—224页。

1993年9月16日至25日，应全国妇联邀请，以俄罗斯妇女联盟副主席、乌德木尔季亚妇联主席克利曼托娃·加林娜·伊万诺夫娜为团长的俄罗斯妇女代表团一行5人访问沈阳、上海和北京。全国妇联副主席、书记处第一书记黄启璪同志会见并宴请代表团。[1]

1998年6月25日，以俄罗斯妇女联盟主席阿列夫金娜·费杜洛娃为团长的俄罗斯妇女代表团一行3人，在全国妇联国际部领导和湖北省妇联副主席曾玉兰的陪同下来黄石考察学习"巾帼家政服务行动"的经验。俄罗斯妇女联盟与全国妇联旨在开始扩大在企业界妇女之间的经贸往来交流。该团团长费杜洛娃女士曾任俄国杜马副主席。此次访问目的在于了解我国妇女状况、妇女儿童机构设置、世妇会后续行动及基层妇女组织情况，探讨加强合作交流等事宜。[2]

2004年9月，俄罗斯联邦委员会副主席，中俄友好、和平与发展委员会妇女工作分委会俄方主席奥尔洛娃女士率代表团访问北京和上海，参加了第11届全球女企业家会议，并在大会开幕式上作了精彩发言。其间，中国国务院副总理吴仪与奥尔洛娃进行了亲切友好的会谈，全国人大常委会副委员长、全国妇联主席顾秀莲单独会见并宴请了全团。双方还进行了工作会谈。双方一致认为，在新的历史条件下，妇女的作用日益显著，并表示将努力呼吁提高妇女的社会地位，保护妇女权益，促进男女平等和推动两国妇女在中小企业界的合作等。全国妇联还邀请了由俄妇女社会民主大会主席率领的俄各界

---

1. 全国妇联国际联络部编《全国妇联对外活动大事记》（1949年至1994年），内部资料，第237页。
2. 黄石市妇女联合会编《黄石妇运五十年》（上册），第254页。

女企业家代表团一行19人参加了全球女企业家会议。[1]

2007年10月10日，全国人大常委会副委员长、全国妇联主席顾秀莲在北京会见了以俄罗斯联邦委员会副主席奥尔洛娃为团长的俄罗斯杰出女政治家和杰出女社会活动家代表团一行。顾秀莲说，中俄双方在政治、经贸、科技和人文等领域的合作卓有成效，妇女组织交往频繁。"中俄妇女文化周"活动已被纳入两国"国家年"活动之中，也纳入了政府和议会的合作框架内。希望两国妇女组织携手共进，巩固、发展、提升"中俄妇女文化周"活动的内容，不断开拓地方性合作，扩大交流领域。奥尔洛娃表示，希望俄中妇女今后进一步探讨共同关心的问题，为两国人民之间的友好做贡献。[2]

2010年9月，中共江苏省委副书记王国生在南京会见了以俄罗斯联邦委员会副主席奥尔洛娃为团长的俄罗斯妇女代表团。王国生介绍了江苏省经济社会发展情况。他说，江苏十分重视发展妇女事业，把妇女发展纳入经济社会发展总体规划，从各方面不断加强支持力度，妇女发展水平在全国居领先地位。近年来，江苏深入开展百万妇女大转移、百万妇女大培训、百万妇女闯市场等活动，极大地促进了妇女走向社会、创业创新。俄罗斯的妇女工作有许多经验值得我们学习和借鉴，希望双方在妇女事业方面进一步加强交流与合作，欢迎更多的俄罗斯朋友来江苏访问。俄方代表奥尔洛娃表示，江苏经济发展取得的成就，给我们留下深刻印象。俄罗斯与中国的友好关系基础良好，这次我们与江苏妇联的朋友就如何开展广泛合作交换了意见，取

---

1. 全国妇联办公厅编《妇女儿童工作文选》（2005年1月—2005年12月），中国妇女出版社，2006，第671—672页。

2.《顾秀莲会见俄罗斯妇女代表团》，网易新闻，http://news.163.com/07/1010/20/3QFK1EO0000120GU.html，最后访问日期：2017年10月13日。

得许多共识。相信通过双方妇女在各个领域和层面的交流与合作，可以使这个世界变得更加美好。全国妇联副主席、书记处书记孟晓驷及江苏省有关方面负责人参加了会见。[1]

2014年11月14日，俄罗斯圣彼得堡涅瓦职业女性俱乐部会长捷连斯卡娅和女企业家阿莉诺娃到访哈尔滨，就两地妇女共同创业发展等事项进行洽谈。俄罗斯圣彼得堡涅瓦职业女性俱乐部会长捷连斯卡娅简要介绍了圣彼得堡市情、经济发展情况、妇女创业发展情况及企业情况。哈尔滨市女企业家协会的5位女企业家代表在双方经贸项目合作、投资领域进行了深入的交流。座谈双方还就俄方明年中俄博览会期间组织俄方女企业家到哈尔滨市参展、进行合作项目推介及共同举办促进女性创业发展论坛进行了详细的探讨，达成多项建设性的合作意向。[2]

俄罗斯妇联与中华全国妇联的友好合作，向两国妇女同胞展现了各自国家妇女的良好风貌，也将对方妇女工作的经验带回本国加以借鉴，同时在两国妇女间建立了深厚的友谊，对于中俄两国的良好关系也有积极意义。2006年10月19日，全国人大常委会委员长吴邦国在人民大会堂会见了以俄罗斯联邦委员会副主席奥尔洛娃为团长的俄罗斯妇女代表团。吴邦国积极评价了中华全国妇女联合会与俄罗斯妇女联盟为增进两国妇女之间的相互了解和友好感情所做的工作。希望双方继续发挥优势，为扩大中俄友好的民意基础、推

1.《王国生会见俄罗斯妇女代表团》，网易新闻，http://news.163.com/10/0920/06/6H0NTCSI 00014AED.html，最后访问日期：2017年10月13日。

2.《俄罗斯妇女组织代表到访哈尔滨 洽谈两地妇女创业发展》，人民网，http://world.people.com. cn/n/2014/1114/c157278-26025353.html，最后访问日期：2017年10月13日。

动中俄战略协作伙伴关系全面发展做出不懈努力。[1]

俄罗斯妇联与其他国家也开展了颇有成效的积极合作，比如，俄罗斯妇联通过与其他国家开展合作来改善本国妇女的就业情况并取得了一定的积极效果。如胡传荣在《艰难的转折——俄罗斯妇女就业状况浅析》一文中写道："俄罗斯妇女联盟通过与西方赞助商的合作对妇女开展有关经营小型商业企业的培训，如在荷兰商人的资助下每月开设讲座和商业培训班；在澳大利亚赞助者的支持下开办商业学校等，向学员传授各种职业技能，帮助其了解开办小企业的基本知识，掌握有关法律法规，为她们的生产经营活动提供信息和其他各种便利。该组织还设法与企业商议，动员后者腾出就业岗位以及采取在家上班、非全日制工作等灵活的劳动制度安置失业妇女。在此过程中，一些妇女通过努力取得了成功。20世纪90年代中期，俄罗斯有限责任公司所有者中，女性占32%，接近1/3；合作社主人中，妇女占23%；在使用雇佣劳动力的私营企业主中，妇女占17%—19%；有关专家认为：俄罗斯女性经营活动的发展较男子更为迅猛，其速度超过后者1.3—1.5倍，且这一势头还将保持3—5年，这意味着在2001年至2005年，30%—35%的大公司将由妇女挂帅。"[2]

可见，俄罗斯妇联在开展国际交流与合作的过程中，宣传了俄罗斯妇女的美好形象，学习各国经验，服务于本国妇女，帮助她们维护自身权益，落实妇女赋权工作。

---

1. 中国国际问题研究所编《国际风云录2006/2007》，当代世界出版社，2007，第525页。
2. 胡传荣：《艰难的转折——俄罗斯妇女就业状况浅析》，http://enjoy.eastday.com/epublish/gb/paper396/1/class039600002/hwz949500.htm，最后访问日期：2019年10月13日。

三 俄罗斯妇联的社会救助工作

1992年俄罗斯妇联设立了妇女社会救助中心（Центр социальной поддержки женщин），主要帮助妇女，尤其是失业妇女平稳渡过苏联解体后经济转型的艰难时期。救助中心所有的工作都是免费提供的。中心主要业务包括：接待来访，接收书信和各类申请；提供心理咨询、职业定位等方面的帮助；接听热线电话；帮助困难地区的救助机构；总结和推广先进工作经验；组织失业妇女职业技能（失业后再培训）竞赛；对贫困者提供人道主义救助。

2012年，值妇女社会救助中心成立20周年之际，对中心工作进行了梳理和总结，根据妇女社会救助中心公布的统计结果，1992—2012年，中心共接待来访14183人次，接受信件36560份，接听了23430位公民和1000个社会组织打来的热线电话，共给出5114次答复，其中解决问题并给出肯定答复的有1261次，占到总答复数的24.6%；提供母亲救助62次。中心还帮助私有化过程中失业的妇女就业，鼓励妇女开办小微企业，与国外妇女组织联合教授管理学、经济学、外语等课程，开设跨区培训课程，开展培训与交流，安置独联体国家妇女难民1100名。此外，中心的律师还通过《妇女之家》杂志和"希望"电台长期提供法律咨询服务。[1]

2013年开始，妇女社会救助中心开始公布工作年报，根据年报显示的统

---

1. «Центру социальной поддержки женщин Союза женщин России-20 лет!», http://wuor.ru/docs/Centru%20socialnoi%20podderjki%20jenschin%20Soyuza%20jenschin%20Rossii%20-%2020%20let!.doc, 最后访问日期：2019年3月3日。

计结果，中心收到广大妇女群众反馈的问题和求助的内容涉及10余种，其中，房屋的购买和维修、审查司法判决、保护妇女和儿童免受不履行法院判决的行为和寻求物质帮助、核算和支付工资、退休金和赔偿金、怀孕妇女失业问题和职业再培训和医疗服务是最受关注的几个问题。比如，2015年莫斯科州普希诺市科宾娜向中心反映所在居住地房屋配套工程管网不足，道路条件差，侵害了多子女家庭的利益。[1]还有群众提出修改法律或某些具体政策的建议，比如，2014年萨马拉市的马伊谢耶夫认为，俄罗斯对于强奸犯的惩罚力度比国外要轻，建议修改现行法律，以保护妇女和儿童免受性暴力的侵害。[2]还有人反映不应将退休年龄延长至60岁；办理离婚时应保证未成年子女的住房，财产分割应考虑未成年子女，抚养费应考虑抚养子女的实际花销；应该在政府部门实现男女数量均等；降低多子女家庭房贷利率；等等。还有人对城市建设提出自己的看法，比如有人认为除了竖立男性工人雕像之外，还应该竖立母亲和女工的雕像。此外，道德问题和生态问题也是广大妇女群众关心的焦点（参见表3-3）。

表3-3　2013—2015年妇女社会救助中心处理问题汇总表

序号	具体事项	2013年	2014年	2015年
1	房屋的购买和维修	16.82%	25.64%	16.28%
2	审查司法判决，保护妇女和儿童免受不履行法院判决的行为	15.04%	15.38%	14.42%
3	寻求物质帮助	12.40%	13.68%	12.09%

1. «О работе Центра социальной поддержки женщин в 2015 году», http://wuor.ru/index.php?route=record/blog&blog_id=3_7_64, 最后访问日期：2019年3月3日。

2. «О работе Центра социальной поддержки женщин в 2014 году», http://wuor.ru/docs/O%20rabote%20Centra%20socialjnoj%20podderzhki%20zhenshjin%20v%202014%20godu.doc, 最后访问日期：2019年3月3日。

续表

序号	具体事项	2013年	2014年	2015年
4	核算和支付工资、退休金和赔偿金	5.75%	6.41%	7.91%
5	怀孕妇女失业问题和职业再培训	6.19%	5.13%	7.44%
6	医疗服务	7.08%	5.13%	7.44%
7	社会福利	3.10%	0.43%	1.86%
8	儿童补助	0.88%	2.56%	0
9	财产保护	4.42%	2.56%	5.12%
10	催缴赡养费	2.21%	2.99%	0
11	学前教育机构	3.10%	1.71%	2.79%
12	通信服务	1.33%	1.71%	2.33%
13	提出修改法律的建议	2.65%	0.85%	2.33%
14	道德问题	3.54%	4.70%	4.65%
15	企业经营（场地租赁、贷款）	1.33%	0.00%	1.86%
16	生态问题	0.88%	0.85%	0.47%
17	参军问题	0.88%	0.00%	1.39%
18	其他	12.40%	10.27%	11.63%

资料来源：根据俄罗斯妇女社会救助中心2013—2015年工作总结整理，http://wuor.ru/index.php?route=record/blog&blog_id=3_7，最后访问日期：2019年3月3日。

妇女社会救助中心接收到妇女反映的问题和信息之后，会将这些问题及时反馈到相应的政府部门，比如，国家杜马、俄罗斯退休基金会、俄罗斯内务部等机构，还会直接将问题反映给具体负责的官员，比如俄罗斯联邦总检察长、教育部长等，或者积极参与相关政策的制定，使问题得到合理解决。妇女社会救助中心的工作解决了很多妇女面临的实际问题，比如，2013年妇女社会救助中心为发生火灾的家庭提供救助资金，为入托难的孩子争取名额。[1]
又如，2015年，为塞瓦斯托波尔的卡拉廖娃重新核定了退休金。

小　结

俄罗斯政府在经济领域的妇女赋权实践在一定程度上改善了本国妇女在20世纪末21世纪初面临的严峻的失业率高、缺乏培训、再就业困难和性别工资差等境况，使俄罗斯妇女的经济地位有所提升。俄罗斯连续多次较大规模裁军，客观上为避免大国间军备竞赛、维护世界和平与稳定创造了有利条件。俄罗斯近年来在打击人口贩运方面取得的成绩，获得了国际社会的认可。俄罗斯妇联通过开展国际合作与交流，实施和平倡导、救助弱势群体等措施，向国际社会展现了俄罗斯妇女的良好形象，也在改善妇女生活状况、提升妇女地位方面发挥了积极的作用。

---

1. «О работе Центра социальной поддержки женщин в 2013 году», http://wuor.ru/docs/O%20rabote%20Centra%20sotcial%60noi%60%20podderzhki%20zhenshchin%20v%202013%20godu.doc, 最后访问日期：2019年3月4日。

第四章　俄罗斯落实发展的妇女、和平与安全观的典型案例

　　俄罗斯政府、俄罗斯妇女联盟、妇女组织和妇女个人都是促进本国妇女发展的行动主体，其中不乏典型案例。本章将梳理俄国女性群体及个人在捍卫和平和参与战后重建、鼓励妇女接受教育、进行性别平等与社会公正相关社会倡导中扮演的重要角色，并介绍该国妇女在外交和航天等领域做出的突出贡献。

第一节　广大妇女捍卫和平与参加战后和平重建的实例

　　俄罗斯学者阿列克谢·扎克瓦辛（Алексей Заквасин）和斯维亚托斯拉夫·彼得罗夫（Святослав Петров）在《俄罗斯武装部队中的妇女：一支有魅力的军队》一文中系统地梳理了俄罗斯妇女参军的历史。[1]从最初只能从事文

---

1. Женщины в Вооруженных силах России: очаровательная армия, https://ria.ru/20180308/1515997849.html, 最后访问日期：2020年4月18日。

书和医护工作，到之后走上前线、打击敌人、保卫国家以及维持后方工农业，积极参与战后重建，俄罗斯妇女都发挥了重要的作用。进入和平时期，俄罗斯妇女的身影出现在不同军种中，不乏优秀的女军人受到嘉奖，在越来越重视和强调妇女力量的联合国维和建和行动中，来自俄罗斯的女性维和人员开始扮演越来越重要的角色。

一 俄罗斯妇女参军的历史

根据扎克瓦辛和彼得罗夫的记述，120年前，沙皇俄国颁布了一项帝国令，允许海军雇用妇女，她们可以从事会计和文书工作，以及在部队医院工作。而在俄罗斯爆发战争的时候，妇女总是会拿起武器参与战争。1812年卫国战争期间沙皇俄国军队中出现第一批女军官。她们中最著名的是纳德兹达·杜罗娃（Надежда Дурова）上尉，现在人们习惯称呼她为"骑兵姑娘"。

1897年10月31日，沙皇尼古拉二世颁布了《关于允许海事机构雇用妇女从事会计和文书工作的法令》（указ «О допущении по вольному найму в учреждения Морского ведомства лиц женского пола к работе по счётной и письменной части» ）。该文件意味着女性服兵役合法化。帝国法令不允许妇女担任必须使用武器的职位，但客观上提高了妇女在捍卫国家过程中的重要性，人们也逐渐意识到，女性与男性共同经历了战争的残酷。

在1853—1856年克里米亚战争中，俄罗斯女大公埃琳娜·帕夫洛夫娜（Елена Павловна）在圣彼得堡主持创立了修女圣十字协会（Крестовоздвиженская община сестёр милосердия），它是世界上第一个女性医疗机构。在俄国与土耳其、英国和法国的交战中，修女们为挽救俄罗斯士兵的生命做出了宝贵贡献。第一次世界大战期间，修女救治运动在沙皇俄国得到广泛发展，向帝国军人提供医疗援助被认为是她们的光荣职责。

20世纪40年代，在卫国战争期间，有80万—100万名妇女加入苏军参加战斗。苏联空军的女飞行员们进行了著名的夜间轰炸。此外，苏联女性还以出众的狙击手、无畏的坦克手、侦察兵和游击队员而闻名。卫国战争中，有90名妇女被授予"苏联英雄"称号，其中一半以上都已牺牲。1942年，已经牺牲的侦察女兵卓娅·科斯莫杰米扬斯卡娅（Зоя Космодемьянская）被追授"苏联英雄"称号，成为第一个获此荣誉的女性。

俄罗斯军事历史学会（Российское военно-историческое общество）的科学主任米哈伊尔·米亚赫科夫（Михаил Мягков）指出，在俄罗斯，从未有过强制妇女服兵役的政策，一直在努力保护她们免受战争的折磨。但是，"妇女自愿走上前线。这听起来有些可悲，但这是内心的呼唤，她们意识到了自己对祖国的责任。如果她们被拒绝拿起武器，她们就装作是男人，以便参加战斗"。米亚赫科夫指出，在俄罗斯最困难的时期，妇女在战场上提供的援助是无价的。不应只专注于战斗专长。"妇女担任护士时面对巨大的工作量。想象一下每天照料着受伤士兵或洗沾满鲜血的衣服是什么样的感觉？"米亚赫科夫强调说，妇女已经看到了可怕战争的所有恐怖场景，并且在战争中取得了与男人一样的胜利。

《祖国》杂志阿森纳商业总监阿列克谢·列昂科夫（Алексей Леонков）认为，俄罗斯历史传统的复兴激发了妇女参军的兴趣，但是她们没能在俄罗斯军队中发挥出应有的作用。"只有在大规模敌对行动中，才会大规模招募女性军人。从某种意义上说，她们只是储备力量。"[1]如今，俄罗斯女性军人依然主要分布于军事辅助机构，比如军事教育、通信、医疗、军用服装和餐饮等部门。

尽管如此，俄罗斯女军人还是扮演了重要角色。2017年，俄罗斯总统普京奖励了112名女军人，还有10078名女性代表获得了国防部的勋章，其中包括表彰她们在叙利亚参与打击恐怖分子行动中的出色表现。2020年3月，俄罗斯联邦国防部长谢尔盖·绍伊古（Сергей Шойгу）表示，俄罗斯现在有4.1万名妇女在武装部队服役，其中包括44名上校。女性对军事专业的兴趣每年都在增长。在2019年，有27名女性申请进入军事大学，这比男性还多。在国防部莫斯科寄宿学院及其在圣彼得堡的分校中，女学员达到1000名，克孜勒总统军事学校有女学生80人。2019年，俄罗斯妇女共获得128项国家奖励，其中有24个是军事奖项，此外，还有近8000名妇女获得了部委级奖励。[2]

二　卫国战争中的俄罗斯妇女[3]

二战爆发之后，为了赢得战争的胜利，各参战国几乎投入全部有生力量，苏联妇女也不可避免地被卷入到战争中去。据统计，在卫国战争中，约有100

1. Прекрасный полк: как женщины несут службу в российской армии, https://russian.rt.com/russia/article/444699-zhenschiny-armia-rossya, 最后访问日期：2020年4月18日。

2. Шойгу назвал количество женщин, служащих в российской армии, https://riamo.ru/article/414285/shojgu-nazval-kolichestvo-zhenschin-sluzhaschih-v-rossijskoj-armii.xl, 最后访问日期：2020年4月18日。

3. 节选自王海媚《"俄罗斯母亲"在战争中的形象和作用》，《俄罗斯东欧中亚研究》2016年第1期。

万名苏联妇女走上战场，"除了走上战场，妇女走出家庭，进入工厂，代替上前线的男子维持战时工业"。苏联妇女作为民族的孕育者，为俄罗斯民族提供了充足的有生力量，她们生育、抚养、教育了苏联儿女，并将他们送上战场。1944年正值卫国战争最紧张的时刻，苏联政府特别设立了苏联母亲勋章，包括"母亲"奖章（медаль «Материнская Слава»）、"光荣母亲"勋章（орден «Материнская слава»）和"英雄母亲"勋章（орден «Мать-героиня»）三类，根据孕育子女的数量和成长情况来奖励苏联妇女为民族和国家做出的贡献。下面通过前线妇女和后方妇女两个角度来分析和总结苏联妇女在卫国战争中的重要作用。

（一）前线妇女

在卫国战争中，苏联妇女勇敢地走上前线，她们当中有飞行员、狙击手、坦克手和游击队员、医护人员、通讯员和后勤人员等，这些参战的苏联妇女发挥了重要的作用。根据俄罗斯的统计数据，"在卫国战争参战的约100万名苏联妇女中，共有女军官8万余名，有146位苏联妇女荣获'苏联英雄'称号（звание «Герой Советского союза»）或者获得光荣勋章（орден Славы）。在70万名战地医护人员中，女医生比例达到42%，女性护理和勤务人员比例超过80%，在全苏11.6万名荣获各种勋章和奖章的医务人员中，有4万名医务人员为女性；在52名被授予'苏联英雄'称号的医务人员中，有15名医务人员为女性"。[1]

1.Роль женщин в Великой Отечественной Войне: цифры и факты, http://armyman.info/istoriya/6742-rol-zhenschin-v-velikoy-otechestvennoy-voyne-cifry-i-fakty.html，最后访问日期：2020年5月8日。

　　"苏联英雄"拉斯科娃（Марина Михайловна Раскова）是苏联第一位女性飞行领航员，她两次乘"祖国"号飞机，以领航员身份参加了远程不着陆飞行。在第二次远程飞行中拉斯科娃被迫跳伞至西伯利亚大森林，并在森林中独自度过了10个昼夜，荣获"苏联英雄"称号。1942年，苏联政府组建了三个完全由苏联妇女构成的航空战斗团，它们分别是第46近卫夜间轻型轰炸机团（46-й гвардейский ночной бомбардировочный）、第125近卫昼间轰炸机团（125-й гвардейский бомбардировочный）和第586防空歼航团（586-й истребительный полк ПВО）。这三个女子航空战斗团立下了辉煌的战功，"第46近卫夜间轻型轰炸机团共出动3672次，投弹数千吨，曾参加新罗西斯克–塔曼战役，并在柏林上空对敌人实施最后打击，由于战斗力强，第46近卫夜间轻型轰炸机团被德军称为'夜间女巫'（Ночные ведьмы），该团共有23人次荣获'苏联英雄'称号，12人获得红旗勋章；第125近卫昼间轰炸机团经历了从斯大林格勒到东普鲁士整个战斗历程；第586防空歼航团在奥地利迎来了战争的胜利"。[1]除此之外，苏联还设立了女子志愿军独立步兵旅（Отдельная женская добровольческая стрелковая бригада）、后备女子独立步兵团（Отдельный женский запасной стрелковый полк）、女子海军独立连（Отдельная женская рота моряков）等女子部队，这些部队在战争中发挥了不可磨灭的作用。

　　为了专门训练和培养优秀的女指挥官和女狙击手，苏联开办了梁赞步兵学校（Рязанское пехотное училище）、中央女子狙击学校（Центральная женская школа снайперов）等女子军事学校。"据统计，截至1943年初，梁

1.智鹰：《妇女顶起苏联卫国战争半边天》，《北京青年报》2013年3月7日。

赞步兵学校培养出女指挥官千余名，中央女子狙击学校共培养出1061名狙击手，407名射击教官，其毕业生共歼灭德军11280人。"[1]沙妮娜（Роза Егоровна Шанина）是中央女子狙击学校的优秀毕业生，也是卫国战争中首批苏联女狙击手之一。沙妮娜曾参加维尔纽斯战役和柯尼斯堡战役，在参战不到2年的时间内，她共消灭敌军59人，被反希特勒联盟国家的报纸称为"东普鲁士的隐形杀手"（«невидимый ужас Восточной Пруссии»）。1945年1月的东普鲁士战役期间，为掩护受伤的友军炮兵部队指挥官，沙妮娜不幸中弹牺牲，年仅21岁。她生前共荣获三级光荣勋章（орден Славы 3 степени）、二级光荣勋章（орден Славы 2 степени）和"勇敢"勋章（медаль «За отвагу»）各一枚。

（二）后方妇女

在卫国战争期间，苏联妇女积极地参与到后方防御工作中去，在列宁格列被围困期间，苏联妇女和儿童修建了城中大部分的防御工事，积极开展生产自救，为解困赢得了时间。为了支撑国家的运转，苏联妇女大量地补充到苏联的农业、重工业、通信和交通运输等行业，她们填补了上前线的男性遗留下的空缺，保证了全国的民用物资和军用物资供给。与战前相比，卫国战争期间苏联全国的女性劳动者数量及所占比例增长迅速，在此过程中，苏联妇女的才能得以充分发挥，她们迅速走上管理岗位，成为技术骨干，苏联的后方妇女为国家赢得战争的胜利提供了坚实的保障。

1.Роль женщин в Великой Отечественной Войне: цифры и факты, http://armyman.info/istoriya/6742-rol-zhenschin-v-velikoy-otechestvennoy-voyne-cifry-i-fakty.html，最后访问日期：2020年5月8日。

　　同时应该注意的是，苏联妇女不仅支撑着战时工业和农业，由于战争导致男性数量锐减，她们还是苏联战后重建的主要参与者。根据俄罗斯社会学家、人口学家雷巴科夫斯基（Леонид Леонидович Рыбаковский）的统计结果，"在卫国战争中牺牲的苏联男性约为1400万—1500万人，该数量约是女性的3.5倍，经历了卫国战争之后，苏联的男性人口比例由1940年的47%降至1946年的43%，女性比例增至57%"。[1]由此可见，苏联的战后重建任务更多地落在了苏联妇女的身上。

　　2015年初，正值卫国战争胜利70周年到来之际，俄罗斯妇女联盟（Союз женщин России）在莫斯科、圣彼得堡等多地举办了见面会和文艺会演等多种活动，以纪念"俄罗斯母亲"在战争前线和后方，以及在战后重建中发挥的重要作用。活动的参与者一致认为，应该将具有忘我精神和辉煌战绩的苏联妇女载入人类史册。她们在战争年代经历了太多考验，她们与苏联男性同样担负着生产、战斗和战后重建的任务，作为祖国和首都的保卫者，作为孕育英雄儿女的母亲，她们的功绩在今天仍被世人铭记和尊敬，正是卫国战争中的苏联女性孕育了生命，又用血肉之躯捍卫了生命。如2015年诺贝尔文学奖得主、白俄罗斯作家、记者阿列克谢耶维奇（Светлана Александровна Алексиевич）所说："有朝一日，俄语中的'功勋'这个词在世界上通行起来，那么其中就有战时苏联妇女的一份功劳。是她们肩负起后方的重担，是她们保护了下一代，是她们和男人一道为祖国而战。"[2]

1.Людские потери СССР и России в Великой Отечественной войне, http://rybakovsky.ru/demografia4a16.html，最后访问日期：2020年5月8日。

2.〔白俄〕斯维特兰娜·阿列克谢耶维奇：《战争中没有女性》，吕宁思译，昆仑出版社，1985，第2页。

三 和平时期的俄罗斯女军人

在和平时期，俄罗斯宇航员瓦莲京娜·捷列什科娃（Валентина Терешкова）少校和斯维特拉娜·萨维特斯卡娅（Светлана Савицкая）上校分别被授予金星奖和列宁勋章，以表彰她们的突出贡献。共有95名妇女成为"苏联英雄"，其中16名成为"俄罗斯英雄"。

在现代的俄罗斯武装部队中，几乎没有妇女指挥军事单位和下级单位。但是在今天的俄罗斯海军、航空航天部队和空降部队的军事大学中有很多女学员，她们在不久的将来会成为海陆空、宇宙空间和信息领域的指挥官。

俄罗斯正在努力培养不同类型的女性复合军事人才，特别是在俄罗斯军队的信息通信部门。俄罗斯国防部信息与大众传播部首席专家伊琳娜·克鲁格洛娃（Ирина Круглова）中校最为有名。她的军事生涯与俄罗斯空降军密切相关。除了负责信息工作的主管机构，她能熟练地跳伞，使用几乎所有类型的射击武器，具备指挥空降兵作战的能力。克鲁格洛娃还接受了空中狙击的战斗训练，为培训未来的军官做好准备。

如今，俄罗斯空降部队中约有1.5万名妇女，其中有50多名军官，她们中许多人参加了军事行动并获得了国家奖励。

叶丽娜·什帕克（Елена Шпак）上校是俄罗斯空降部队前司令乔治·什帕克（Георгий Шпак）将军的女儿。她曾在图拉空降师、梁赞驻军医院创伤科工作，并在北高加索地区的战斗中治疗伤者，她现在在军事医学科学院莫斯科分院工作。

在海军服兵役的女兵也担任士兵的心理咨询师。在发生战争的地方，心理咨询师的工作需求量最大。因此，作为黑海舰队心理工作中心的负责人，三等兵长斯韦特兰娜·哈里通诺娃（Светлана Харитонова）多次访问叙利亚。之后，她发明了战争状态下的心理疏导组织工作方法。

在叙利亚战争期间，穿制服的俄罗斯妇女与男子一道担负军事责任。她们中的许多人都获得了国家奖项，例如，俄罗斯空降兵部队第35航空医学分队传染病科的高级护士塔季扬娜·索洛维约娃（Татьяна Соловьёва）中士，由于表现出色获得了苏沃洛夫奖章。

四　维和建和行动中的俄罗斯妇女

促进妇女、和平与安全是联合国维和行动的目标，妇女也是维和行动的积极参与者。"暴力冲突对妇女和女童的影响尤为严重，并且加剧了已经存在的性别不平等和歧视。妇女也是武装冲突中推动和平的积极力量，但她们作为和平的关键行动者和变革推动者的角色尚未得到广泛承认。认识到女性不同的观点、经历和能力，并将其纳入联合国和平行动的各个方面，是联合国成功开展维和工作并推动可持续和平进程的关键。"[1]联合国秘书长古特雷斯还积极呼吁强化女性在和平与安全领域的作用，他说，"性别平等对于保证联合国维和行动可靠性和高效率具有重要意义，但目前只有4%的联合国维和军事人员和10%的维和警察为女性。此外，女性在维护和平进程中的参与度极其有限，1990年至2017年，女性在调停者和谈判者身份中的比例分别只占2%和8%……女性人权卫士、女性政治领导人、女性记者和女性活动家对从

1.《促进妇女、和平与安全》，https://peacekeeping.un.org/zh/promoting-women-peace-and-security，最后访问日期：2020年6月13日。

根源上解决冲突发挥了重要作用，但她们却更容易遭到攻击"。他呼吁各国用实际行动为女性赋权，包括加大在和平与安全领域对促进性别平等的资金支持力度。[1]

俄罗斯妇女除了参与卫国战争保卫国家以外，也在俄罗斯的维和行动中发挥着一定的作用。俄罗斯驻联合国代表多次肯定联合国维和行动的重要性，并表示会采取行动提升女性在维和行动中的作用。2017年10月27日，在联合国安理会第8079次会议上，俄罗斯代表扎加伊诺夫提道："我们坚信，妇女参与解决武装冲突和冲突后重建的各个方面都有很大的潜力，妇女直接参与防止武装冲突和冲突后重建是消除对她们的暴力行为的主要必要条件。妇女在联合国维和行动中可以发挥特殊作用。就俄罗斯在这方面的贡献而言，我们确保在我们的维和努力中有15%的女性参与。我们还在联合国认证的培训中心培训女警官，我们也计划在年底前为女士兵做同样的工作。"[2] 2019年10月29日，在联合国安理会第8649次会议上，俄罗斯代表根纳季·库兹明（Геннадий Кузьмин）说道："若要有效地解决该领域现有的问题，妇女本身必须有效地参与。在这方面，我们感谢秘书长继续重视扩大妇女以有意义的方式参加和参与维持和平行动、和平谈判和整个政治进程的问题。俄罗斯是联合国的坚定伙伴，在经过认证的培训中心为包括女性维和人员在内的维和人员做准备。我们通过设在多莫杰多沃的外交部全俄维和培训中心积极参与

1.《联合国秘书长呼吁强化女性在和平与安全领域的作用》，新华社，http://www.xinhuanet.com/mil/2018-10/26/c_129979773.htm，最后访问日期：2020年6月13日。

2. 俄罗斯代表2017年10月27日在联合国安理会第8079次会议上的发言（S/PV.8079），https://undocs.org/zh/S/PV.8079，最后访问日期：2020年4月2日。

这种合作，该中心也培训外国专家。"[1]根据塔斯社的消息，2017年，俄罗斯首次培训女性军事观察员以参加联合国维和行动，她们将在纳罗福明斯克联合兵种学院接受培训。[2]

相比于其他国家，俄罗斯女性参与维和行动的数量和参与程度仍有上升空间，根据俄罗斯新闻社的报道，截至2019年4月，在联合国的14个维持和平行动中，来自124个联合国会员国的8.8万名军事人员和警察参与其中，而俄罗斯已向其中8个维和任务派出维和人员共74人，包括33名维和警察（8名女性），34名军事观察官（4名女性）和7名参谋官。[3]因此，俄罗斯媒体也在积极呼吁增加维和人员（包括女性）数量，以更大限度在联合国的维和建和行动中发挥俄罗斯的作用。

2019年，联合国维持和平官方网站开始逐月发布对于维和部队的性别统计，根据该统计结果，从2019年1月至2020年1月，俄罗斯女性军事观察员的比例约为10.1%，俄罗斯女性参谋官所占比例从0增至22.2%。[4]

2019年1月至4月，有4名俄罗斯女性军事观察员参与联合国维和行动，2019年5月至2020年1月，参与维和任务的俄罗斯女性军事观察员为3名。同一时期，参与维和的俄罗斯军事观察员最多为34名（2019年1月），最少为25

1. 俄罗斯代表2019年10月29日在联合国安理会第8649次会议上的发言（S/PV.8649），https://undocs.org/zh/S/PV.8649,最后访问日期：2020年4月2日。

2. Россия начала подготовку женщин-миротворцев для миссий ООН, https://snob.ru/news/134220/,最后访问日期：2020年6月13日。

3. России следует посылать больше миротворцев в ООН, считают эксперты, https://ria.ru/20190529/1555045421.html,最后访问日期：2020年8月5日。

4.《行动效果和女性维和人员：应对性别不平衡问题》，https://peacekeeping.un.org/zh/gender,最后访问日期：2020年6月13日。

名（2019年8月）。从性别比例来看，俄罗斯女性军事观察员所占比例呈现波
动变化，2019年3月最高达到11.8%，相比于2019年1月的10.5%，2020年1
月下降了0.5个百分点。而从世界范围来看，同一时期，女性军事观察员所占
比例呈现明显上升趋势，由12.8%增至20.0%。2019年1月至9月，俄罗斯派
出7名男性参谋官参与维和行动，没有女性参谋官，2019年10月、11月，俄
罗斯派出1名女性参谋官，2019年12月，该数量增至3名，2020年1月，参与
维和的女性参谋官为4名（参见表4-1）。

表4-1 2019年1月至2020年1月俄罗斯及世界女性维和人员所占比例

时间	军事观察员		参谋官	
	世界	俄罗斯	世界	俄罗斯
2019年1月	12.8%	10.5%	12.7%	0
2019年3月	13.8%	11.8%	12.9%	0
2019年5月	14.9%	9.1%	13.0%	0
2019年7月	15.8%	9.7%	13.7%	0
2019年8月	16.5%	10.7%	14.4%	0
2019年10月	16.8%	9.7%	28.9%	6.7%
2019年11月	17.9%	9.4%	15.1%	6.7%
2019年12月	18.7%	9.7%	15.6%	17.7%
2020年1月	20.0%	10.0%	15.0%	22.2%

资料来源：笔者根据《行动效果和女性维和人员：应对性别不平衡问题》数据整理。

综合来看，俄罗斯女性维和人员（军事观察员和参谋官）呈现上升趋势，
由2019年1月的8.9%增至2020年1月的15.0%。有理由相信，俄罗斯女性维
和人员将会发挥越来越积极的作用（参见图4-1）。

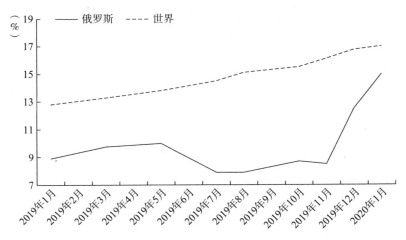

图4-1　2019年1月至2020年1月俄罗斯及世界女性维和
人员所占比例变化

第二节　妇女组织鼓励教育和参与
社会倡导的实例

　　与西方的妇女运动有所不同，俄国的妇女运动最早致力于为妇女争取受教育的权利和谋求就业机会。[1]之后，在西方妇女运动的影响下，俄国妇女运动的代表人物逐渐接触、了解和借鉴西方先进的性别观念，并在本国开展性别研究，希望通过论述俄国妇女的社会地位和生活状况、宣传性别平等理念和进行社会倡导的方式启发本国妇女进行自我反思、鼓励妇女自我赋权，并为推动本国妇女发展和实现性别平等提供政策建议。在此过程中，两个妇女运

1.由于本节内容涉及沙皇俄国、苏联和当代俄罗斯等历史阶段及其交汇期，为避免混乱，本节统一使用"俄国"一词。

动"三人组"发挥了重要作用。

一 俄国妇女运动中的"三人组"（1）

西方的妇女运动首先是为了争取政治权利而奋斗。然而，在俄国这并不是一个"真正的"问题，因为在1905年之前，俄国的男性和妇女都没有投票权。因此，在沙皇俄国时期首先发生的妇女运动不是争取投票权，而是为俄国女性争取获得适当教育的机会和就业机会。在此背景下，三位女性主义者玛丽亚·特鲁布尼科娃（Мария Васильевна Трубникова）、娜杰日达·斯塔索娃（Надежда Васильевна Стасова）和安娜·菲洛索弗娃（Анна Павловна Философова）组成了妇女运动"三人组"，致力于为俄国贵族阶层和中等阶层的女孩接受教育创造机会，并解决没有土地的女性群体的生计问题。

这三位女性均出身贵族家庭。她们付出巨大努力，为俄国女性寻求接受教育和培训的机会，使其有能力谋求成为翻译和教师的就业机会。她们还利用所在家族与法庭的关系来游说女性接受教育。玛丽亚·特鲁布尼科娃曾说，在俄国，有大量寻找工作的女性，教师、医生、乡村药剂师等各行各业都有大量的职位空缺。这些事实证明，特别的（针对妇女的）教育不是幻想，我们有大量渴望接受普通教育的妇女，她们在社会和家庭中的影响力将同样有益，我们希望每个人都有权选择自己的发展道路，没有任何障碍。

她们的努力得到了积极回报。1870年，娜杰日达·斯塔索娃在彼得堡创办了首个男女联合公开课程——弗拉基米尔课程。1878年9月，俄国政府在彼得堡建立了别斯图热夫课程（Бестужевские курсы）。该课程用第一位负责人康斯坦丁·别斯图热夫－留明（Константин Николаевич Бестужев-Рюмин）

教授的名字命名，这成为十月革命之前女性接受高等教育最重要的机构。[1]"三人组"的努力使更多女性可以自力更生，她们也成为别斯图热夫课程中许多学生的偶像和榜样。历史学家斯维特兰娜·艾瓦佐娃（Светлана Айвазова）在《俄罗斯妇女平等的迷宫》一书中写道："由于她们的努力，到20世纪初，俄罗斯成为整个欧洲女性高等教育方面做得最出色的国家。"[2]

这一时期出现了很多出色的俄国女性，她们都是高等教育的受益者。比如数学家娜杰日达·戈尔涅特（Надежда Николаевна Гернет），她是俄国历史上第二位获得博士学位的女性，是率先将不等式纳入变异微积分的科学家之一。别斯图热夫课程的毕业生伊丽莎白·季亚科诺娃（Елизавета Дьяконова）是俄国首批女性主义者之一。她回忆说，许多女性积极参与社会生活，并与思想自由且具有革命思想的大学生成为亲密朋友。别斯图热夫课程的学生不仅对科学和政治感兴趣，对艺术也同样感兴趣，她们还成立了戏剧社团。1903年，别斯图热夫课程的毕业生中首次有了女化学家。1911年，沙皇尼古拉二世允许该课程的毕业生可以与其他学校的男性毕业生一样获得大学学位，这是一次真正的突破。在别斯图热夫课程存在的短短40年里，共为大约10000名女性提供了接受高等教育的机会，十月革命之后，该课程成为彼得格勒大学的一部分，最后与后者合并。[3]

除了针对女性的高等教育以外，在俄国的第一批女性主义者的努力下，

1.〔俄〕亚历山德拉·古泽娃：《别斯图热夫课程：俄罗斯女子接受高等教育的里程碑》，http://tsrus.cn/shiting/gaoqingtupian/2019/04/02/665299，最后访问日期：2020年5月5日。

2. Светлана Айвазова, Русские женщины в лабиринте равноправия: Очерки политической теории и истории: Документальные материалы[M]. РИК Русанова, 1998.

3.〔俄〕亚历山德拉·古泽娃：《别斯图热夫课程：俄罗斯女子接受高等教育的里程碑》，http://tsrus.cn/shiting/gaoqingtupian/2019/04/02/665299，最后访问日期：2020年5月5日。

俄国女性接受中等教育的情况也有所改善。19世纪50年代，俄国精英人士达成共识，认为俄罗斯需要更多的女子中学。还有批评家指出，寄宿学校的课程对历史和语言等学科的关注太少，而对于女孩子的礼节、刺绣等手工艺关注过多。1858年，俄国公共教育部长诺罗夫（Авраам Сергеевич Норов）下令建立更加正规的女子中学，为贵族女孩建立的学院将重点放在人文学科上，同时，还为商人和工匠的女儿开设了新的学校，教授语言、文学和宗教以及一些职业课程。在随后的几十年中，女子中学的入学人数有所增加。到1890年代，它们每年接收约7.9万名学生，其中包括少量的农村女孩。[1]

二 俄国妇女运动中的"三人组"（2）

20世纪后期，俄国开始展开性别议题相关的学术研究活动，可以说，开启了新的学术研究阶段。很多学者在《共产主义》杂志上发表文章，论述俄国妇女问题及性别研究状况，如《我们如何解决妇女问题》（Как мы решаем женский вопрос），[2]这篇文章成为俄罗斯性别研究在"两性平等及社会科学领域发展的新方向和旗帜"，而这篇文章的作者是妇女运动的第二个"三人组"：阿纳斯塔西娅·波斯达斯基（Анастасия Ивановна Посадская）、娜塔莉亚·利马舍夫斯卡娅（Наталья Михайловна Римашевская）和娜塔莉亚·扎卡罗娃（Наталия Константиновна Захарова）。

在《我们如何解决妇女问题》一文中，"三人组"提道，当下的世界发生

---

1. Barbara Evens Clements. *A History of Women in Russia: From Earliest Times to the Present.* Bloomington, IN, Indianapolis: Indiana University Press, 2012, p.150.

2.Посадская А. И. Римашевская Е. М. и Захарова Н. К.: Как мы решаем женский вопрос. Коммунист, № 4 1989 г., ст. 56-65.

了巨大转变，妇女与男性一样的平等地位越来越被看到和认可，联合国教科文组织、国际劳工组织等国际机构都在全球人权问题的框架下思考妇女的地位问题。在俄国，20世纪30年代，妇女问题作为"已解决"的问题被视为"重大的成绩"，到了20世纪60年代，才开始对妇女问题进行理论探索，但是没有产生有益的效果。而在经济转型改革、严峻的人口问题等背景下，俄国妇女面临各种各样的问题，在就业领域尤其明显。

文中列举了关于俄国妇女问题学术讨论的四个主要方向。第一，父权制的问题。有很多作家和新闻工作者就这个议题写作，他们批判重男轻女的意识和陈旧刻板的性别角色定位，提倡从家庭的繁重劳动中解放妇女，为妇女在工作之外担负的家庭劳动、对子女和老人的照料工作提供薪酬，并提出，被解放的妇女不会破坏家庭，相反，每个人都需要更加健康的生活方式。第二，经济领域的妇女问题。这一研究领域的主导者主要为专家学者，他们看到，由于家庭照料等原因，妇女经常缺勤，加之接受的培训程度较低，造成妇女的工作效率低，因此建议延长带薪休假（用于育儿、照料等）的劳工福利。第三，人口问题。人口统计学家注意到，在俄国经济发达的地区出现了出生率降低的现象，他们试图解决妇女就业与生育之间的问题，希望延长带薪育儿假等。第四，平等问题。研究这一议题的人主要关注妇女与男性分工的社会属性，看到"自然使女人与男人不同，而社会使女人与人不同"的事实。认为应该给两性均等的自由选择空间，用平等的两性关系代替传统的妇女从属于男性的不平等关系。

"三人组"在归纳和总结既有研究的基础上提出了自己的建议。她们认为，第一，应该看到妇女职业选择和晋升的障碍，尽管俄国妇女受教育程度很高，但是她们在科学、医疗等执业中所占比例日益下降，这严重阻碍了实现两性平等。第二，应该扩建学前机构，包括单位附属幼儿园来减轻妇女照料幼儿的负担，设立"儿童基金会"或者"家庭基金会"用于给因子女生病等原因需要请假的女性提供资助，同时完善针对妇女的职业培训，使结束产假的妇女能够顺利重返工作岗位或者再就业。第三，应该看到三班倒的工作模式，尤其是夜班对妇女生活造成的不利影响，据统计，夜班雇用的女工人数是男工的2—3倍，但对她们的整个生活模式造成了一定破坏。第四，呼吁同工同酬，消除对妇女就业的歧视，指出传统的女性职业中存在工资低待遇差等现实问题。第五，鼓励妇女更多地参与决策工作，组成妇女团体组织，在推动社会变革中发挥更大的作用。

"三人组"认为，提高妇女地位，使妇女享有与男人平等的权利和自由是俄国急需的社会变革中的重要部分。

第三节　女外交官推动和平友好国际交往的实例

俄罗斯有很多非常优秀的女性，她们在本国甚至是世界范围内的外交和航天等事业中做出了突出贡献，她们的成功一方面充分展现了妇女的聪明才智，另一方面也在一定程度上印证了俄罗斯妇女职业发展的环境有所改善。

一　世界上第一位女性外交官

亚历山德拉·米哈伊洛芙娜·柯伦泰（Александра Михайловна Коллонтай）是世界上第一位女大使，她被后世的女性主义运动奉为女性主义先驱之一。1872年3月19日，柯伦泰出生于圣彼得堡沙俄将军家庭，接受过良好家庭教育。由于她几乎掌握欧洲11国语言，1922年进入外交人民委员部，历任驻挪威公使（1923—1925）、驻墨西哥公使（1926—1927），再度任驻挪威公使

（1927—1930）和驻瑞典公使（1930—1945），成为最早正式担任驻外公使的女性之一。1943年获得大使头衔，1944年主持苏联和芬兰停战谈判，结束了两国在第二次世界大战期间的敌对状态，1945年起，出任苏联外交部顾问，荣获一枚列宁勋章和两枚劳动红旗勋章。

柯伦泰有丰富的学习和工作经历。1898年，她前往瑞士进入苏黎世大学学习。一年后，她去了英国学习劳工运动，同年参加俄国社会民主工党，并数次担任该党参加国际妇女大会的代表。她参加了1905—1907年第一次俄国革命，当时她遇见了列宁。在革命失败后，她流亡欧洲和美国，参加了共产国际第二次代表大会的筹备工作。第一次世界大战期间，她积极开展反战宣传，并为此遭到多个欧洲国家的迫害。

1915年，柯伦泰加入布尔什维克，参加了1917年布尔什维克军事组织召开的俄国社会民主工党（Российская социал-демократическая рабочая партия）第七次会议，完全支持列宁提出的《四月提纲》。二月革命胜利后，她回到俄罗斯，参加由布尔什维克军事组织领导的彼得堡苏维埃执行委员会，受布尔什维克军事组织的委托在波罗的海舰队水兵和彼得堡士兵间进行动员工作，其间任布尔什维克的《女工》杂志编辑委员会委员。在十月革命之后，柯伦泰当选为全俄罗斯中央执行委员会（Всероссийский Центральный Исполнительный Комитет）委员，并在人民委员会第一次组建中获得公共福利人民委员的职位，她提倡改革社会风俗，支持自由恋爱、改善妇女处境、提高妇女地位。

1920年，柯泰伦出任全俄党的妇女工作部长，工作目标是争取男女平等权利，消除女性文盲，推广新的工作条件和家庭组织。提倡自由恋爱，简化结婚和离婚手续，消除对私生子的社会和法律歧视，以及从各方面改善妇女地位。当时她已经发表了许多批判家庭关系和资产阶级性道德的著作。同年，她成为共产国际所属国际妇女书记处的副总书记。

1923年起，她先后任苏联驻挪威、墨西哥、瑞典大使。20世纪20年代初期，柯伦泰要求调其参加外交工作。考虑到柯伦泰与欧洲社会主义运动的紧密联系及其在共产国际所属国际妇女书记处的工作经历，自1923年以来，她在挪威担任苏联全权代表和贸易代表，为争取挪威对苏联的政治承认做出了很大贡献。自1927年以来，她兼任瑞典贸易代表团的领导。1926—1927年，柯伦泰在墨西哥工作，为改善苏墨关系做出突出贡献。

1930—1945年，柯伦泰任苏联驻瑞典特使和大使，并且还是苏维埃社会主义共和国联盟代表团的成员。新任苏联驻瑞典大使面临的主要任务是消除纳粹德国在斯堪的纳维亚半岛的影响。当瑞典在英国的支持下，在苏芬战争期间派遣志愿部队到芬兰，并处于公开对抗苏联的边缘时，柯伦泰成功地软化了瑞典人的立场并在苏芬谈判中进行调停。1944年，她担任苏联驻瑞典全权大使，在芬兰退出战争的谈判中再次担任调解人。

由于身患严重疾病，柯伦泰不得不坐上轮椅，1945年，柯伦泰离开了大使职位，但继续担任苏联外交部的顾问。在这一年，挪威议会的部分代表提名颁给柯伦泰诺贝尔和平奖。瑞典议会议员，瑞典和挪威妇女组织的代表以及这些国家的知名公众人物都参与了这次提名活动以表示对柯伦泰的支持，但是诺贝尔委员会最终没有接受这一提议。

亚历山德拉·米哈伊洛芙娜·柯伦泰于1952年3月9日去世，葬于莫斯科新处女公墓。

二 世界上第一位女航天员

1963年6月16日，瓦莲京娜·弗拉基米罗夫娜·捷列什科娃（Валентина Владимировна Терешкова）乘坐东方六号宇宙飞船进入太空，在3天时间内（总计70小时50分钟）完成48圈绕地飞行，成为人类历史上进入太空的第一位女航天员，荣获联合国和平金奖。

捷列什科娃是俄罗斯联邦首位被授予少将军衔的女性，世界上唯一一位独自进行太空飞行的女宇航员。她还是技术科学副博士，两次获授列宁勋章，被世界许多国家授予高级奖章，是世界上十几个城市的荣誉市民，月球背面还有一座以她的名字命名的环形山。

捷列什科娃出生于俄罗斯雅罗斯拉夫尔州的一个普通的农村家庭。父亲弗拉基米尔·捷列什科夫曾在苏芬战争中担任坦克车长，在捷列什科娃2岁时阵亡，母亲叶莲娜是纺织厂女工。1953年，念七年级的捷列什科娃为了补贴家用而离校，白天在当地的雅罗斯拉夫尔轮胎厂的组装与硫化车间当学徒，晚上在夜校学习青年工人的进修课程。1955年4月，调入纺织厂，与其母亲、姐姐一起工作。1959年，喜欢太空的捷列什科娃加入了当地的业余航空俱乐部，成为一名跳伞员，并在22岁时完成了首次空中跳伞，在当地总计完成了90次跳伞。1960年，捷列什科娃成为雅罗斯拉夫尔市红色彼列科普纺织厂的共青团书记。

1961年，苏联第一位宇航员尤里·阿列克谢耶维奇·加加林（Юрий Алексеевич Гагарин）成功飞上太空之后，捷列什科娃同众多少女一样，将加加林视为自己的偶像。她和航天俱乐部的女友们联名给莫斯科写了一封信，呼吁派一名女航天员进入太空。令她们感到意外的是，没过多久，这些联名写信的女孩子们都被邀请前往莫斯科，这里汇集了400多位来自全国各地的年轻女性，她们将竞争成为第一位女航天员的名额。

经过为期三个月的各种类型的严格筛选，1962年2月16日，捷列什科娃入选5名女航天员名单，开始接受非常严苛的训练，其中包括身穿飞行服耐受70摄氏度高温的耐热训练，在无声环境中度过10天的静音训练，在乌米格-15飞机失重状态下写字、吃饭、使用无线电广播的失重训练和水陆跳伞训练等。1962年11月，捷列什科娃完成了全部航天员训练，考核成绩为优秀。1963年3月，捷列什科娃入选为东方六号宇航飞船任务的第一顺位航天员。

1963年6月，捷列什科娃乘坐东方六号宇航飞船升空，她的这次太空飞行时间比此前所有美国航天员的太空飞行时间总和还要长。捷列什科娃驾驶的东方六号与瓦列里·贝科夫斯基（Валерий Фёдорович Быковский）驾驶的东方五号执行了空间编队交会、无线电通联等任务。

1963年6月，捷列什科娃获得"苏联英雄"称号。并在1963年6月和1981年5月，两次荣获列宁勋章。1968年起捷列什科娃在苏联机关就职。稍后在俄罗斯社会组织工作。1968—1987年任苏联妇女委员会主席，1969年任国际民主妇女联合会副主席，后为世界和平理事会成员，[1]1996年退休。

---

1. 世界和平理事会（World Peace Council，WPC）是一个国际组织，主张普遍裁军、主权、独立与和平共处，致力于反对帝国主义、大规模杀伤性武器以及各种形式的歧视。1948年在共产党领导下于波兰弗罗茨瓦夫举行"世界和平知识分子大会"，决定在巴黎设立常设组织"知识分子和平国际联络委员会"。1949年4月"知识分子和平国际联络委员会"与国际民主妇女联合会共同举办的世界保卫和平大会于巴黎和布拉格举行（会议原定在巴黎举行，由于法国政府拒发签证给部分代表，会议改为在巴黎和布拉格同时举行），要求裁减军备、禁止原子武器、缓和国际紧张局势、共同保卫世界和平，成立了由12人组成的常设机构"世界和平拥护者委员会"，弗雷德里克·约里奥-居里任主席。1950年11月在华沙召开第二届世界保卫和平大会，有81个国家的代表参加，大会通过宣言，号召各国人民不要等待和平，必须去争取和平，希望联合国成为保卫和平与安全的机构。大会决定成立世界和平理事会取代"世界和平拥护者委员会"，主席是弗雷德里克·约里奥-居里。毕加索的《和平鸽》被用作该组织的图标。

1971年12月，捷列什科娃获得十月革命勋章，1987年3月，因其社会活动获得劳动红旗勋章。1966—1989年，捷列什科娃成为苏联最高苏维埃代表，1974—1989年，任苏联最高苏维埃主席团成员，1971—1989年，任苏联共产党中央委员会委员。2008—2011年，捷列什科娃作为统一俄罗斯党党员出任雅罗斯拉夫尔州杜马议员，并于2011年当选为俄罗斯联邦国家杜马议员，2016年获得连任。2011年4月，时任总统梅德韦杰夫（Дмитрий Анатольевич Медведев）为捷列什科娃颁发友谊勋章。2017年3月，弗拉基米尔·普京在克里姆林宫为她颁发一级祖国功勋勋章，并庆祝她80岁生日。

三 俄罗斯第一位女性外交部发言人

玛丽亚·弗拉基米罗芙娜·扎哈罗娃（Мария Владимировна Захарова）是当代俄罗斯有代表性的女性政治人物，是俄罗斯第一位女性外交部发言人。[1]

扎哈罗娃的父亲弗拉基米尔·扎哈罗夫（Владимир Юрьевич Захаров）曾在苏联驻华大使馆工作，母亲伊琳娜·扎哈罗娃（Ирина Владиславовна Захарова）是普希金博物馆的一位艺术史专家，1981—1993年，扎哈罗娃一家生活在北京，她的父母对中国文化有很深的了解，还撰写过关于十二生肖文化的专著。受父母的影响，扎哈罗娃精通汉语，喜欢中国文化，在回国之后依旧保持着这种热爱。扎哈罗娃在莫斯科国立国际关系学院读书期间，选择了"东方学"和"新闻学"作为自己的专业，后来就读于俄罗斯人民友谊大学，她的副博士答辩论文题目为《论20世纪后半叶中国传统新年庆祝活动的象征意义的转变》（《Трансформация осмысления символики празднования

---

1. Родилась первая в мире женщина-дипломат Александра Михайловна Коллонтай, https://www.prlib.ru/history/619133, 最后访问日期：2020年5月27日。

традиционного Нового года в современном Китае. Последняя четверть XX века»)。

2003—2005年，扎哈罗娃在俄罗斯外交部的信息与出版司工作，随后3年，她在美国纽约市任俄联邦驻联合国常设代表处新闻秘书。2011—2015年，她成为俄罗斯外交部的信息与出版司副司长，2015年8月起担任俄罗斯外交部信息与出版司长兼外交部发言人，这是俄外交部史上首次由女性担任这一职务。

扎哈罗娃思维敏捷，柔中带刚，勇于维护本国立场，深受俄罗斯民众喜爱，也因此成为媒体报道次数最多的俄罗斯外交官之一。她曾与经济学家丘拜斯激烈地辩论俄罗斯的贫困问题，也曾谴责日本教科书歪曲历史的做法，社交媒体上用中文向中国人民祝贺春节，无形中拉近了中俄人民之间的距离。2017年1月，扎哈罗娃与其他29名著名国务和社会活动家一起被俄罗斯总统普京授予友谊勋章，以表彰其在外交工作中做出的贡献。2020年6月8日，普京总统授予扎哈罗娃特命全权大使衔，这是俄罗斯最高的外交官职位。

小　结

在祖国遭受侵略的时候，俄罗斯妇女同男人一样，勇敢地参与到战争中去，她们或是走上前线英勇杀敌，或是留守后方维持工业和农业生产，她们为战胜敌人和保卫祖国发挥了重要的作用。进入和平年代，俄罗斯妇女在祖国的战后重建中贡献自己的力量，并逐步投身到联合国的维和建和行动中。

20世纪末至21世纪初以来，俄罗斯妇女组织和俄罗斯妇女个人也在宣传先进性别观念、赋权妇女、提升妇女地位、消除刻板性别印象、改善妇女形象方面扮演着重要角色。俄罗斯妇女不再是无声的群体，她们敢于发声，她们的力量被看到，并被世人认可和尊重。

第五章　俄罗斯落实发展的妇女、和平与安全观的实践效果

近年来，在俄罗斯政府、俄罗斯妇女联盟、妇女组织和妇女个人等多方努力下，俄罗斯妇女地位有所改善，俄罗斯整体经济状况的复苏和好转对于促进妇女发展有积极影响，而以赋予妇女平等权利和提高妇女地位为目标的实践活动也起到了一定的推动作用。同时，俄罗斯妇女社会地位的恢复和改善，也有助于俄罗斯塑造良好的国际形象。

第一节　俄罗斯妇女发展与和平安全建设的最新状况[1]

俄罗斯促进本国妇女发展与和平安全建设的实践取得了一定的成绩，它使俄罗斯妇女度过了苏联解体后的低谷时期，并使妇女在经济、政治、社会

和个人安全方面的状况在不同程度上得到改善，但俄罗斯妇女依然面临不少的问题，比如妇女再就业困难、性别工资差异大、家庭暴力情况严重和刻板陈旧的性别意识依然存在。下面从俄罗斯妇女参政情况、妇女失业和就业情况、妇女受教育程度、妇女的家庭负担、消除陈旧的性别意识情况和妇女遭受家庭暴力情况等方面来具体分析俄罗斯贯彻妇女、和平与安全观的实践效果。

一　俄罗斯妇女参政情况

2015年10月13日，在安理会第7533次会议上，俄罗斯前驻联合国大使丘尔金表示："我们已为充分发挥妇女的潜力建立了所有的必要条件。因此能够吸引许多出色、高素质的妇女参与政治。俄罗斯妇女也是社会和政治领域的积极参与者。例如，在俄罗斯公职人员中，妇女占70%以上。妇女现在担任联邦委员会主席、国家杜马副议长、俄罗斯联邦政府副总理、卫生部长等职务，以及若干地区地方行政部门高级官员。"[1]根据俄罗斯联邦统计局发布的统计年报《俄罗斯女性与男性》中1999—2019年的平均数据，在俄罗斯的立法部门中，女性员工所占比例约为58.0%，男性约为42.0%；在俄罗斯的执行机构中，女性员工所占比例约为70.9%，男性约为29.1%；在俄罗斯的司法机构中，女性员工所占比例约为75.7%，男性约为24.3%；在其他国家权力机构中，女性员工所占比例约为60.6%，男性约为39.4%。总的来说，俄罗斯权力机构中女性工作人员所占比例维持在71%左右（参见表5-1）。

---

1. 俄罗斯代表2015年10月13在联合国安理会第7533次会议上的发言（S/PV.7533），https://www.un.org/zh/documents/view_doc.asp?symbol=S/PV.7533，最后访问日期：2020年3月23日。

表5-1　1999—2019年俄罗斯权力机构中女性工作人员所占比例

年份	俄罗斯权力机构（合计）	立法机构	执行机构	司法机构	其他国家权力机构
1999	72.0%	56.0%	74.0%	67.0%	53.0%
2002	71.0%	56.0%	72.0%	68.0%	55.0%
2003	70.0%	55.0%	70.0%	68.0%	60.0%
2005	71.0%	56.0%	70.0%	78.0%	60.0%
2007	71.0%	56.0%	70.0%	78.0%	61.0%
2009	71.0%	58.0%	70.0%	79.0%	62.0%
2011	71.0%	58.0%	70.0%	79.0%	62.0%
2013	71.0%	60.0%	70.0%	79.0%	63.0%
2016	72.0%	62.4%	70.5%	80.0%	64.4%
2019	73.0%	63.0%	72.0%	81.0%	66.0%

资料来源：根据《俄罗斯女性与男性》统计年报整理，https://gks.ru/folder/210/document/13215。

从《俄罗斯女性与男性》公布的另一组数据不难看出，尽管1999—2019年，在俄罗斯权力机构工作的女性工作人员数量呈现波动增长的趋势，由1999年的35万人上升至2019年的55.93万人，但该群体在立法机构、执行机构、司法机构和其他国家权力机构的分配差别很大。平均来看，1999—2019年76%的女性在执行机构工作，21%的女性在司法机构工作，在立法机构中工作的女性仅为在俄罗斯权力机构工作的女性的1%，在其他国家权力机构工作的女性占2%。动态来看，在立法机构中工作的女性人数呈现波动增长，由1999年的0.46万人增至2019年的0.76万人，2011年该数值最多曾达到0.77万人（参见图5-1和图5-2）。

尽管在俄罗斯立法机构、司法机构和执行机构中，女性工作人员所占比例均高于男性，但不能忽略其实际工作性质，在各个机构中的行政工作仍然多为女性承担，很难说女性可以真正获得参与决策的权利。根据《俄罗斯女性与男性》提供的数据，2000—2020年俄罗斯国家杜马中的女性代表人数波动性增加，由2000年的34人增至2020年的73人，其所占比例也由2000年的

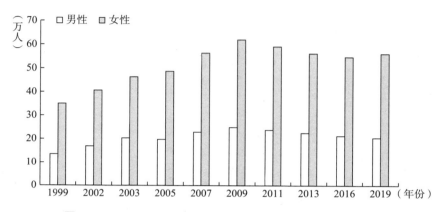

图5-1　1999—2019年俄罗斯权力机构工作人员数量变化

资料来源：根据《俄罗斯女性与男性》统计年报整理，https://gks.ru/folder/210/document/13215，最后访问日期：2021年1月2日。

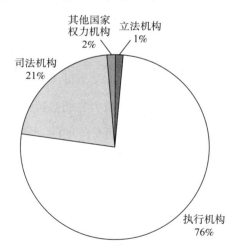

图5-2　1999—2019年俄罗斯权力机构女性员工在各部门平均所占比例

资料来源：根据《俄罗斯女性与男性》统计年报整理，https://gks.ru/folder/210/document/13215，最后访问日期：2021年1月2日。

8%增至2020年的16%，但是距联合国设定的女性议员比例应达到30%的目标还相差很远（参见图5-3）。2000—2012年，俄罗斯各联邦主体驻联邦立法机构代表的性别比例也不太乐观，女性代表最高占比为12%，而男性代表占到88%（参见表6-2）。

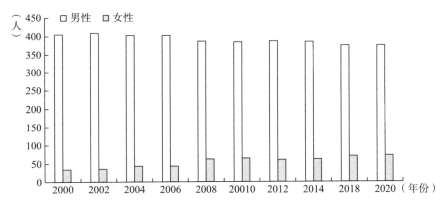

图5-3 2000—2020年俄罗斯国家杜马代表性别人数

资料来源：根据《俄罗斯女性与男性》统计年报整理，https://gks.ru/folder/210/document/13215，最后访问日期：2021年1月3日。

表5-2 俄罗斯各联邦主体驻联邦立法机构代表性别比例

年份	人数（人）		性别比例	
	女性	男性	女性	男性
2000	325	3013	10%	90%
2002	337	3388	9%	91%
2004	357	3471	9%	91%
2006	410	3597	10%	90%
2008	457	3573	11%	89%
2010	505	3556	12%	88%
2012	482	3432	12%	88%

资料来源：根据《俄罗斯女性与男性》统计年报整理，https://gks.ru/folder/210/document/13215，最后访问日期：2021年1月3日。

二 俄罗斯妇女失业和就业情况

在俄罗斯妇女经济赋权实践的作用下，俄罗斯妇女的失业情况得到明显改善。根据俄罗斯递交给联合国消歧委员会第四次定期报告的描述，俄罗斯自1991年底起正式承认失业现象，根据俄罗斯政府的统计结果[1]，1991—1994年，俄罗斯女性失业人口数量迅速上升，女性失业人口在全体失业人口中所占比例曾经高达70%，失业问题是苏联解体后俄罗斯妇女面临的最严峻的问题。在俄罗斯妇女经济赋权实践的作用下，俄罗斯女性失业人口数量呈波动增长趋势，但是女性失业人口在全体失业人口中所占比例有所回落，由1994年的64.4%降至2019年的46.7%，降低了17.7个百分点，全体失业人口中，女性所占比例低于男性（参见表5-3）。

表5-3 1991—2019年俄罗斯失业人口数量和性别比例

年份	失业人口人数（万人）		失业人口性别比例（%）	
	女性	男性	女性	男性
1991	4.3	1.9	69.6	30.4
1994	70.0	38.7	64.4	35.6
1999	88.0	38.3	70.0	30.0
2003	265.2	306.4	46.4	53.6
2006	236.8	263.1	47.4	52.6
2013	189.6	224.2	45.8	54.2
2017	186.5	210.2	48.6	51.4

1. 俄罗斯递交给联合国消歧委员的第四次—第八次定期报告，http://tbinternet.ohchr.org/_layouts/ treatybodyexternal/TBSearch.aspx?Lang=Zh&CountryID=144；俄罗斯联邦统计局：《俄罗斯女性和男性》，http://www.gks.ru/wps/wcm/connect/rosstat_main/rosstat/ru/statistics/publications/catalog/ doc_1138887978906；《1991—2014年俄罗斯联邦社会经济指数》，http://www.gks.ru/wps/wcm/ connect/rosstat_main/rosstat/ru/statistics/publications/catalog/doc_1270707126016，最后访问日期：2021年1月2日。

续表

年份	失业人口人数（万人）		失业人口性别比例（%）	
	女性	男性	女性	男性
2019	161.9	184.6	46.7	53.3

资料来源：1991年和1994年数据根据俄罗斯提交联合国消歧委员会第四次定期报告整理，1999年、2003年、2006年、2013年、2017年和2019年数据根据《俄罗斯女性和男性》（2000—2020年）整理。

但是，俄罗斯失业妇女再就业问题没有得到有效解决。俄罗斯女性失业者平均失业时间由1994年的5.7个月增至2019年的7个月，增加了近一个半月，这说明俄罗斯失业妇女再就业问题不仅没有得到解决，而且更加恶化了。俄罗斯女性失业者平均失业时间始终多于男性失业者，但是俄罗斯两性失业者平均失业时间的差距略有缩减，1994年俄罗斯男性失业者平均失业时间为5.2个月，比女性少半个月，2019年为6.8个月，两性之间的平均失业时间差变小。

综上所述，1991—2019年俄罗斯男性失业人口数量增速明显高于女性；女性人口占全体失业人口比例逐渐恢复到与男性基本相当的水平；女性失业者平均失业时间多于男性，女性失业者再就业困难。

在俄罗斯妇女经济赋权实践的作用下，俄罗斯妇女就业率保持稳定发展，工资待遇有所提高。卫国战争时期，大量的苏联妇女投身到经济活动中去，代替上前线的男性维持国家的工农业生产。卫国战争结束后，苏联政府十分重视妇女在战后工业中的作用，通过由计划分配劳动力的方式，将妇女吸收到国民经济中去，这使得战后妇女劳动在生产中的比重超过了战前水平，"1948年，妇女就业者占苏联全体就业者的比例达到47%"[1]。苏联解体后，妇

1.〔苏〕阿拉洛维茨：《苏联工业中的妇女劳动》，丁镜清译，工人出版社，1957，第103页。

女的就业受到负面影响，在随后的几年中逐渐恢复。2019年俄罗斯联邦发布的《1991—2018年俄罗斯联邦社会经济指数》（«Социально-экономические показатели Российской Федерации в 1991-2018 гг.»）显示，1991—2016年俄罗斯妇女就业率呈现先缓慢下降然后缓慢回升的态势，总体变化不大，维持在60%左右，2016年之后，男性和女性的就业率均有所下降，女性下降幅度大于男性（参见图5-4）。但从总的就业人员性别比例来看，俄罗斯女性就业者占全体就业者比例与男性大致相当，1991—2018年女性所占比例稳定在49%，男性为51%。[1]

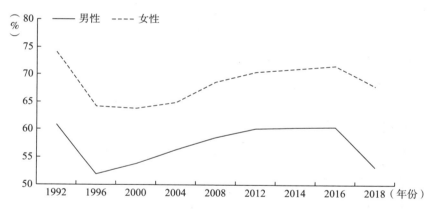

图5-4　1992—2018年俄罗斯男性和女性15~72岁居民就业率

资料来源：《1991—2018年俄罗斯联邦社会经济指数》，https://www.gks.ru/folder/210/document/13396?print=1，最后访问日期：2020年6月28日。

但是，从俄罗斯妇女整体工资待遇方面来看，虽然早在1917年苏俄就确立了男女同工同酬的原则，但是该时期仍然存在工资性别差异的问题，1990

---

1. Женщины и мужчины России: Статистический сборник, Росстат, http://www.gks.ru/wps/wcm/connect/rosstat_main/rosstat/ru/statistics/publications/catalog/doc_1138887978906，最后访问日期：2020年6月29日。

年苏联公民的平均工资水平约为300卢布，但是，"女性的实际工资平均比男性低三分之一"[1]。苏联解体之后，俄罗斯政府采取了一系列措施提高妇女的平均工资水平，俄罗斯妇女平均工资保持了持续增长的态势。根据俄罗斯联邦统计局对1999—2019年本国公民平均工资的调查结果，俄罗斯女性实际平均工资金额仍然低于男性，但是女性平均工资增速高于男性，男女平均工资的差距呈现波动性缩减趋势，2019年俄罗斯女性平均工资达到男性的72.1%（参见表5-4）。

表5-4　1999—2019年俄罗斯男性和女性公民平均工资情况

年份	女性平均工资 （卢布）	男性平均工资 （卢布）	女性工资占男性的比例 （％）
1999	1236	1906	64.8
2003	4640	7194	64.5
2009	15639	23946	65.3
2013	24721	33301	74.2
2017	32658	45557	71.6
2019	37872	52533	72.1

资料来源：根据2000—2020年《俄罗斯女性和男性》整理。

三　俄罗斯妇女受教育程度

俄罗斯妇女受教育程度保持较高水平，接受培训程度有所提升。苏联时期妇女接受教育的水平略高于男性。苏联解体后，俄罗斯妇女保持着较高的

---

1. Третьи периодические доклады государство-участников, подлежащий представлению в 1991 году, http://docstore.ohchr.org/SelfServices/FilesHandler.ashx?enc=6QkG1d%2fPPRiCAqhKb7yhsvgl Km%2f71Q4iogAZSMgJYVv0LlKfJL40kXFuZGb1rfpgFS%2buHtU%2bG81lLCIGkfXzI5SGoStCPa qKCaCP4mNppUW50GUh67HC2UPZUzhRlBS%2b, 最后访问日期：2016年1月22日。

受教育水平并呈现波动增长的态势。在高等院校接受教育的女性比例一直略高于男性，2013/2014学年，高等院校接受教育的女性占到54%，比男性多出8%；苏联解体初期，在中等专业学校接受教育的女性所占比例多于男性，但是这一比例呈现持续下降的趋势，2013/2014学年，在中等专业学校接受教育的女性所占比例为49%，比男性少了2%。

但是，由于生育子女、照顾家庭等原因，俄罗斯妇女接受职业技能培训和第二职业培训的程度较低，直接导致妇女平均专业级别和职业素质低于男性。"1989年，接受第二职业和专业培训、进修和教育的劳动者人口，男子是9%，女子是3%，如果把经济培训包括在内，接受教育提高资格水平的人数相应比例分别是45%和23%。"[1]苏联解体之后，俄罗斯采取一系列措施扩大职业教育设施网，在国家就业部门开设职业教育中心，并为妇女参与职业培训提供多种便利条件。这些措施取得了积极效果，根据俄罗斯联邦统计局1998年初的统计结果，"俄罗斯已有约11万名妇女接受了就业职业培训，占失业公民总数的60.1%"[2]。但是，俄罗斯妇女无法充分接受职业技能培训的问题依然存在。

---

1. Третьи периодические доклады государство-участников, подлежащий представлению в 1991 году, ст. 16, http://docstore.ohchr.org/SelfServices/FilesHandler.ashx?enc=6QkG1d%2fPPRiCAqhKb7yhsvglKm%2f71Q4iogAZSMgJYVv0LlKfJL40kXFuZGb1rfpgFS%2buHtU%2bG81lLCIGkfXzI5SGoStCPaqKCaCP4mNppUW50GUh67HC2UPZUzhRlBS%2b, 最后访问日期：2016年1月22日。

2. Пятые периодические доклады государство-участников, подлежащий представлению в 1999 году (Российская Федерация), ст. 9. http://docstore.ohchr.org/SelfServices/FilesHandler.ashx?enc=6QkG1d%2fPPRiCAqhKb7yhsvglKm%2f71Q4iogAZSMgJYVtKkrfKOr0zEcVhDUszxRLKWzRfJpeq6o9qIqKicf6LocC7eozOiCIruxPI4NYy6ah2sxEIEMs7J9t%2b%2bwAcwd5c, 最后访问日期：2016年1月22日。

四　俄罗斯妇女分担家庭劳动的情况

苏联时期，妇女在参与社会劳动的同时担负着照顾家庭的主要责任，为了最大限度地将妇女从家庭劳动中解放出来，使她们能够更加充分地投入到社会生产中去，苏联采取了对照顾子女等家务工作进行集体化管理的措施，该时期"有关产假、日托及全托幼儿园等的法律，减轻了母亲的负担"[1]。俄罗斯政府沿用这一策略，俄罗斯通过政府投资扩建学龄前儿童教育（托管）机构、鼓励远程就业等方式减轻妇女负担，促进妇女就业。"截至2014年1月1日，俄罗斯新增幼儿园和托儿席位约40万个……妇女的灵活就业形式得到了发展，2013年申请的灵活就业形式岗位的人数占申请就业总人数比例比2012年增长了31%。"[2]

俄罗斯1995年出台了关于"给有子女公民提供国家补助"的联邦法律（Федеральный закон «О государственных пособиях гражданам, имеющим детей»），法律规定，有工作的妇女享有妊娠和生育补助的权利，并确定了应发放的妊娠和生育补助金额，这在一定程度上缓解了有子女的、有工作的妇女的家庭负担。在随后的几年中，俄罗斯政府多次修改该法律，不仅提高了补助金额，还扩大了补助金领取的范围，如除了有工作的母亲外，照顾子女的父亲、祖父母以及有子女的失业妇女都可以享受照顾子女的国家补助。

俄罗斯政府还在法律层面支持夫妇双方分担育儿责任。"自1992年起，俄

---

1. 〔法〕西蒙娜·德·波伏娃：《第二性》，陶铁柱译，中国书籍出版社，1998，第149页。

2. Восьмой периодический доклад государств-участников в 2014 году (Российская Федерация), ст.34-35, http://docstore.ohchr.org/SelfServices/FilesHandler.ashx?enc=6QkG1d%2fPPRiCAqhKb7yhsnINnqKYBbHCTOaqVs8CBP3TmYlmAA2CV9d4dYvKMX4uVBTiXYtivunxBE14Wd%2fB0xVNx1d2BusnRmCBI%2fytxFJjNdAsaq97681zznxRTho7, 最后访问日期：2016年1月22日。

罗斯学习欧洲国家的先进经验允许父亲休产假；自2007年起，法律规定每个家庭可以选择母亲工作父亲休产假的育儿模式，父亲同样可以获得产假津贴，津贴金额按生育前父亲两年平均收入计算。"[1]虽然目前在俄罗斯父亲休产假的情况还不常见，但是这一举措为实现家庭内的性别平等创造了条件。

尽管如此，目前俄罗斯仍然存在幼儿入园排队、妇女家庭劳动繁重等问题，俄罗斯联邦统计局的数据显示，俄罗斯妇女每天用于家庭劳动的时间是男人的两倍多。俄罗斯离婚现象严重，单亲妈妈的大量出现也在一定程度上加重了妇女的家庭负担。

五　俄罗斯陈旧性别意识的消除情况

俄罗斯政府建立了面向高等院校和国家公务员的性别教育推广机制，并积极开展了本国的性别问题研究，这对于推广先进的性别观念有一定的帮助。俄罗斯的人口政策也在一定程度上体现了性别平等的内容。

但是，俄罗斯妇女经济赋权实践未能有效消除俄罗斯社会上存在的陈旧刻板的性别观念，俄罗斯政府旨在强化妇女作为母亲的社会职能的政治宣传更是巩固和加重了这种传统性别观念。这导致部分民众对妇女经济赋权工作持消极态度，甚至对某些性别术语持反对态度。2003年，俄罗斯国家杜马一度通过了关于性别平等的法律草案（Проект закона о гендерном равенстве），并将该草案在国家杜马下设的妇女、家庭和青年事务委员会官方网站上公示。但是，"有很多公民和社会组织向俄罗斯政府和国家杜马呼吁反对通过关

1.苏梦夏：《俄罗斯鼓励生育政策的成效》，英国《金融时报》中文网，http://www.ftchinese.com/story/001047044?full=y，最后访问日期：2017年4月10日。

于性别平等的法律草案，将其看作是对传统家庭价值的威胁。法案中使用的
гендер（社会性别）和 гендерный（社会性别的）概念引起公众的强烈反对，
反对者认为，俄语中没有类似词语，因此不能在俄罗斯的法律中使用"[1]。这使
得俄罗斯针对性别平等的立法迟迟未能实现。

六 俄罗斯妇女遭受家庭暴力情况

俄罗斯妇女面临严重的家庭暴力，俄罗斯有很多关于丈夫打妻子的俚语，
比如"我的小屋有墙，（我打老婆）谁也不知道"（Моя хата с краю–ничего
не знаю）、"打她意味着爱她"（Бьёт–значит, любит）、"妇女就像排骨，越
敲打越好"（Женщины как отбивные, чем больше ты их бьёшь, тем лучше
они становятся）、"尽情打自己的老婆吧，打了也不会怎么样"（Пожалуйста,
бейте своих жен, ничего не будет）、"女人本来就有罪"（Сама виновата），等等。

2008年，据俄罗斯联邦内务部代表米哈伊尔·阿塔莫什金（Gen Mikhail
Artamoshkin）透露，每年有1.4万名女性死于其配偶或其他亲属之手，另有
3000名女性杀掉她们的配偶。据俄罗斯联邦警察署的官方统计数据，1/4的俄
罗斯家庭面对着不同形式的暴力问题；2/3凶杀案源于家庭或与家庭相关问题；
多达40%的严重犯罪行为发生在家庭内。[2]近十年来死于家暴的女性人数并未
明显减少。2013年，BBC依据俄罗斯联邦内务部数据报道，60万名女性遭受

---

1. Восьмой периодический доклад государств-участников в 2014 году (Российская Федерация),
ст.4. http://docstore.ohchr.org/SelfServices/FilesHandler.ashx?enc=6QkG1d%2fPPRiCAqhKb7yhsnIN
nqKYBbHCTOaqVs8CBP3TmYlmAA2CV9d4dYvKMX4uVBTiXYtivunxBE14Wd%2fB0xVNx1d2
BusnRmCBI%2fytxFJjNdAsaq97681zznxRTho7, 最后访问日期：2017年3月14日。

2. «Комитет Г Д по охране здоровья». www.komitet2-2.km.duma.gov.ru, 最后访问日期：2017年3
月14日。

身体或语言上的家庭暴力，1.4万名女性死于其配偶造成的伤害。[1] 据国家组织人权观察（Human Rights Watch）统计，2017年在俄罗斯每天有多达3.6万名女性和2.6万名儿童面对家庭暴力，依然有1/4俄罗斯家庭面对着家庭暴力的困扰。[2] 2020年6月，俄罗斯一项报道指出，"在俄罗斯，每年大约有40%的严重暴力案例是发生在家庭当中，但这仅是一个众所周知的事实，却没有任何有效的预防措施"[3]。

俄罗斯至今没有通过专门的反家暴法，2014年俄罗斯总统下属的公民社会发展与人权委员会编写了《俄罗斯联邦反家暴法（草案）》交由国家杜马审议，但最终因《俄罗斯联邦反家暴法（草案）》不利于家庭稳固，以及其与《俄罗斯联邦行政法》和《俄罗斯联邦刑法典》存在内容重复被否决。俄罗斯反家暴法的反对者认为，家庭暴力都是一般性暴力行为，过分强调家庭内部的殴打和伤害，干涉家庭内部事务，是对婚姻的侵犯，会对家庭稳定产生不利影响。对于家庭暴力的处罚会成为妇女主张离婚的依据，从而增加本已经很高的离婚率。有反对者认为，让陌生人干预家庭事务，决定施暴者是否可以接触自己的孩子是极其荒谬的做法。[4] 车臣人反对反家暴法的理由是，如果通过了这一

---

1. "The silent nightmare of domestic violence in Russia", www.bbc.com, 最后访问日期：2017年2月5日。

2. Denejkina, Anna,"In Russia, Feminist Memes Buy Jail Time, but Domestic Abuse Doesn't: A year after the country decriminalized domestic violence, women feel the consequences", Foreign Policy, Nov.15, 2018.

3. «Знали многие, но свидетелей никогда не было» - история женщины, пережившей домашнее насилие, https://gorobzor.ru/novosti/obschestvo/29491-znali-mnogie-no-svideteley-nikogda-ne-bylo-istoriya-zhenschiny-perezhivshey-domashnee-nasilie, 最后访问日期：2020年6月21日。

4. О законопроекте «О профилактике семейно-бытового насилия», http://pravorf.org/index.php/news/2963-o-zakonoproekte-o-profilaktike-semejno-bytovogo-nasiliya, 最后访问日期：2020年6月23日。

法律，"男人在家里的权利会比狗还少"[1]。这就印证了之前提到的俄罗斯俚语，在家庭内部暴力伤害妻子和孩子的行为，因为隔着家庭私域的"四面墙"，就"谁也不知道"，就算是知道了，"打了也不会怎么样"。不过，如果俄罗斯男性将"打老婆"看作是一种因家庭而产生的"自然的权力"，并借反对反家暴法之由把这种"权力"合法化，将会导致侵犯人权情况加剧，使得社会倒退。

2019年，新的《俄罗斯联邦反家暴法（草案）》提交国家杜马审议，其对家庭的影响依旧是讨论的焦点。新的《俄罗斯联邦反家暴法（草案）》的支持者强调，目前正在讨论的法律草案不会损害我们的传统的、基础的家庭价值观。[2]议员瓦伦蒂娜·马特维琴科（Валентина Матвиенко）认为："相反，如果家庭暴力盛行，儿童将在不友好、暴力的氛围中成长，在这种情况下，家庭价值才会遭到破坏。因此这种行为不仅必须被制止，还应该让公众意识到，这种行为是不可容忍的。防止家庭暴力只会增强家庭稳固。"[3]

在2016年之前，俄罗斯的家庭暴力案件参照《俄罗斯联邦刑法典》第116条"殴打他人"予以处罚。[4]《俄罗斯联邦刑法典》（1997年1月1日生效）

---

1. «У мужчин будет меньше прав, чем у собаки»: почему Чечня выступила против закона о семейно-бытовом насилии, https://www.crimea.kp.ru/daily/27059/4127500/, 最后访问日期：2020年6月23日。

2. Эксперты оценили вероятность принятия закона о домашнем насилии, https://www.mk.ru/politics/2019/12/20/eksperty-ocenili-veroyatnost-prinyatiya-zakona-o-domashnem-nasilii.html, 最后访问日期：2020年6月23日。

3. Опубликован текст законопроекта о профилактике семейно-бытового насилия, https://rg.ru/2019/11/29/opublikovan-tekst-zakonoproekta-o-profilaktike-semejno-bytovogo-nasiliia.html, 最后访问日期：2020年6月23日。

4. Семейное дело: как в России менялось наказание за домашнее насилие, https://www.rbc.ru/society/25/01/2017/5880dcd09a79475193cd50a9, 最后访问日期：2020年6月21日。

第116条规定："殴打他人或实施造成他人身体疼痛，但没有引起本法典第115条（故意轻度损害他人健康）规定后果的其他暴力行为的，处数额为最低劳动报酬100倍以下或被判刑人一个月以下工资或其他收入的罚金，或处120小时至180小时的强制性工作，或处6个月以下的劳动改造，或处3个月以下的拘役。"[1] 2011年俄罗斯司法部门对《俄罗斯联邦刑法典》第116条进行了调整："殴打他人或实施造成他人身体疼痛，但没有引起本法典第115条规定后果的其他暴力行为的，处数额为4万卢布以下或被判刑人3个月以下工资或其他收入的罚金，或处120小时至180小时的强制性社会公益劳动，或处6个月以下的劳动改造，或处3个月以下的拘役。"并补充了新的条款："上述行为，出于流氓动机实施的，处120小时以上180小时以下的强制性社会公益劳动；或处6个月以上1年以下的劳动改造；或处4个月以上6个月以下的拘役；或处2年以下的剥夺自由。"[2]

2016年6月，《俄罗斯联邦刑法典》第116条中加强了对殴打的刑事处罚："殴打他人或实施造成他人身体疼痛，但没有引起本法典第115条规定后果的其他暴力行为的，殴打亲属的，出于流氓动机实施的；出于政治的、意识形态的、种族的、民族的、宗教的仇恨或敌视，或者出于对某一社会集团的仇恨或敌视的动机而实施的，处360小时以下的强制性社会公益劳动，或处一年以下的劳动改造，或处2年以下的限制自由，或处6个月以下的拘役，或处2年以下的剥夺自由。"此次修订增加了对"亲属"的注释："在本条文中，亲

1.《俄罗斯联邦刑法典》，黄道秀等译，中国法制出版社，1996，第57页。

2. О внесении изменений и дополнений в Уголовный кодекс Российской Федерации (с изменениями на 7 декабря 2011 года), http://docs.cntd.ru/document/901881963, 最后访问日期：2020年6月22日。

属是指直系亲属（配偶、父母、子女、养父母、领养子女、兄弟姐妹、祖父母，孙子孙女）监护人……及共同生活的人。"[1]

至此可以看出，2016年的修订不仅明确加入了亲属的身份，还加大了对家庭暴力的惩罚力度，劳动改造、拘役和监禁的时间均被增加，在没有反对家庭暴力立法的情况下，这是俄罗斯防治家庭暴力的一项进步。然而，这一修订出台之后就遭到东正教会和其他保守社会组织的强烈反对。

2017年2月7日，俄罗斯国家杜马通过了专门针对《俄罗斯联邦刑法典》第116条的修改草案，将家庭内殴打行为去刑事化，第一次实施暴力者只需接受行政处罚，而无须为暴力行为负刑事责任。[2]该草案由多名代表和议员提交给国家杜马，其中包括家庭、妇女和儿童事务委员会主席叶琳娜·米祖琳娜（Елена Борисовна Мизулина）。俄罗斯联邦总统的儿童权利专员安娜·库兹涅佐娃（Анна Юрьевна Кузнецова）也是本草案的支持者，她认为，将家庭殴打去刑事化有利于保障家庭稳固。[3]

新的《俄罗斯联邦刑法典》116条规定，施暴者对配偶和子女施暴、仅造成受害人挫伤或出血但没有骨折，可仅被处以15日监禁或3万卢布罚款。而根据2016年修订的刑法典，这种行为最高可判两年监禁。2017年的新修正案

---

1. О внесении изменений в Уголовный кодекс Российской Федерации и Уголовно-процессуальный кодекс Российской Федерации по вопросам совершенствования оснований и порядка освобождения от уголовной ответственности, http://docs.cntd.ru/document/420363753, 最后访问日期：2020年6月22日。

2. О внесении изменения в статью 116 Уголовного кодекса Российской Федерации, http://docs.cntd.ru/document/420391170, 最后访问日期：2020年6月22日。

3. Кузнецова уверена, что закон о декриминализации побоев защитит семью, https://ria.ru/20170127/1486669933.html?in=t, 最后访问日期：2020年6月22日。

法案导致家庭暴力犯罪成本降低，妇女难以被保护。据统计，由于通过这一修正案，俄罗斯多地警察处理家暴和家庭冲突的数量猛增。

而随着新冠肺炎疫情暴发，俄罗斯很多城市也开始采取封闭管理措施，这在一定程度上导致家庭暴力发生更频繁，并且，如果遭到家暴的女性违反禁令出门，只会被送回家，而非其他安全的地方。而当遭受家暴的妇女报警后，警察以自己忙于监视隔离人员为由推脱，甚至拒绝到家中查看情况，这导致受害者在疫情期间更难寻求有效保护和帮助。"5 月初，俄罗斯人权事务专员塔季扬娜·莫斯科卡科娃表示，俄罗斯国内在新冠肺炎疫情期间对家庭暴力的投诉数量增长了 2.5 倍。"[1]

而从国际方面看，在联合国安理会"妇女、和平与安全"主题会议的发言中，俄罗斯代表多次反对联合国安理会将注意力"过多地"放在冲突中的性暴力议题上，也在一定程度上反映了俄罗斯对针对妇女暴力问题的保守态度，这与俄罗斯消极对待家庭暴力问题的态度是紧密联系的。

在为新的《俄罗斯联邦反家暴法（草案）》征集民众投票支持的网站上，有这样的宣传语，它直白地写出了俄罗斯家庭暴力的现状："1.世界上已有 127 个国家制定了反对家庭暴力的法律，但在俄罗斯没有。2.已有 124 个国家/地区推出了人身安全保护令制度，但俄罗斯没有。3.俄罗斯是保障妇女免受暴力侵害方面法律保护力度最差的 18 个国家之一。4.俄罗斯警察正在试图无视家庭暴力案例，直到受害人至少被刺伤才会处理。5.2017 年初，俄罗斯将家

1.《俄罗斯疫情期间家暴事件激增 2.5 倍，内务部对此进行了特别处理》，https://k.sina.cn/article_6496016472_18331585800100qkv3.html, 最后访问日期：2020 年 6 月 22 日。

庭中的殴打去罪化。"[1] 从中足以看出俄罗斯家暴问题的严峻程度，对于俄罗斯妇女来说，没有安全的家庭生活，便失去了实现充分的自我发展的基础，俄罗斯也无法实现真正和平安全良好的社会秩序。

第二节　俄罗斯性别平等与妇女发展的国际排名变化

　　妇女赋权是当今国际社会关注的关于性别平等与妇女发展的重要议题之一，一个国家的妇女赋权和性别平等实现程度是衡量该国社会文明发展程度的标尺，也是影响该国国际形象的重要因素。1995 年，在联合国开发计划署（UNDP）发布的《人类发展报告》（Human Development Report）[2] 中开始发布与性别相关的指数，性别发展指数（Gender-related Development Index，GDI）和性别不平等指数（Gender Inequality Index，GII）逐渐成为衡量各国性别平等实现程度的重要工具。2006 年起，达沃斯世界经济论坛（World Economic Forum）开始发布《全球性别差距报告》（Gender Gap Report），达沃斯世界经济论坛将性别不平等指数和性别发展指数作度量指标，性别差距指数（Gender Gap Index，GGI）也成为一种重要的度量指标。我们可以通过观察俄罗斯在性别发展指数、性别不平等指数和性别差距指数上的得分和世界排名的变化来侧面考察俄罗斯妇女赋权和性别平等的实现程度。

---

1. Принять закон о профилактике домашнего насилия. Для этого не затягивать сроки рассмотрения проекта закона, разработанного СПЧ при Президенте РФ еще в 2014 году, https://www.roi.ru/55538/, 最后访问日期：2020 年 6 月 23 日。

2. 联合国：《人类发展报告》，http://hdr.undp.org/en，最后访问日期：2020 年 6 月 23 日。

一 俄罗斯性别发展指数的国际排名变化

性别发展指数依据世界各国两性的预期寿命、受教育程度和实际收入情况来衡量各国性别发展情况，该值越接近1说明两性越平等。1995—2007年[1]俄罗斯的性别发展指数的数值经过了先下降后回升的变化，1995年俄罗斯性别发展指数得分为0.822，在130个国家和地区中排第29位，随后该值开始下降，2007年恢复到0.816，略低于1995年的水平，在182个国家和地区中排第59位（参见表5-5）。

表5-5 1995—2007年俄罗斯性别发展指数

年份	俄罗斯的性别发展指数		统计涵盖的国家和地区总数（个）
	得分	世界排名	
1995	0.822	29	130
1998	0.769	54	174
2002	0.794	49	177
2004	0.795	50	177
2007	0.816	59	182

资料来源：根据1995—2009年《人类发展报告》整理。

从性别发展指数项下的具体指标来看，俄罗斯妇女受教育程度处于较高水平，俄罗斯妇女实际收入情况持续改善。2014年《人类发展报告》统计了2002—2012年世界各国两性人口平均受教育的年限，该统计显示俄罗斯妇女平均受教育年限为11.7年，男性为11.8年，说明俄罗斯妇女受教育程度与男性大致相当，俄罗斯妇女平均受教育年限远高于世界妇女平均受教育程度，2002—

---

1. 每年《人类发展报告》公布的性别相关指数排行表有所不同，有些年份仅有性别发展指数，有些年份仅有性别不平等指数，有些年份两者都有，本部分数据根据历年报告实际情况选取数据。

2012年世界妇女平均受教育的年限为6年。性别发展指数还列出了世界人均国民总收入估值（GNI）[1]指标，1995—2013年俄罗斯妇女的人均国民总收入估值有明显增长，由1998年的5072美元上涨到2013年的18228美元；与俄罗斯男性相比，俄罗斯妇女人均国民总收入估值增速快于男性，俄罗斯妇女人均国民总收入估值占男性的比例也由1995年的62.3%上升到2013年的65.7%；与世界平均水平相比，2013年俄罗斯妇女人均国民总收入估值是世界平均水平的2.035倍，男性人均国民总收入估值是世界平均水平的1.518倍，俄罗斯妇女人均国民总收入估值占男性的比例比世界平均水平高16.7个百分点（参见表5–6）。

表5–6 1995—2013年俄罗斯人均国民总收入估值[2]

年份	女性 （美元）	男性 （美元）	女性人均国民总收入估值占 男性的比例（%）
1995	–	–	62.3
1998	5072	8039	63.1
2002	6508	10189	63.9
2007	11675	18171	64.3
2013	18228	27741	65.7
2013年世界平均水平	8956	18277	49.0

资料来源：根据1995—2014年《人类发展报告》整理。

二 俄罗斯性别不平等指数的国际排名变化

性别不平等指数反映的是两性在生殖健康、赋权和劳动力市场三个方面成

---

1. 人均国民总收入估值是指根据男女薪金比例、经济活动人口中的男女份额以及国民总收入（按统计当年购买力平价计算）得出的估算值。

2. 1995年《人类发展报告》未给出俄罗斯和美国女性人均国民总收入估值，女性收入占男性比例根据报告给出的两性工资分配比例计算。

就的不平等状况。该值越接近0说明性别越平等。2011—2013年，俄罗斯性别不平等指数的值呈减小趋势，由2011年的0.338降至2013年的0.314，性别不平等指数世界排名呈上升趋势，由2011年的第59名提高至2013年的第52名。与世界平均水平相比，2013年俄罗斯性别不平等指数的值低于世界平均水平，这说明，俄罗斯性别平等状况有所好转（参见表5-7）。性别不平等指数项下包括世界妇女劳动力市场参与率（占15岁及以上人口的比例）[1]这一指标，2005—2012年，俄罗斯妇女劳动力市场参与率始终高于世界平均水平，俄罗斯妇女劳动力市场参与率占男性比例也始终高于世界平均水平（参见表5-8）。

表5-7　2011—2013年俄罗斯性别不平等指数

年份	俄罗斯性别不平等指数		统计涵盖的国家和地区总数（个）
	值	世界排名	
2011	0.338	59	187
2012	0.312	51	186
2013	0.314	52	187
2013年世界平均水平	0.451	–	–

资料来源：根据2011—2014年《人类发展报告》整理。

表5-8　2005—2012年俄罗斯妇女劳动力市场参与率与世界平均水平

单位：%

年份	俄罗斯			世界平均水平		
	女性	男性	女性劳动力市场参与率占男性的比例	女性	男性	女性劳动力市场参与率占男性的比例
2005	54.3	68.5	79.3	52.5	78.4	67.0

---

1. 根据《人类发展报告》中的描述，劳动力市场参与率是指工作年龄人口中，参与劳动力市场或者积极寻找工作的人口所占百分比，该数据与俄罗斯联邦统计局统计的就业率略有不同。

年份	俄罗斯			世界平均水平		
	女性	男性	女性劳动力市场参与率占男性的比例	女性	男性	女性劳动力市场参与率占男性的比例
2009	57.5	69.2	83.1	51.5	78.0	66.0
2011	56.3	71.0	79.3	51.3	77.2	66.5
2012	57.0	71.4	79.8	50.6	76.7	66.0

资料来源：根据2005—2013年《人类发展报告》整理。

三　俄罗斯性别差距指数的国际排名变化

世界经济论坛发布的《全球性别差距报告》中的调查结果表明，俄罗斯的性别差距指数呈现波动上升趋势，由2006年的0.677增至2018年的0.701，说明俄罗斯本国的性别差距在减小。性别差距指数项下有一项经济参与和机会指数（Economic Participation and Opportunity），该指数衡量的是全球人口在经济活动参与、工资待遇和职业晋升这三个方面的性别差异，该值越接近1表示性别越平等。2006—2018年，俄罗斯的经济参与和机会指数得分呈现增长的态势，由2006年的0.696提高到2018年的0.741，这说明俄罗斯妇女的经济参与和获得机会的状况有所改善，俄罗斯妇女就业和职业待遇职业发展状况好于世界平均水平（参见表5-9）。

表5-9　2006—2018年俄罗斯的性别差距指数

年份	俄罗斯的性别差距指数		俄罗斯妇女的经济参与和机会指数		统计涵盖的国家和地区总数（个）
	排名	得分	排名	得分	
2006	49	0.677	22	0.696	115
2008	42	0.699	16	0.743	130

续表

年份	俄罗斯的性别差距指数		俄罗斯妇女的经济参与和机会指数		统计涵盖的国家和地区总数（个）
	排名	得分	排名	得分	
2010	45	0.704	28	0.736	134
2012	59	0.698	39	0.72	135
2014	75	0.693	42	0.726	142
2016	75	0.691	41	0.722	144
2018	75	0.701	31	0.741	149

资料来源：根据2006—2019年《全球性别差距报告》整理。

综上所述，从近年来俄罗斯性别发展指数和性别差距指数的得分来看，俄罗斯妇女经济地位呈现改善的趋势，但是从俄罗斯性别发展指数和性别差距指数的世界排名[1]变化来看，俄罗斯在经济领域性别平等的实现进程相对缓慢，有待提高。性别发展指数、性别不平等和性别差距指数项下的具体指标说明，俄罗斯妇女受教育水平较高，俄罗斯妇女参与经济活动的情况和妇女实际收入水平有所改善，俄罗斯性别工资差距有所减小，俄罗斯妇女职业晋升情况逐渐好转，俄罗斯妇女的整体经济状况呈现进步和发展的趋势，这有利于俄罗斯良好国际形象的树立。

小　结

俄罗斯落实本国妇女、和平与安全观的实践，对促进本国性别平等，推

1.《人类发展报告》涵盖的国家和地区数量不断增长，对俄罗斯的世界排名产生一定的影响。

动妇女全面发展起到了重要作用，俄罗斯妇女的劳动力市场参与、妇女的劳动条件和薪金待遇情况均有改善，妇女受教育程度保持较高水平，妇女家庭负担有所缓解。但是，俄罗斯妇女仍然面临着很多亟待解决的问题，防止家庭暴力是俄罗斯最需要解决的危害妇女身心健康和安全的难题，而消除陈旧的性别观念，进而提升妇女在决策事务中的参与率和缩减性别工资差，也应得到足够的重视。从国际视角来看，俄罗斯妇女的地位的改善，对于俄罗斯塑造良好的国际形象有积极的意义。

结语　促进妇女全面发展　创造和平安全环境

从古代俄罗斯到当代俄罗斯，该国最初构建的传统安全观逐渐转变为综合性的新安全观，其妇女、和平与安全观也随之发生变化。在冷战结束前，苏联保持传统安全观，注重国土安全和军事安全，如在1941—1945年卫国战争时期，苏联妇女走上前线，走进工厂，并在战后重建中发挥重要作用，她们的社会地位和经济地位也随之提升。冷战结束后，俄罗斯从传统安全观念转型为多元化的新安全观，将个人、社会和国家都视为安全的主体，开始重视经济安全、生态安全、社会安全和信息安全等非传统安全领域，采取了一系列增强综合国力、促进经济和社会发展的措施，促进妇女发展也成为其中一个重要部分。俄罗斯强调发展对于预防冲突的关键性作用，因而形成了以促进妇女发展为核心的妇女、和平与安全观，并认为和平安全的发展环境是必要的前提条件。

2000年10月，联合国安理会第4213次会议通过了关于妇女、和平与安全的联合国安理会第1325号（2000）决议，明确了"妇女、和平与安全"议程的主要内容和行动目标，并在随后的9个后续决议中对该议程作了发展和完善。但由于具体国情不同，各个国家（区域）对如何有效执行第1325（2000）

号决议，落实"妇女、和平与安全"议程也有不同解读。俄罗斯认为本国未处于冲突或冲突后重建的状态中，因此没有制定执行第1325号（2000）决议的国家行动计划，而是将"妇女、和平与安全"议程的落实工作与促进本国妇女发展的行动联系起来，主要包括提高妇女地位、促进妇女全面发展和为妇女创造和平、安全和平等的发展环境两个主要方面。俄罗斯执行第1325（2000）号决议、落实"妇女、和平与安全"议程的实践行动被纳入俄罗斯贯彻本国妇女、和平与安全观的历史进程，并成为其中的重要部分。

俄罗斯政府、俄罗斯妇女联盟、妇女组织和妇女个人都在其中发挥了重要的作用。俄罗斯政府制定了旨在促进本国妇女发展的国家行动计划和国家战略，出台了相关法律文件，关注的焦点是提高妇女的社会地位、改善女性劳动者的待遇、促进妇女平等就业、打击人口贩运等。俄罗斯妇女联盟制定了七大社会项目来改善妇女问题，主题包括保障男人和女人享有平等权利和平等机会，倡导世界和平、国际合作和国际友谊，尊重妇女的无偿照料和家务劳动，鼓励妇女参与公共事务决策等。俄罗斯的妇女组织涉及很多重要议题，包括先进性别观念的学习、推广和实践，鼓励妇女参政和参与劳动市场，反对家暴和为遭受家暴妇女提供社会救助，妇女群体互助，弱势群体帮扶和改善女性生活等。俄罗斯妇女个人勇于发声，在消除刻板性别印象和改善妇女形象等方面扮演着重要角色。俄罗斯女军人还走出国门，参与到联合国维和建和行动中。

从实际效果来看，在促进本国妇女发展方面，俄罗斯妇女赋权和促进妇女发展的实践，对促进本国性别平等起到了积极作用，与20世纪末相比，俄罗斯妇女地位有所回升，妇女接受职业培训情况、劳动力市场参与情况、妇女薪金待遇和劳动条件均有改善，失业人口性别比例较为均衡，俄罗斯妇女保持着较高的受教育率和教育水平，妇女参政水平也有一定程度的改善，对于先进性别观念的研究和推广工作也在有序开展，但陈旧的性别观念依然存在，并成为诸多妇女问题无法从根本上解决的原因。从国际视角来看，俄罗斯妇女地位的改善，对于俄罗斯塑造良好的国际形象有积极的意义。

在保障本国妇女安全方面，近年来，俄罗斯加大了打击人口贩运的力度，取得一定的积极成效，但对家庭暴力的打击力度严重不足，俄罗斯政府迟迟没有通过反家暴法，甚至对家庭暴力进行去刑事化处理。联合国秘书长古特雷斯指出："暴力不仅限于战场，对于许多妇女和女孩而言，最大的威胁就在她们本应该感到最安全的地方——自己的家中。"[1]可见，家庭暴力从来不是家庭边界内的私人问题，而是严肃的社会问题，要创造和平、安全和平等的社会秩序，俄罗斯应该看清家庭暴力的严重危害性，积极推动《俄罗斯联邦反家暴法（草案）》的审议工作，有效防治家暴行为。

在维持世界和平和参与建设和平方面，自20世纪90年代以来，俄罗斯多次较大规模裁军，军费开支也呈现出减少的趋势，这在客观上释放出向往和平的信息，为避免大国间相互猜疑并开展军备竞赛创造了有利条件。近年来，俄罗斯女性维和人员数量有所增加，女性军事观察员实现零的突破，俄罗斯媒体也在呼吁加派更多的维和人员参与维和行动，以便在维和建和过程中发挥更大作用。

1.《新冠病毒大流行导致全球家庭暴力激增 联合国秘书长呼吁家暴"停火"》，https://news.un.org/zh/story/2020/04/1054312，2020-04-25.

附录　俄罗斯联合国安理会发言记录[*]

联合国安全理事会第 4208 次会议

2000 年 10 月 24 日

拉夫罗夫先生（俄罗斯联邦）（以俄语发言）：主席先生，我同各位同事们一道表示，我们很高兴看到你这位纳米比亚的外交部长今天正主持安全理事会的本次会议。我还要感谢全体纳米比亚代表团在 10 月份中任主席时的工作。

主席先生，我们非常赞赏贵国在促进推动妇女地位的崇高目标中的贡献。我们还感谢安杰拉·金女士和海泽女士的发言，尤其感谢我相信将对联合国适当机构和秘书处的实际工作十分有益处的具体设想。

"妇女"、"和平"和"安全"几个字和谐地结合在一起，因为这一和谐是由自然预先决定的。然而，我们虽然选择这三个字为我们的议程，今天却不得不谈论其他的概念，这些概念的结合也是不自然的，但却常常出现在当今

---

* 附录摘自联合国官网中文版文件，参见 https://research.un.org/en/docs/sc/quick/meetings/。

的世界中：妇女和战争、妇女和武装冲突。

安全理事会的权限包括其维持国际和平与安全中的中心作用。我们各国元首最近在安全理事会首脑会议上一致通过的宣言中强有力地宣布了加强这一中心作用的决心。安理会参与解决世界各地区的大量武装冲突，这赋予我们适当注意对国际和平与安全构成威胁的危机局势的各个方面的困难任务。安理会近年来在履行其《宪章》主要义务的范畴内，举行了一些公开辩论并就在武装冲突中保护儿童、平民和人道主义人员以及就冲突后建立和平问题通过了一些重要决议。

我们必须表示，武装冲突、侵略战争和恐怖主义行为给妇女造成巨大的痛苦。她们由于处于敌对活动地区而死亡，她们在战争中失去丈夫、兄弟、父子，由于没有养家的人她们完全承担起经济问题的冲击，成为暴力的受害者并从一个难民营流浪到另一个难民营。她们需要一种对其敏感的作法和可靠的保护。

然而正如今天已经说过的那样，妇女不仅仅是无依无靠的受害者。她们是巨大的力量，能够在调和交战者和照顾战争中受伤者方面提供重要的帮助。

妇女缔造和平的潜力才刚刚开始成为现实。我们希望安全理事会今天的讨论将推动其进一步的发展。我们不能说国际社会迄今为止对这些问题充耳不闻。在人权和人道主义法律方面采用国际准则的范畴内提出的建议和将性别观点纳入主流的倡议、使妇女参与缔造和平与建立和平的倡议，都广泛地反映在《北京行动纲要》、《温得和克宣言》和《纳米比亚行动计划》以及妇女地位委员会第四十四届会议的关于妇女与武装冲突问题的一致商定的建议中。

国际刑事法院必须对武装冲突中无论可能由谁犯下的对妇女的性暴力施以无法逃脱的惩罚。我们确信，本机构将把安全理事会正在发挥的关键作用和谐地同现有的维持国际和平与安全的制度一致起来——在国家司法制度证明无效的情况下予以辅助。当俄罗斯于9月13日签署《国际刑事法院规则》时，我们同其他国家一道表明了争取结束除其他外对妇女犯罪不受惩罚现象的决心。

在6月举行的题为"2000年妇女：21世纪的性别平等发展与和平"的大会特别会议上，也强调了武装冲突中妇女的问题。特别会议最后文件的全面性，令人信服地表明无妇女充分参与下解决人类在各个方面的挑战是不可能的。这适用于妇女能够而且应当在消除和预防危机局势，在适当地养育年青一代、在发展和平文化以及在不同文明之间对话之中发挥的重要作用。

为保护妇女免于战争恐怖，再也没有比从人们生活中消除冲突更可靠的办法了。这是俄罗斯所提建议的主旨，建议呼吁国际社会在军事、政治、社会—经济、人权和环境保护领域采取一致行动。如俄罗斯总统普京在9月7日安全理事会首脑会议上发言所强调，为改进联合国预防危机的能力，尤其重要的是找出冲突的潜在原因，包括经济和社会原因；发展预防危机的文化并更多地集中于预觉事件。这是安全理事会的直接责任。

在试图为我们时代的严重挑战找到答案的时候，安理会应更密切地听取妇女的呼声，并在其决定中更密切地重视性别的角度。我们希望这一做法将促进对妇女权利的更有效的保护，并有助于实现主要的目标：在我们的地球上建立持久和平，以使"妇女"和"战争"以及"妇女"和"苦难"这几个词永远不再联在一起。

联合国安全理事会第 4635 次会议

2002 年 10 月 28 日

卡雷夫先生（俄罗斯联邦）（以俄语发言）：安全理事会2000 年10 月 31 日通过第1325（2000）号决议再次重申与妇女可做出贡献有关的整个一系列问题至关重要，它们涉及维持和加强国际和平与安全、冲突时期的妇女状况，以及妇女参与建立和平和冲突后安置。

明确集中阐述这些问题的成果之一是秘书长关于妇女、和平与安全的报告（S/2002/1154）。该报告涉及范围广泛、论述透彻，内容具有分析性。其实际重要性反映在其中所载的各项任务和建议中，它们说明了如何实现男女平等，尤其是改进武装冲突时期对妇女和女孩的保护，以及将性别问题纳入维持和平行动的各个方面。

想了解联合国可以做什么，我们必须看一看为在维持和平任务框架内处理性别问题拨出所需资源，包括财政资源的建议。我们支持在维持和平行动部内设立性别问题顾问一职的建议。这将有助于在联合国维持和平活动中改善在这些问题上的协调。

此外，我要提请成员注意报告第三节所载的若干建议，其中涉及在今后特别法庭中考虑性别因素的国际框架。我们认为建立国际刑事法庭排除了未来设立任何紧急法庭的必要性。这已在安理会将于不久的将来慢慢终止前南斯拉夫问题国际刑事法庭和卢旺达问题国际刑事法庭的办法中得到明确肯定。性别因素已在国际刑事法庭的工作中得到了适当考虑。

我们不能忘记，通过联合国采取措施本身是不够的。我们还必须考虑到妇女和儿童在武装冲突中的特殊需求，这不仅应表现在言论上，而且必须落实在行动中。妇女必须参与预防和解决冲突以及冲突后建设和平的所有阶段。

民间社会，包括非政府组织，其中许多是在性别问题整个领域里有着相当经验的非政府组织可以对解决所有这些问题做出切实贡献。没有人会不同意人口中尤其脆弱的部分——妇女、儿童、老年人、残疾人、难民、流离失所者——在危急局势和冲突中所遭受的痛苦最大。但妇女和女孩本身也可能是战斗人员并可能积极参与敌对行动，这就是为什么将妇女排斥在关于和平解决和关于建立冲突后权力机构的谈判之外犹如一颗延迟爆炸的地雷：一旦爆炸可能触发新的危机局势。

最后，我要感谢秘书长和所有参与编写该报告的人。此外，我要重申我们的信念，妇女可以在预防和解决冲突以及在建设和平过程中发挥重要作用。为了实现这一目标，我们必须设法确保她们能够平等和充分参与旨在维护和加强国际和平与安全的措施，尤其是通过加强她们在预防和解决冲突的决策方面的作用来确保其参与。

联合国安全理事会第 4852 次会议

2003 年 10 月 29 日

卡雷夫先生（俄罗斯联邦）（以俄语发言）：2003 年 10 月 31 日是安全理事会通过第 1325（2000）号决议三周年。在这三年中，解决妇女促进维持和加强国际和平与安全和冲突期间的妇女状况及其参与维持和平和冲突后安置方面的一系列重要问题方面取得了重大进展。

我谨感谢让－马里·盖埃诺先生和埃米·斯迈思就如何执行第1325（2000）号决议各项条款向我们提供的详细信息。考虑到不断演变的趋势和将性别问题纳入联合国活动的方方面面的新条件，我们满意地注意到为促进这一领域的各项措施的效率和效能所取得的进程和所做的工作。

武装冲突中保护妇女的问题仍然是联合国及其安全理事会的关注重点。然而，尽管对这些问题给予了这种有所侧重的关注，并承认这些问题的存在，我们仍有义务指出，克服其消极后果仍要求做出重大努力。不幸的是，许多建议仍停留在纸上，另一些建议并未得到充分执行。

我们在此非常希望继续开展机构间活动、制订具体执行第1325（2000）号决议的实际措施，尤其是在冲突期间改善对妇女和女童的保护，加强其对建设和平的参与，确保将性别前景纳入维持和平行动的各个部分。至关重要的是，在这一方面必须避免过甚、笼统和陈腐的结论和建议。制定广泛和全面的办法不应该有损于解决既有局势中的具体问题。

与此同时，我们不能忘记，仅仅通过联合国采取措施是不够的。有必要采取切实而非说说而已的行动，考虑到妇女和女童在实际冲突局势中的具体需求及其对预防和解决这些冲突，以及在冲突后建设和平各阶段的切实参与。

民间社会，包括非政府组织可以对解决所有这些问题做出重大的贡献，其中的许多组织在性别平等问题上有着丰富经验。

最后，我们要再次重申我们的信念，消除对妇女的各种形式的歧视和暴力，以及妇女在冲突期间的状况及其参与维持和平行动和冲突后安置的问题应该得到全面考虑，并仍保留不仅仅在安全理事会的议程上，而且还保留在其他大多数重要的世界性和区域性国际论坛的议程上。

联合国安全理事会第 5066 次会议

2004 年 10 月 28 日

卡雷夫先生（俄罗斯联邦）（以俄语发言）：自第 1325（2000）号决议通过以来的 4 年中，已经取得了很大成绩。我们感谢副秘书长、人权事务高级专员和联合国人口基金执行主任的发言，他们在发言中回顾了过去 4 年取得的成绩，描述了今后执行第 1325（2000）号决议的基本优先事项。

我们高兴地看到，今天摆在我们面前的问题不仅正受到安全理事会，而且也受到大会、经济及社会理事会及其职司委员会，特别是妇女地位委员会越来越大的关注。考虑到正在变化的趋势，以及相应地，在现有资源内，将性别问题引入联合国活动所有方面的新条件，在提高这方面采取的步骤的效率和效力方面已经取得进展。

但是，尽管我们非常关注这些问题，我们必须承认，仍需做出相当大的努力，才能克服它们的负面影响。至于这方面的具体行动，我们高兴地提及文件 S/2004/814 所载秘书长的报告。该报告详细描述了为执行第 1325（2000）号决议所采取的步骤。最重要的是，它包含了一些有益的建议，这些建议当然将需要一些时间仔细研究。

不幸的是，很多建议仍停留在纸头上，而其他建议只是部分地得到了执行。因此，我们欢迎秘书长关于拟定一项全面的全系统战略和行动计划的倡议，以使我们能够有重点地处理本组织这方面的工作。在这里，最重要的是避免做出过分广泛和公式化的结论与建议。拟定全面和无所不包的做法决不能妨碍我们寻找特定情况下具体问题的解决办法。这方面的一个好例子可能是制定指导方针，提高人们对妇女在解除武装、复员和重返社会计划中需求的认识。

我们深信妇女能够在预防和解决冲突方面发挥重要作用。我们支持秘书长关于制定战略，以确保妇女平等参与和平谈判和选举进程的意向。在冲突后复苏方面，我们支持关于更广泛地将《消除对妇女一切形式歧视公约》作为一项基准文件使用的呼吁。

仍然要有很多工作要做，以确保在规划、执行、监测和问责方面对性别观点予以系统性的考虑。然而，重要的是，把性别观点纳入实地工作不能只是口头说说，而应当在保护和改善冲突中和冲突后社会的妇女和女童状况方面取得真正成果。

最后，我要重申我们的看法：反对针对妇女的各种歧视和暴力现象、冲突中的妇女状况、她们参与维持和平和冲突后解决等问题将被视为一个整体，并将继续位于不仅仅是安全理事会的议程之上，而且也将位于最重要的全球和区域性国际论坛的议程之上。

联合国安全理事会第 5294 次会议

2005 年 10 月 27 日

罗加乔夫先生（俄罗斯联邦）（以俄语发言）：在第 1325（2000）号决议

通过后的过去五年里，我们取得了许多成就。我们满意地注意到，今天所讨论的各种问题不仅在安全理事会，而且在大会、经济及社会理事会及其各职司委员会，尤其是在妇女地位委员会中，得到了更多的重视。把社会性别问题置于重要位置的进程正在联合国活动的所有方面展开。威胁、挑战和改革问题高级别小组（A/59/565）和秘书长题为"大自由：实现人人共享的发展、安全和人权"的报告（A/59/2005）提出了这方面的有用建议。

然而，仍然需要做的事情还有很多。非洲大陆继续存在着一种尤其困难的局面。在那里的一些情况中，妇女的地位极其令人注目。这显示我们需要作更大的努力，使第1325（2000）号决议得到充分实施。我们没有完全利用这项决议的潜力，它是确定妇女在预防和解决冲突以及冲突后重建方面作用的重要指南。2005年首脑会议的结果文件（第60/1号决议）重申各国致力于充分和有效地执行这项决议，这尤其清楚地证明了上述一点。

在所谓的履行承诺时期，我们需要实际运用决议的各项规定，为妇女积极参与维护和促进和平与安全方面所有努力创造平等机会，并加强妇女在决策过程中的作用。我们认为，在不远的将来，建设和平委员会的活动中必须给予社会性别观点以其适当的位置。我们在制定建设和平委员会任务的时候，必须考虑到第1325（2000）号决议的实施。从总体上讲，这一领域活动的中心应该从安全理事会转到国际生活中的具体日常局势上。当然，只有在自然演变过程中才能达到可靠的结果。

我们正通过秘书长报告（S/2005/636）所载的实施第1325（2000）号决议全系统行动计划，为调动联合国各机构的努力奠定良好基础。我们欢迎这项计划中详细规定的各项具体活动，它们将使我们能够把联合国活动的侧重点放在关于妇女、和平与安全领域问题的全系统战略的实施方面。

我们注意到该项计划规定加强机构间协调和机构问责制。在这方面，重要的是，社会性别问题在实地的主流化不能只是一种意向声明，而应产生具体结果，以保护冲突和冲突后社会中的妇女和女孩并改善其状况。我们还欢迎秘书长打算确保对联合国人员的性剥削行为采取零容忍政策。秘书长关于首脑会议决定执行情况的报告反映了这个打算。

鉴于妇女能够而且已经在预防和解决冲突的所有方面发挥更大作用，我们支持制定一项战略，确保妇女充分参与和平谈判与选举。在冲突后重建方面，我们需要进一步运用《消除对妇女一切形式歧视公约》，将它作为一份基本文件。

此外，我们应该在目的在于在冲突后局势中消灭贫穷的联合国各方案和各基金的工作中更多地重视将社会性别问题主流化的问题。我们尤其想到的是加强妇女对社会和经济问题决策以及制定实现千年发展目标国家框架方面的参与的战略。

最后，我要重申我们深信，妇女参与和平进程的问题应该在联合国系统各机构中得到全面和优先考虑。

联合国安全理事会第 5556 次会议

2006 年 10 月 26 日

罗加乔夫先生（俄罗斯联邦）（以俄语发言）：安全理事会第 1325（2000）

号决议作为确定妇女在预防冲突、解决冲突和冲突后重建过程中作用的指导性文件仍然符合目前的需要。我们必须为妇女积极参与建设和平与安全，以及在决策方面发挥日益增大的作用创造平等机会。在这个过程中，我们必须适用该决议的条款。这个问题正被纳入大会、经济及社会理事会、妇女地位委员会工作的主流，并应在建设和平委员会的工作和人权理事会的工作中占有适当的地位。

无疑，在与预防冲突和解决冲突有关的所有问题上，妇女已经在起重要作用，并有能力起更大的作用。在这方面，我们支持制定一个战略以确保妇女充分参与和平谈判和选举进程。

在冲突后重建时期中，必须广泛地适用《消除对妇女一切形式歧视公约》，将它作为基本参照文书。

在整个联合国系统内执行安理会第1325（2000）号决议的《全系统行动计划》于2005年获得通过，它帮助我们执行联合国有关妇女、和平与安全问题的战略。该行动计划使加强机构间协调和机构问责制成为可能。然而，其潜力尚未得到充分利用。

我们同意秘书长在其报告（S/2006/770）中提出的意见，即有必要填补计划执行方面的差距，而这些差距部分是由整个联合国系统中的问题造成的。填补这些差距并不意味着设立新机构，因为这只会加剧重叠和不协调现象；相反，我们应该加强现有机制和特别程序的效力，办法是改进其协调和问责制，并确保它们利用可靠信息来源，这将使它们能够避免偏差。在此，我们应该强调机构间妇女和两性平等网络及其妇女、和平与安全专题组的作用。我们还同意有必要更多地用性别问题和提高妇女地位问题特别顾问办公室的专门知识。暴力侵害妇女问题特别报告员的工作并非无可指责。这里，我们还必须确保采取客观和非政治化的办法。

我们支持扩展《行动计划》。特别是，它应该涵盖与促进妇女参与和平进程这个问题有关的所有问题，并确保这个问题将仍处于联合国各机构关注的中心。

联合国安全理事会第 5766 次会议

2007 年 10 月 23 日

罗加乔夫先生（俄罗斯联邦）（以俄语发言）：第 1325（2000）号决议依然是一项重要的方针，用以确定妇女在预防和解决冲突、冲突后重建中的作用，并评估保护武装冲突中妇女权利的情况。重要的是，安全理事会执行该决议的工作应注重有关安理会授权的任务，而不是重复联合国其他机构的活动，包括大会、建设和平委员会、人权理事会和妇女地位委员会。

把两性平等问题同安全理事会专属职权范围内的一整套问题人为联系起来，将导致全系统一致性方面的失衡，并阻碍第 1325（2000）号决议的有效执行。另一方面，安理会不应只是注重武装冲突期间发生的性暴力。我们必须在安全理事会内努力寻找解决这一问题的平衡的方法，同时牢记它根据《联合国宪章》的任务和职权。这也涉及一个事实，即我们在这个问题和其他议题上看到有人企图在安全理事会内提倡保护责任的概念，根据 2005 年世界首脑会议《结果文件》，这一问题首先需要在大会中进行讨论。

根据其《宪章》规定的目标，安理会的重点应当首先是最紧急和重大的武装冲突，并且显然不仅仅是在非洲。我们认为，整个联合国应当优先对付针对妇女的大规模和有系统的暴力。在秘书长提交安全理事会的有关特定局势的报告中增加性别问题的篇幅将有助于这项目标，并且这可以成为安理会推动这项目标的工作中的一个新的具体步骤。

我们认为，我们也不应当把这项重要决议的范围缩小到性暴力问题上，忽略了针对妇女的其他形式的暴力，甚至不提其他问题，例如妇女平等参与和平进程、在联合国的方案和战略中列入两性平等方面，等等。我们认为，正如在有关儿童与武装冲突的工作中那样，我们应当同样关注针对妇女和儿童的所有严重的暴力行径，包括谋杀和致残。这种罪行——包括恐怖主义行动的罪行、滥用或过度使用武力，或武装部队的非法行动，包括私人保镖承包商的非法行动——需要得到国际社会的持续关注。

2005—2007 年期间执行第 1325（2000）号决议的《全系统行动计划》推动了联合国有关妇女、和平与安全战略的执行。它的执行帮助加强了国家能力，而这是保护妇女权利和鼓励她们平等参与建设和平工作的一个关键条件。我们同意秘书长报告（S/2007/567）中的结论，即有必要克服该计划执行工作中的缺陷。

与此同时，我们不能同意有关在安全理事会内部建立监测国家一级第1325（2000）号决议执行情况的专门机制的建议。我们认为，这只会加剧重复和缺乏一致性的问题。类似计划中的经验表明，这将不会导致实地的真正改善。需要的是提高现有机构的效力，而不是建立新的官僚机构，特别是在尚未解决联合国新的两性问题架构之时。

在这方面，我们对秘书处在安全理事会本次会议前夕的公开声明感到困感，这些声明对安理会关于建立监测机制的结论做出了预先判断。一般而言，我们支持延长 2008—2009 年计划，以便进一步开展联合国同感兴趣的国家之间的建设性协调。

联合国安全理事会第 6005 次会议

2008 年 10 月 29 日

丘尔金先生（俄罗斯联邦）（以俄语发言）：我们感谢雷切尔·马扬贾女士、伊内斯·阿尔韦迪女士、莎拉·泰勒女士和阿兰·勒罗伊先生介绍非常有用的情况，我们也感谢秘书长编写专题报告（S/2008/622）。

第 1325（2000）号决议依然是我们促进妇女在预防和解决冲突、冲突后恢复和在冲突中保护妇女权利方面发挥作用的最重要指导文件。我们必须执行决议的规定，为妇女创造平等机会，让妇女积极参与各项维持和平与安全努力并促进妇女在决策中的作用。为此目的，我们必须确保男女真正的总体平等。因此，不仅安全理事会，而且其他联合国有关机构，包括大会、建设和平委员会、人权理事会和妇女地位委员会，都应该在这方面做出努力。

妇女可以为方方面面预防和解决冲突做出更大的贡献。在冲突后恢复过程中，我们必须更广泛地利用《消除对妇女一切形式歧视公约》，把它作为一项基本文件。我们还必须更加重视把两性平等纳入联合国工作主流，减少贫困，把不平等现象作为冲突根源来处理。这里，我们特别可提及的是，妇女更多参与社会和经济问题决策和参与制定本国实现今年发展目标的框架。

我们欢迎联合国系统为保障妇女行使权利所采取的具体步骤。我们认为，有必要更加积极地利用性别问题和提高妇女地位问题特别顾问的专门知识。同时，我们注意到，秘书长在报告中对安理会先前提出的在安理会议程中有关武装冲突对处于冲突局势中的妇女和女孩的影响的问题没有做出全面答复。报告只用一页篇幅谈这一非常重要的议题，根本忽略了一连串严重问题。另外一个问题是，在武装冲突中保护妇女几乎被缩小为性暴力问题，而无视针对妇女的其他罪行。这种做法严重削弱第1325（2000）号决议规定的任务。从安全理事会的宪章目标角度看，首先应该侧重最紧迫、大规模武装冲突问题。

联合国应该优先解决大规模蓄意暴力侵害妇女与儿童的问题。应该对冲突中发生的各类此种暴力给予同等的关注。妇女和儿童被杀被伤，包括因不分青红皂白滥用武力或过度使用武力造成的伤亡，令人严重关切。不幸的是，此类现象的实例近来可在世界许多地区找到。这种罪行往往得不到惩罚，或以所谓"附带损害"在所难免为借口加以辩护。我们认为，安理会应按照原则，以无偏见方式评估此类事件。

重要的是，将两性平等观念纳入联合国工作主流，包括实地工作，要在冲突和冲突后社会保护和提高妇女与女孩地位方面产生具体结果。这就需要采取平衡的全系统办法，首先是一定让妇女充分参与这些进程。

联合国安全理事会第 6195 次会议

2009 年 9 月 30 日

丘尔金先生（俄罗斯联邦）（以俄语发言）：主席女士，我感谢你并欢迎你来到安全理事会。由于这是9月美国担任主席的最后一次会议，我谨向美国常驻代表苏珊·赖斯大使和整个美国代表团表示赞赏，他们有效领导了安理会，并把一些重要和相关的问题提交安理会。俄罗斯联邦为促进这项工作的成功做出了积极努力。

俄罗斯联邦欢迎安全理事会通过第1888（2009）号决议。我们认为，这项文件完成并补充了以前通过的有关妇女、和平与安全问题的决议，即第1325（2000）号和第1820（2008）号决议。

我们认为，性暴力是一种可怕的罪行，必须予以断然谴责和严厉惩罚。广泛和有系统发生这一现象的局势，特别令人关切。我们相信，我们绝不能忽视武装冲突局势中其他形式的侵犯妇女权利和对其实行暴力的行为。

在这方面，俄罗斯赞成以全面方法处理这些问题。暴力的不同性质要求适当关注各类暴力。这符合第1325（2000）号决议的精神，该决议仍然是在冲突中保护妇女和保障她们权利的最重要的指导方针。我们相信，必须在有关两性平等的所有问题的范围内看待这些问题。

我们应当回顾，消除针对妇女的暴力的一个重要先决条件，就是妇女本身充分参加和平谈判和冲突后的重建。在这方面，俄罗斯联邦欢迎越南的倡议，在10月5日举行一次关于全面执行第1325（2000）号决议并注重妇女在冲突后重建中的作用的安全理事会公开会议。

最后，我们相信，通过共同努力，我们不仅能够减少武装冲突中性暴力的发生，还能够按照第四次妇女问题世界大会和大会第23届特别会议的精神，在确保两性平等和改善妇女状况方面取得重大进展。

联合国安全理事会第 6411 次会议

2010 年 10 月 26 日

丘尔金先生（俄罗斯联邦）（以俄语发言）：我们感谢在今天的辩论会开始时做出评估和提供信息的所有发言者。特别是，我们欢迎米歇尔·巴切莱特女士担任主管两性平等和提高妇女权能副秘书长兼妇女署执行主任的新职。我们预计，妇女署的活动将有助于加强和提高联合国两性平等问题上的工作效率。

在安全理事会通过第 1325（2000）号决议以来的十年里，这份文书已经成为冲突中保护妇女和加强妇女在预防和解决冲突与冲突后恢复方面作用的一个实际参照点。令人遗憾的是，妇女和儿童继续成为蓄意攻击，包括恐怖主义行为和其他违反国际人道主义法行为的受害者。刚果民主共和国最近发生的事件已经表明，性暴力问题仍是多么悲惨。

同时，暴力性质多种多样，意味着必须适当重视所有各类暴力。妇女、和平与安全这个主题不应被缩小成孤立的现象。如此全面平衡的处理方式构成了第 1325（2000）号决议的基础。

我们严重关切杀害或伤害妇女和儿童的行为，包括过度滥用武力现象。此类罪行经常不受惩罚。我们认为，安理会毫无疑问应当审议这类问题。

给妇女造成苦难的危机局势涉及多方面，不仅需要安全理事会，而且也需要大会、建设和平委员会、人权理事会和妇女地位委员会各自依照职权加以处理。我们认为，这方面必须避免重叠，争取使这些机构相关职能实现互补。考虑到问题的范围，从全系统一致性角度来看，仅限于在安理会讨论两性平等问题将会造成失衡，影响到第1325（2000）号决议的有效实施。

我们感谢秘书长编写了现摆在安理会面前的报告（S/2010/498）。同时我们认为，报告中提出的各项指标仍然需要对照现实和实践，根据其在促进充分发挥第1325（2000）号决议潜力方面的效力来核证。在经过联合国系统验证，并在秘书长提出相关报告之后，应再度审议这些指标的效力。在核证期间，应按照今天所通过的主席声明（S/PRST/2010/22）中载述的规定，有分寸并仅在执行第1325（2000）号决议方面使用这些指标。

在今天纪念第1325（2000）号决议通过十周年之际，我们应强调，还有许多工作要做。安理会各伙伴以及联合国系统其他有关机构和机制应进一步重视妇女参与执行工作，在建立维和特遣队以及把其他相关问题纳入特派团任务规定时，加强两性平等。这些问题显然需要根据每一具体情况的特点加以处理。

我们相信，安全理事会在其职权范围内做出明确努力以执行第1325（2000）号决议，将确保在今后几十年维护和加强决议的效力。俄罗斯打算为此做出积极的贡献。

联合国安全理事会第6642次会议

2011年10月28日

卡雷夫先生（俄罗斯联邦）（以俄语发言）：我们感谢秘书长潘基文先生、副秘书长兼妇女署执行主任巴切莱特女士、经济及社会理事会主席卡潘布韦大使以及民间社会代表Nemat女士就妇女、和平与安全问题所开展的工作，以及他们就这方面的情况所提供的信息。

第1325（2000）号决议逾十年的历史在实践中清楚地表明，该决议对于促进妇女在预防和解决冲突、冲突后重建以及在冲突期间保护妇女方面的作用至关重要。在这方面，我们对今年妇女参与预防性外交这个问题在安理会主席声明中受到优先关注表示极为高兴。

正如我们在许多场合、各种论坛以及各项活动中所说的那样，决不可仅将妇女视为武装冲突中的受害者。这种看法本身就是一种歧视。消除对处于这种局势中的妇女的歧视的重要先决条件，是让这些妇女充分参与预防性外交的所有相关方面。妇女能够而且必须为预防和解决冲突做出更大贡献。

就安全理事会依据《宪章》行使的职能而言，它应当仅关注对国际和平与安全构成威胁的局势。暴力侵害妇女问题应当只有在与维护和平与安全问题有关，而且严格来说与列入安理会议程的局势有关时，才由安理会来审议。我们坚信，这将保障安理会有效开展工作，以执行第1325（2000）号决议。

我们还表明，人为地将两性平等问题的所有方面全部与安全理事会挂钩，这种做法有悖安全理事会的任务授权，并导致全系统协调方面出现不平衡。让我们也不要忘记，这个问题不仅安全理事会在处理，而且大会、建设和平委员会、人权理事会及妇女地位委员会也在处理。重要的是，这些机构的任务授权不应相互重叠。

我们还坚信，建立一个由安全理事会领导的专门机制来监督第1325（2000）号决议的执行情况是不恰当的。显然，现在需要的是在妇女署领导下改进系统内现有各机制的协调与问责，以提高这些机制的效力。我们欢迎妇女署在巴切莱特女士领导下为巩固涉及妇女问题及和平与安全的各种结构、部门和程序的工作所作的努力。但现在评估妇女署的工作为时尚早，因为妇女署仅在10个月之前才开始工作。

我们仔细研究了为本次会议编写的秘书长的报告（24HS/2011/598*）。我们建议，应当确保未来的报告如第1325（2000）号决议本身所要求的那样反映暴力侵害妇女行为的多面性。特别是，我们吁请秘书长对妇女和儿童特别由于滥用或过度使用武力行为而死亡或受伤这样的重要问题予以更多关注。这种犯罪行为往往不受惩罚，或者以不可避免或所谓的"附带损害"为之辩护。这尤其与《日内瓦公约》的规定相矛盾。利比亚境内最近发生的事件就是这方面的例子。

联合国安全理事会第6877次会议

2012年11月30日

卡雷夫先生（俄罗斯联邦）（以俄语发言）：首先，我们要感谢主席国印度和危地马拉代表团组织召开今天的会议。我们感谢前面各位发言者做出的评估和提供的有益信息。

自第1325（2000）号决议通过以来的12年中，情况发生了很大的变化。该决议载有加强妇女在预防冲突和解决冲突以及冲突后重建中的作用、保护冲突局势中的妇女等重大原则。这些原则已成为在妇女、和平与安全问题上开展全面落实和实践工作的一种路线图。

令人遗憾的是，尽管做出了种种努力，但是在武装冲突中成为各种形式暴力牺牲品的妇女数目并未减少。正因如此，我们认为应当对各种暴力类别予以同等关注，其中包括不分青红皂白地滥用武力或过度使用武力造成妇女和儿童伤亡的情形。这不仅是一个假设问题；这个问题目前就存在。

国际社会期待对北约在利比亚的行动造成包括妇女和儿童在内的平民死亡的情形进行调查的结果。独立媒体已在很多场合发表了有关这方面事实的具体信息。联合国人权事务高级专员也是在谈到安理会时指出，有必要确保完成调查。我们知道，在今天的辩论会上，我们将听取北约代表的发言。

我们希望，她将借此作为顾问的机会，让我们了解调查结果进展状况如何。我们同样感到严重关切的是，使用诸如无人驾驶飞机等新式武器造成的所谓附带损害的统计数据。

妇女不仅仅是武装冲突的受害者；她们还为冲突的预防和解决做出重大贡献。我们认为，妇女直接介入冲突的预防和解决工作是杜绝暴力侵害妇女行为的重要先决条件。在这方面，我们欣见今年主席声明（见S/PRST/2012/23）优先关注了民间社会中的妇女组织在预防和解决武装冲突以及和平建设中的作用问题。尽管在武装冲突各阶段保护妇女的关键作用应由各国政府承担，但是民间社会和联合国系统各机构采取的措施能够支持和补充各国的努力。

不仅是在威胁国际和平与安全的武装冲突中，而且在各种危机局势中妇女遭受的痛苦都尤为深重。我们欣见大会、建设和平委员会、人权委员会和妇女地位委员会在履行各自的职责时都利用了安理会提供的关于暴力侵害妇女行为问题的背景情况。不过，必须恪守本组织的现行分工，不要重复努力，也不要侵入其他机构的职权范围。联合国其他机构正在顺利处理家庭暴力、妇女健康和教育以及其他许多问题。安理会必须按照第 1325（2000）号决议，仅限于审议涉及维护和平与安全主题的妇女问题，并严格限于列入其议程的那些局势。

我们认真研究了秘书长为今天会议编制的报告（S/2012/732）。关于其根据第 1325（2000）号决议执行情况前三分之一的评估指标所收集的内容，我们要强调指出的是，个别指标的相关性和时事性及其范围与适用情况，仍然提出了问题。报告中根据这些指标提供的信息，就其大部分而言，都是干巴巴的统计数据。并没有对收集到的信息认真分析，因而，现在从数据资料，尚不可能理解其重要性，评估其附加价值，或者得出关于妇女地位的具体结论。

我们认为，关于指标方面的工作现正处于审查阶段，必须更加透明和公开，也就是说，要有联合国所有会员国的参与。关于利用所谓的执行第 1325（2000）号决议国家行动计划作为评估该国在改善妇女地位的工具这一想法，这种计划应当由处于武装冲突局势中的那些国家在自愿基础上拟订。如果其他国家想要拟订类似的国家计划，它们有权，而不是有义务这样做。

俄罗斯深信，妇女有着重大而积极的潜力参与解决武装冲突和冲突后复原的各个方面。正如第 1325（2000）号决议所要求的那样，安理会以及联合国系统的相关机构和机制都必须更多关注如何让妇女参与这类进程。我们还支持关于在建立维持和平特遣队时考虑性别问题的建议。我们还注意到，重要的是要将这些问题纳入这类特派团的任务授权。与此同时，我们决不可用一种标准模式来处理这类问题，而必须顾及每个情势的具体特点。

最后，我们要重申，我们相信，只有通过包括民间社会在内的有关各方共同努力，才有可能确保妇女的各项权利及在武装冲突中受到保护。对我们所有人来说，这一事项上的指导方针仍然是执行第1325（2000）号决议。

联合国安全理事会第6948次会议

2013年4月17日

丘尔金先生（俄罗斯联邦）（以俄语发言）：部长女士，我们愿再次欢迎你主持本次会议，并感谢你召开本次会议。我们还感谢负责冲突中性暴力问题的秘书长特别代表班古拉女士。如我们所见，由于特别代表的坚持不懈和对消除性暴力目标的承诺，她在不到一年的时间里完成了大量工作。

正如安理会有关妇女、和平与安全问题的最基本决议，即第1325（2000）号决议中指出的那样，在审议与此相关问题的时候应当采取全面的做法。武装冲突期间出现的暴力性质各不相同，需要对其所有表现形式予以重视。毋庸置疑，必须坚决谴责和严惩性暴力。我们认为，这个问题的的确确存在，特别是在此类罪行正变得越来越普遍的某些冲突局势中。

但是，我们知道，并非所有此类局势都对国际和平与安全构成威胁，需要安全理事会的干预。因此，我们觉得，与在武装冲突各个阶段或冲突后局势中预防和打击性暴力有关的问题主要是国家政府的责任。此外，与打击性暴力有关的问题，取决于背景并在现有任务授权的框架内，不仅由安理会，而且也由其他联合国机关，特别是大会、人权理事会以及妇女地位问题委员会来处理。人为地把每一个性暴力问题与安全理事会的工作挂钩，不仅会导致在全系统协调方面出现失衡，也会对这一领域工作的有效性产生不利影响。我们认为，应当对安全理事会议程上性暴力是保护平民方面主要问题之一的局势给予优先关注。

打击性暴力也是在和平进程和冲突后恢复工作中需要采取的众多措施中的一个重要组成部分。此类罪行并不是武装冲突的根源，而是有罪不罚现象泛滥的结果。我们认为，犯下的罪行必须得到强制惩处，无论这些罪行是性暴力、恐怖主义，还是不加区别或不成比例地使用武力。毕竟，所有这些行径的受害者都是完全无辜的人们。

我们饶有兴趣地研读了为本次会议提交的秘书长的报告（S/2013/149）。给我们留下的第一印象是，这份文件全面透彻，而且特别代表做了广泛的工作。但是，文件的内容令我们产生了一些疑问。

我们认为，为了对如此敏感的一个问题进行真正可信的讨论，至关重要的是应根据客观和可靠的信息，冷静采取行动。例如，只把叙利亚境内性犯罪的责任推给叙利亚政府部队及其支持者。尽管对反对派代表犯下的类似罪行已有很多陈述，但报告中对这些罪行却只是一笔带过。

我们不清楚选出这份报告各个部分提及的国家所依据的原则是什么。例如，在"与国际和平与安全有关的当前的和正在出现的令人关切的性暴力问题"这个部分，除了安理会议程所列国家的局势外，许多其他国家的局势也得到了强调。令我们惊讶的是，报告中引述的大量有关世界不同地区性暴力行为的案例中，有的时候这一问题并不是一个趋势，也不是有系统的性暴力做法，而只是孤立事件。对许多此类事件的进一步调查表明，它们更有可能是由犯罪团伙犯下的可以进行刑事惩处的罪行，而不是战争罪。

在安全理事会主持下在这个领域开展工作的范围是经由一个政府间进程商定的，并且载于安理会相关决议之中。因此，我们觉得这涉及审议武装冲突中性暴力的问题。我们呼吁特别代表在开展工作时恪守安理会的任务授权。我们认为没有必要设立一个特别程序或特别机构来监督冲突当事方履行打击性暴力义务的情况。我们认为，这方面目前的机制已经足够，其中最重要的是负责冲突中性暴力问题的秘书长特别代表，法治和武装冲突中性暴力问题专家小组也发挥了重要的作用。正如我先前所谈到的那样，我们认为，在安全理事会审议性暴力问题必须只在有关妇女、和平与安全的议程项目下，并且结合维护和平与安全的问题来进行。

最后，我们要再次强调，如果得不到国家政府的同意和积极参与，国际社会做出的努力将是徒劳的，因为国家政府对处理涉及武装冲突中保护平民的一系列问题负有主要责任。

联合国安全理事会第 7044 次会议

2013 年 10 月 18 日

扎盖诺夫先生（俄罗斯联邦）（以俄语发言）：我要感谢主席国阿塞拜疆组织召开本次会议。我们还感谢秘书长和其他发言者所作的评估和所提供的非常有益的信息。

迄今十多年来，第 1325（2000）号决议已清楚地证明，对于加强妇女在预防和解决武装冲突方面和在冲突后重建期间的作用以及在这种冲突期间保护妇女，它发挥了至关重要的作用，具有重要意义。令人遗憾的是，尽管做出了诸多努力，但妇女继续沦为各种形式暴力的受害者。正因为如此，我们认为，必须更多地关注这种罪行的所有类别。第1325（2000）号决议要求采取这种平衡的方法。不分青红皂白或过度使用武力等行为造成妇女和儿童死亡和受伤的案件令人严重关切。我们认为，对此类罪行完全视而不见或辩称它们是所谓的不可避免的附带伤害行为，这是不可接受的，因为这有悖《日内瓦四公约》的规定。

当今世界的主要特点之一是，众多危机给妇女造成了痛苦。同时，并非所有这些局势都对国际和平与安全构成威胁，从而要求安全理事会进行干预。让我们回顾，性暴力问题不仅安全理事会有权处理，而且大会、建设和平委员会、人权理事会以及妇女地位委员会也有权处理。我们必须遵守现有的本组织内部分工原则，避免各机构的工作和职权出现重叠。

我们认为，安理会若要有效执行第1325（2000）号决议，就必须坚定不移地侧重于执行其决定性任务，从国际和平与安全以及其议程所列其他问题的角度处理妇女问题。

我们仔细研读了为今天的会议编写的秘书长的报告（S/2013/525）。我们要指出，它在列述事实方面并不全面。我们认为，今后此类报告应当如第1325（2000）号决议所规定的那样以更为平衡的方式从维护国际和平与安全的角度考虑针对妇女的暴力的性质。

就报告所列事实而言，它们是根据关于第1325（2000）号决议执行情况的头三分之一评估指标编列的。对于个别指标的有用性和相关性以及这些指标的适用范围，我们仍有疑问。我们认为，指标的制订工作——这一工作仍处于尚待批准的阶段——必须具有透明度和公开性。

毕竟，国际和平与安全问题是联合国所有会员都关心的问题。我们不赞成该报告所提出的将关于第1325（2000）号决议执行情况的国家报告用作各国改善妇女总体地位政策的评估工具这一概念。相关国家计划应由那些陷于武装冲突局势的国家自愿编制。如果其他国家希望制定类似的国家计划，那显然是它们的权利。然而，不应因为一些国家自愿决定这样做而要求所有国家都必须这样做。

我们坚信，妇女参与解决武装冲突和冲突后重建各方面工作有着非常积极的潜力。决不可仅把妇女视为武装冲突的受害者。这种做法本身就带有歧视性。在我们看来，妇女直接参与预防和解决武装冲突是消除针对妇女的暴力的重要前提。我们要表示满意的是，今天通过的第2122（2013）号决议极为关注根据第1325（2000）号决议让妇女参与此类进程的方式。显然，在调集维和部队时，必须考虑到性别平等问题。

同样重要的是，应将此类问题纳入相关特派团的任务授权。我们敦促各国在处理这些问题时不要先入为主，而要顾及各个局势的特点。在指示联合国系统如何将性别平等问题纳入其任务授权时，也必须采取这种区别对待的方法。联合国系统各机构都有明确的任务授权，而对于其中多数机构来说，妇女、和平与安全问题不是一个绝对优先事项，而只是旨在预防和解决武装冲突和冲突后局势的行动框架内的若干因素之一。我们不要忘记，在武装冲突的所有阶段，保护妇女的主要责任在于国家政府，联合国系统各机构和民间社会所采取的措施则必须旨在支持和补充国家所作的努力。

我们不赞成这样一个观点，即认为建立一个处理性别平等问题的安全理事会专门机制是有益的。我们认为，确保执行第1325（2000）号决议的现有机制的效力，并不依赖建立新官僚主义程序，而有赖于改进妇女署领导下的现有机制的协调性和问责度。

联合国安全理事会第 7289 次会议

2014 年 10 月 28 日

扎加伊诺夫先生（俄罗斯联邦）（以俄语发言）：主席女士，允许我感谢你召开本次会议。我还要表示，我感谢所有通报者就这一重要议题作了详细的发言。

第 1325（2000）号决议是 15 年前通过的，没有失去任何现实意义。它为加强妇女在预防和解决冲突、冲突后重建乃至在冲突中保护妇女等方面的作用提供了指南。

我们认真阅读了秘书长为本次会议编写的报告（S/2014/693）。我们对新趋势，即暴力侵害妇女及侵犯她们的权利的行为，包括与恐怖主义、暴力极端主义和跨国有组织犯罪相关的行为的次数增多同样感到关切。妇女通常是武装冲突中暴力的受害者。妇女和儿童遭受杀害和受伤，包括通过对平民滥用或过度使用武力造成此种杀害和受伤，令人严重关切。如今，这也发生在欧洲。忽视此类罪行或以不可避免的附带损害为其开脱是不被准许的。

安理会为落实第 1325（2000）号决议所采取行动的效力的保证之一是，它在具体任务授权范围内开展的工作以及它在维护和平与安全的背景下及讨论安理会议程上局势时审议妇女问题。暴力侵害妇女行为问题不仅属于安全理事会的职权范围，而且属于大会、建设和平委员会、人权理事会和妇女地位委员会的职权范围。这些机构的努力只有遵循合理分工和避免任务重叠的原则，才会取得最佳效果。因此，我们仍然怀疑是否应当在报告中列入对与国际和平与安全问题没有直接联系的妇女状况的评估。

关于起草执行第1325（2000）号决议的国家行动计划的想法，我们认为，此类计划应当在自愿基础上编写，首先应当由那些处于武装冲突局势中或冲突后建设和平局势的国家编写。我们呼吁针对这一问题采取的办法应当考虑到具体国家的具体情况。

妇女和儿童占多数的难民和境内流离失所者的人数增长，意味着需要为保护他们而采取有效措施。我们对今天通过的主席声明（S/PRST/2014/21）适当关注这一问题表示满意。我们坚信，妇女、难民和境内流离失所者参与解决武装冲突和冲突后重建的各个方面有很大的好处。他们的积极参与是预防和应对暴力侵害妇女和女童行为的手段。

一年前，俄罗斯联邦曾面临向来自乌克兰东南部地区的难民提供大量援助的任务。目前，俄罗斯领土正收容约83万乌克兰公民，其中45万提出正式身份申请，这样他们才能在俄罗斯滞留和获得难民或临时难民的身份。他们当中绝大多数是妇女和儿童。由于位于乌克兰东南部地区的居民区不断遭受炮击，我刚刚列举的数字可能会上升。

难民们被收容在66个俄罗斯区域。专门紧急服务人员协助他们并向他们提供医疗和心理救助。有免费餐饮供应，并一次性发放生活费用。就业专门人员帮助新人找到工作。在幼稚园、中小学和大专院校为孩子们提供位置。为儿童和孕妇等提供必要的医疗协助。设有24小时热线。据在俄罗斯的人道主义事务协调厅的代表讲，俄罗斯政府正百分之百地满足难民的需要。志愿工作人员和非政府组织也伸出援手。

令人感到鼓舞的是，为在明年庆祝安全理事会通过第1325（2000）号决议15周年的准备工作现在已经启动。我们希望，安全理事会在第2122（2013）号决议中的请求，即举行一次审查第1325（2000）号决议执行情况全球高级别会议，将调动各国作出努力，填补漏洞和确定进一步行动的优先事项，以便确保妇女公平、充分地参与预防和解决武装冲突的工作。要使这一进程有效，各国需要积极参与。顾及所有国家而非只有安全理事会成员的立场，能够确保关于妇女、和平与安全的进一步措施切实有效。我们呼吁与各国密切合作和协商，为审查活动开展一次透明、公开的准备进程。我们热切期待审查结果，秘书长将在其每年向安理会提交的主题报告中述及这一结果。

联合国安全理事会第 7533 次会议

2015 年 10 月 13 日

丘尔金先生（俄罗斯联邦）（以俄语发言）：首先，请允许我感谢西班牙组织本次公开辩论会。我们感谢秘书长、联合国妇女署执行主任和其他所有发言者为今天的讨论做出了实质性贡献。

本月是第1325（2000）号决议通过15周年。这项决议将妇女、和平与安全议题纳入了安理会议程。近期由中华人民共和国和联合国妇女署在联合国总部举行的关于性别平等和增强妇女权能的全球领导人会议再次强调了决议的执行工作和各国承诺实现其目标的重要性。我们祝贺会议组织者会议取得成功，再次突出了《北京宣言》和《行动纲领》的重要性，它们仍然是过去

20年扩大妇女权利和机会的重要指导文件。

在《北京宣言》中，各国重申决心采取必要措施以实现和平、促进提高妇女地位，并确认妇女在促进和平方面发挥的领导作用。

我们对第2242（2015）号决议投了赞成票。这项决议是由西班牙和联合王国编写的，[1]旨在评估15年来执行第1325（2000）号决议的情况，为会员国和整个联合国系统进一步努力履行确保妇女参与预防和解决冲突的重要任务制定主要指导方针。鉴于决议特别重要，内容全面，覆盖联合国乃至整个国际社会活动的各个不同领域，它的编写工作无疑是一项非常困难和艰巨的任务。

不幸的是，关于第1325（2000）号决议执行情况的全球审查报告发布过晚，缺乏时间仔细研究和考虑其中各项建议的所有方面，影响了审查报告草案的谈判。因此，我们认为，在一些问题上无法提出经过测试和检验、完全符合各种实体，包括参与反恐活动的安理会实体的任务规定及职权范围的行文。

在谈判过程中，我们的立场是，必须避免扭曲，保持现有分工安排，这很重要，否则可能对所有这些机构的工作产生不利的影响。

我们不认为，用讨论今天通过的决议的形式预先判断安全理事会就有关建设和平与维持和平行动所进行的其他审查进程的结果是合理的。我们不同意有必要就有关妇女、和平与安全的问题设立一个非正式专家组的观点。我

---

1. 此处翻译有误，应为：我们赞成西班牙和英国提交的决议草案，对第2242（2015）号决议投了赞成票。

们认为，设立新机构并不能保证安理会的工作效力。总之，我们认为，这种做法可疑，其目的旨在建立越来越多的辅助机构，以覆盖议程上的各种项目。这种结构具有非正式的性质，将这一问题提交安全理事会内的这种机构，也是不恰当的。

鉴于武装冲突的数量在增加，我们认为，安全理事会应专门侧重与维持国际和平与安全有关的问题。我们还认为，具体的侵犯人权、包括妇女人权的行为，应由专门国际机构审议。

尽管有上述缺点，但我们希望第2242（2015）号决议的通过将有助于有效地履行国际社会在妇女、和平与安全议程框架内面临的多方面任务。考虑到这一问题的重要性和相关性，我们认为有必要对此草案投赞成票。

秘书长的报告概述了对第1325（2000）号决议实施情况进行全球审查的结果，报告明确显示，过去15年在促进妇女参与预防和解决武装冲突及冲突后重建方面有进展。我们要分别感谢所有参与编写这些文件的人。

我们感到鼓舞的是，2014年，妇女参与了联合国的每一项调解努力、大多数国家的代表团以及联合国参与的12个和平进程中的9个。包含专门有关妇女条款的和平协定的数量显著增加。刚刚摆脱冲突国家的议会和政府中的妇女人数也有增加。应该继续这方面努力。

在此背景下，我们支持秘书长得出的一些结论，如尽管存在正式的规范框架，但妇女参与解决冲突和冲突后重建进程依然不足。我们同意，需要尽早防止冲突。与此同时，我们认为，预防冲突必须以国际法，包括《联合国宪章》为依据。

全球审查提出的采取地方性方式解决妇女、和平与安全问题的建议很有助益。它顾及了每个冲突的具体特点。我们同意，依照所谓的最佳做法，用千篇一律、"一刀切"的办法处理所有国家问题和局势是不管用的。

我们继续呼吁安全理事会在审议妇女、和平与安全问题时，以联合国系统内的现有分工安排为基础，避免与大会、人权理事会和妇女地位委员会等机构的作用发生重叠，所有这些机构各自都有自己的任务授权。审议有关妇女、和平与安全的问题，不能代替每个国家均已做出的有关性别平等和赋予妇女权能的所有广泛承诺。

我们的立场仍然是，不能用执行第1325（2000）号决议的国家行动计划来评估旨在提高妇女地位的国家政策。这些计划应由身陷武装冲突或冲突后重建阶段的国家在自愿的基础上制定。正如秘书长指出的那样，制定此类计划本身并不是目的，重要的是结果。

例如，俄罗斯联邦没有这种计划。但是，我们已为充分发挥妇女的潜力建立了所有的必要条件，因此能够吸引许多出色、高素质的妇女参与政治。俄罗斯妇女也是社会和政治领域的积极参与者。例如，在俄罗斯公务员中，妇女占70%以上。妇女现在担任联邦委员会主席、国家杜马副议长、俄罗斯联邦政府副总理、卫生部长等职务，以及若干地区地方行政部门高级官员。

妇女积极参与俄罗斯民间社会工作。我们有成千上万的非营利性组织，截至目前，其中三分之一为妇女组织，它们做大量的社会和慈善工作，以支持妇女、儿童和家庭；预防家庭暴力、贩卖人口和性暴力；并开展其他重要社区活动。

今天，妇女面临着新的和日趋严重的威胁。在伊拉克和黎凡特伊斯兰国、胜利阵线、博科圣地和其他恐怖组织控制地区，妇女愈益成为有针对性的暴力、强迫婚姻、性奴役和贩卖人口活动的受害者。对妇女的暴力行为被用作恐吓当地民众和破坏既定社会关系的手段。

毫无疑问，国际社会必须制止这种令人震惊的局势。打击恐怖主义和协调该领域的努力仍然应该是安全理事会和联合国系统其他专门机构工作的优先事项。审议交叉问题，包括性别平等和提高妇女地位问题，应在适当授权的基础上进行，以便不降低而是提高这些机构的工作成效。只有在严格遵守国际法的基础上共同努力，妥善协调所有利益相关者，首先是所有会员国的努力，我们才能取得理想的结果。

扎加伊诺夫先生（俄罗斯联邦）（以俄语发言）：我要回应格鲁吉亚代表的发言，同时向安理会保证，鉴于时间已晚，我的发言将很简短。我们当然拒绝针对我们的指责。我们已一再申明我们在这个问题上的立场，因此在这里我就不再重复。根据我的理解，格鲁吉亚代表对阿布哈兹和南奥塞梯的妇女状况表示了关切。在这方面，我们愿提议邀请这些共和国的妇女非政府组织代表，参加一次我们就所讨论的这一议题举行的会议，因为这些代表也许能为我们提供那个地区真实情况的全面和第一手信息。（复会发言）

联合国安全理事会第 7704 次会议

2016 年 6 月 2 日

扎加伊诺夫先生（俄罗斯联邦）（以俄语发言）：今天的会议为我们根据

秘书长关于武装冲突中性暴力的最近报告（S/2016/361）讨论打击此类暴力的努力状况提供了良好机会。负责冲突中性暴力问题秘书长特别代表在这一任务中发挥着重要作用，特别是在为此同受武装冲突影响各国的政府合作方面。

我们仔细研究了2015年秘书长关于武装冲突中性暴力的报告。该报告所载的许多结论和建议契合今天的议题。毫无疑问，我们今天首先想到的是伊拉克和黎凡特伊斯兰国和其他恐怖主义武装团体实施的性暴力范围和空前的残暴程度，以及由此产生的特别重视受影响妇女和女童康复问题这一要务。必须持续不断地加强国际合作，由联合国和安全理事会发挥核心和协调作用，否则就不可能给国际恐怖主义及其罪行以最后一击。

在武装冲突中，妇女与儿童经常沦为难民和境内流离失所者。此外，她们在途中和难民中心面临性暴力的威胁。尤为令人关切的是，有报告说，目前已经出现剥削难民的新的非法组织结构，包括利用非法贩运、商业性贩卖和性奴役网络，秘书长的报告也提请注意这一问题。

打击武装冲突中性暴力的各方面工作，包括与贩运人口有关的问题，是一些联合国机构和国际举措的焦点。正如秘书长正确地指出的那样，这些现象具有跨国的性质。有必要按照现有文书加强打击贩运人口活动的国际努力。在这方面，联合国毒品和犯罪问题办公室正在作出切实的贡献，为各国提供技术援助。

作为联合打击贩运人口之友小组的一员，我国非常重视在系统层面开展工作，打击贩卖人口活动。鉴于这是人们目前关切的问题，尤其是考虑到武装冲突导致难民大规模涌入，执行《联合国打击人口贩运行为全球行动计划》

具有特别的现实意义。安全理事会的活动应侧重于武装冲突局势、尤其是安理会议程上冲突局势中的性暴力问题，同时避免与其他联合国机构和国际机构的工作重复。与此同时，应该把打击武装冲突中的性暴力问题视为解决冲突全盘措施的组成部分。

很遗憾，我们不得不指出报告中持续背离安理会先前核准的术语的做法。我国代表团曾提请注意这个问题。我们指的是报告中用较模糊的"与冲突相关的性暴力"的概念，取代安理会在冲突中性暴力问题上的用语。本次辩论会的拟议主题也采用了这种做法。这种试图修改已商定措辞的做法令我们关切，主要是因为由此也可能造成宽泛地解释现有的任务规定，模糊维护国际和平与安全与打击有组织犯罪或侵犯人权行为等一般事项之间的界线。

我们深信，不应该利用安理会审议武装冲突中性暴力问题或整个妇女与和平与安全问题强推有争议、各国在其概念和做法上并未达成共识而且以性取向和性别认同问题为焦点的文件和辩论。这样做有可能分散注意力，忽略影响安全理事会授权直接计划的任务。

很快，我们将在今年6月19日纪念第二个消除冲突中性暴力行为国际日。我们希望，联合国的活动，包括今天的辩论会，将有助于消除武装冲突中性暴力和危害平民的其他形式的暴力，帮助找到更有效的方法来解决冲突，维护国际和平与安全。

最后，我将就乌克兰代表团的发言讲几句。在此发言中，他们再次企图把乌克兰平民遭受的灾难归咎于俄罗斯。乌克兰东部平民遭遇的苦难是基辅2014年开始对该地区展开全面军事行动，并实行社会和经济封锁的结果。具体而言，针对今天会议的议题，我们不妨把乌克兰境内妇女的处境以及境内流离失所者的处境问题作为一个例子。这些问题与乌克兰代表团声称的不同，已在国际机构的文件中得到反映。例如，联合国难民事务高级专员公署曾多次呼吁关注针对这些妇女的性暴力和性别暴力问题。欧洲安全与合作组织驻乌克兰特别监察团也注意到境内流离失所者特别容易被贩卖和剥削的脆弱性。这方面的例子不胜枚举。

联合国安全理事会第 8079 次会议

2017 年 10 月 27 日

扎加伊诺夫先生（俄罗斯联邦）（以俄语发言）：我们首先要感谢法国主席国组织今天的会议。我们感谢通报人的发言和有用的信息。

自第 1325（2000）号决议通过以来的这段时间，在加强妇女在预防和解决武装冲突以及冲突后重建方面的作用层面取得了相当大的成功。不幸的是，另一项重要性不亚于此的任务却不是这样，这就是在确保在冲突过程中适当保护妇女。尽管做出了许多努力，但妇女仍然是各种形式的暴力的牺牲者，在冲突中失去生命或健康。恐怖主义集团对妇女犯下的野蛮行为和暴行使我们感到震惊。因此，在我们审议妇女、和平与安全议程的主题时，我们认为特别重要的是专门关注与建立和维护国际和平与安全直接有关的问题。

关于其他相关议题，例如确保两性平等、扩大妇女的权利和机会以及维护妇女的人权，则有专门的组织和机制来处理这些问题。在我们看来，讨论妇女、和平与安全专题的方式越来越偏离其基本框架。在编写秘书长专题报告时采用的方法当中，我们也看到类似的趋势。我们还要再次指出，使用安理会的平台来推动没有广泛国际支持的有争议的概念和做法是不恰当的。

我们坚信，妇女参与解决武装冲突和冲突后重建的各个方面都有很大的潜力，妇女直接参与防止武装冲突和冲突后重建是消除对她们的暴力行为的主要的必要条件。妇女在联合国维和行动中可以发挥特殊作用。就俄罗斯在这方面的贡献而言，我们确保在我们的维和努力中有15%的女性参与。我们还在联合国认证的培训中心培训女警官，我们也计划在年底前为女士兵做同样的工作。

安全理事会关于妇女、和平与安全的定期辩论使我们能够总结在武装冲突条件下改善妇女保护方面所取得的进展，并确保她们充分和有效地参与防止和解决危机的努力。我们认为，重要的是确保我们在这方面制定综合办法的努力不会导致我们忽视特定冲突局面的具体情况，也不要让在联合国工作中纳入性别考虑本身成为目标。我们也应该把这种区分办法用于联合国各部门和机构的任务授权中关于将性别问题纳入其活动方面。它们有自己的明确职责范围，对于它们的大多数而言，与妇女、和平与安全有关的问题并不是一枝独秀的大事，而只是其涉及预防和解决武装冲突、处理冲突后局面的活动框架内的若干因素之一。我们也切莫忘记，在武装冲突每个阶段保护妇女的首要责任在于各国政府，联合国各实体和民间社会采取的措施应力求支持和补充各国的努力。

我要就乌克兰代表团所作的发言简单说几句。今天的这一发言没有提到萨夫琴科女士。也许并非在座每个人都记得，曾有数年时间，在安全理事会每一次讨论妇女问题的会议上，乌克兰代表团都会警告我们关注被冠以民族英雄称号的纳迪娅·萨夫琴科的命运。也许并非每个人都知道，萨夫琴科女士回到乌克兰后，很快便对基辅政权的政策大加挞伐，其后，乌克兰当局对她的态度明显冷淡，她随后蒙受羞辱，在一定程度上，那是因为她为了和平敦促在顿涅茨克和卢甘斯克开展谈判，并试图促进这样做。这清楚表明了乌克兰当局对待妇女参与解决冲突的态度。

这也清楚地表明乌克兰代表团的反俄言论用意何在。今天，我们再次获悉妇女如何因乌克兰东南部的冲突而遭受苦难。这实属不幸。对此负责的是基辅当局，它于2014年对本国人民发起军事行动。除此之外，在冲突发生的同时，乌克兰武装部队对妇女犯下可怕的罪行。例如，任何关注此事的人都能在联合国人权事务高级专员办事处的报告中找到相关信息。顿巴斯地区的居民，包括老人，都饱受基辅无情经济和金融封锁之害。与此截然不同的是，俄罗斯一贯向该地区提供人道主义援助。我们对乌克兰难民实行门户开放政策，其中有51%是妇女和女童。凡是在遭受乌克兰武装冲突之害后流落到俄罗斯境内的难民，都能获得必要的社会援助以及教育和保健机会，而且，格外脆弱的妇女和儿童受到特别关注。

最后，我们要表示，我国在男女平等方面有着独特的历史。关于这个问题的决定早在二十世纪初就已做出。今天，妇女参与预防和解决冲突并确保可持续的和平，正变得越来越重要。该项目在安全理事会的议程上也占据重要位置，而且理应如此。我们打算继续推动联合国各平台的讨论，探讨如何确保有意义地改进对妇女及其权利的保护，并确保她们切实参与和平进程。

联合国安全理事会第 8382 次会议

2018 年 10 月 25 日

库兹明先生（俄罗斯联邦）（以俄语发言）：主席先生，我们谨感谢你组织今天的会议，并感谢秘书长和妇女署执行主任参加我们的讨论。我们还要感谢兰达·西尼乌拉·阿塔拉女士的参与。

秘书长的报告（S/2018/900）相当完整而客观地描述了第1325（2000）号决议和其后的各项旨在在武装冲突中保护妇女、加强她们在和平进程中的作用以及释放其潜力的各项决议的执行情况。如果可以的话，我谨指出，作为审议关于妇女、和平与安全的议程项目的一部分，安全理事会应专门把重点放在与建立和维持国际和平与安全直接相关的问题上。我们认为，有人试图利用这些问题，在安理会推动人权事业和传统上由本组织其他机构——如大会、建设和平委员会、人权理事会和妇女地位委员会——处理的性别问题，这么做是有害的，也是毫无道理的。此类策略会导致毫无意义的重复努力，导致我们系统整体协调出现不平衡，最终为有效执行第1325（2000）号决议制造障碍。

俄罗斯联邦一贯支持采取各种措施，以期提高妇女在预防和解决冲突方面的影响力，并促进妇女积极参与和平谈判和选举进程。《消除对妇女一切形式歧视公约》是冲突后恢复方面的关键文件。该公约与安全理事会关于妇女、和平与安全的相关决议一起，为有效开展合作奠定了必要的法律和政治基础。与此同时，建立在《联合国宪章》宗旨和原则基础上的经典谈判进程的有效性已得到证明，并受到会员国的欢迎，绝没有丧失其相关性。我们的任务是为妇女充分参与这一进程的各个方面创造条件。

鉴于这一议题十分重要，我们谨感谢秘书长提议对秘书处各部门的工作做出安排，为第1325（2000）号决议通过二十周年做准备。虽然在接下来的这段时间里全面审查执行妇女、和平与安全议程的各项行动将极为有益，但重要的是，必须在严格遵守分工原则的同时，重点评估秘书处在相关领域工作的有效性。在这方面，我们希望看到以下两方面信息：对秘书处性别平等方案有效性的评估以及维和特派团和其他联合国国家办事处专家顾问人数的增加情况。我们希望，在即将进行的审查框架内，将从实际执行安全理事会这方面的各项决议的角度审议会员国的建议和评估，包括那些涉及武装冲突的建议和评估。

我们还要谈一谈制定区域和国家战略以及建立处理这一问题的国家架构这种做法。我们坚信，采取此类措施应该是出于客观需要，即，因为发生了武装冲突，或是达成了冲突后解决方案。遗憾的是，在未发生冲突，不存在妇女权利遭侵犯的危险，也未出现针对妇女实施的犯罪行为的情况下，我们不能支持从数学上扩大这个或那个官僚架构的政策。我认为，今天的讨论清楚表明，在为妇女积极参与维护和平与安全创造平等机会以及加强她们在决策中的作用方面取得了重大进展。我们准备继续就这一议题进行建设性对话。

联合国安全理事会第 8649 次会议

2019 年 10 月 29 日

库兹明先生（俄罗斯联邦）（以俄语发言）：我们首先表示感谢召开今天

会议。我们感谢安东尼奥·古特雷斯秘书长评估妇女、和平与安全议程执行进展情况。我们饶有兴趣地听取了联合国妇女署执行主任菲姆齐莱·姆兰博–努卡女士的通报，介绍秘书处对增强妇女在预防和解决武装冲突中的作用的贡献及该领域仍存在的挑战，我们还听取了应邀参加会议的发言者介绍他们在实地所做的工作。

今天的讨论证实，近二十年前通过的安全理事会第1325（2000）号决议仍然具有现实意义。加强妇女在和平进程中的作用和贡献，加大保护她们的力度以使其免遭武装冲突局势下继续面对的暴力之害，这是安理会执行该决议的工作的一个重要组成部分。妇女是性暴力的主要受害者，而性暴力又往往被用作战争手段。我们对妇女被当作某种商品来为恐怖主义和犯罪活动集资的情况感到愤慨。我们呼吁联合国系统的专门机构与安全理事会更密切地协调，以消除武装冲突中的性暴力和贩运人口等可恶行径。

我们认为，避免联合国机构工作重叠，依照安理会的特权，侧重于无疑威胁国际和平与安全的局势至关重要。应当记住，大会、人权理事会和建设和平委员会也是提高妇女作用、保护妇女权利和确保性别平等努力的一部分。

俄罗斯联邦呼吁集中探讨可在武装冲突中促进妇女利益的具体措施，特别是针对特定武装冲突局势制定具体的国家行动计划，提供有用和有效的工具，而不是一纸空文。通过执行第1325（2000）号决议的计划，特别是仅仅为了满足报告的要求和打勾需要，不能作为评估各国提高妇女地位政策的标准。

若要有效地解决该领域现有的问题，妇女本身必须有效地参与。在这方面，我们感谢秘书长继续重视扩大妇女以有意义的方式参加和参与维持和平行动、和平谈判和整个政治进程的问题。俄罗斯是联合国的坚定伙伴，在经过认证的培训中心为包括女性维和人员在内的维和人员做准备。我们通过设在多莫杰多沃的外交部全俄维和培训中心积极参与这种合作，该中心也培训外国专家。

今天，我们支持通过南非起草的第2493（2019）号决议，坚信在武装冲突局势中保护和促进妇女权利的重要性。但是，我们必须指出，决议有些条文超出安全理事会的职权规定，其中不乏大会和人权理事会已在成功和有效处理的保护和促进人权方面的问题。我们敦促安全理事会恪守任务规定。我们不支持企图为安理会干涉属于其他机关职权范围的事项找理由的做法。

最后，我们也必须谈谈我们对妇女、和平与安全问题非正式专家组头几年活动的评估，今天通过的决议提及该专家组。我们不得不得出结论，该专家组未能完全成功地做到为该领域的工作进行协调。该专家组的工作未能避免某种程度的政治化，或未能制定出真正透明和民主的达成和通过决定的程序，而这是保持政府间继续就此重要问题对话的必要条件。克服这些缺陷，以满足冲突中国家的期望，至关重要。我们准备与所有感兴趣的国家进行建设性合作，和谐推进安理会议程上的妇女问题。明年10月，我们将纪念第1325（2000）号决议通过二十周年。我们必须以呈现安理会重大成就和团结的姿态迎接这一周年纪念。

参考文献

【中文文献】

专著

〔苏〕阿拉洛维茨：《苏联工业中的妇女劳动》，丁镜清译，工人出版社，1957。

〔丹麦〕埃丝特·勃斯拉普：《妇女在经济发展中的角色》，陈慧平译，译林出版社，2010。

〔苏〕奥尔利柯娃等：《妇女劳动》，于山译，《苏联大百科全书选译》，上海人民出版社，1956。

〔德〕倍倍尔：《妇女与社会主义》，沈端先译，生活·读书·新知三联书店，1955。

程亦军：《俄罗斯人口安全与社会发展》，经济管理出版社，2007。

《俄罗斯联邦刑法典（外国法典译丛）》，黄道秀译，中国法制出版社，2004。

《俄罗斯联邦刑法典》，黄道秀等译，中国法制出版社，1996。

冯绍雷、相蓝欣主编《转型中的俄罗斯社会与文化》，上海人民出版社，2005。

黄石市妇女联合会编《黄石妇运五十年》（上册）。

〔美〕凯利·D.阿斯金、多萝安·M.科尼格编《妇女与国际人权法》第一卷《妇女的人权问题概述》，黄列、朱晓青译，生活·读书·新知三联书店，2007。

〔英〕坎迪达·马奇：《社会性别分析框架指南》，社会性别窗口小组译，社会科学文献出版社，2004。

李传明：《苏联史》，上海外语教育出版社，1985。

李英桃：《女性主义国际关系学》，浙江人民出版社，2006。

李英桃：《社会性别视角下的国际政治》，上海人民出版社，2003。

刘克明、金挥主编《苏联政治经济体制七十年》，中国社会科学出版社，1990。

刘莉、刘浩：《面包与玫瑰——女性权利的解释和实现》，上海译文出版社，2005。

罗英杰：《俄罗斯国家安全战略研究》，时事出版社，2020。

〔美〕马蒂·迪特瓦、克莉丝汀·拉森：《女性影响力》，张美惠译，漓江出版社，2014。

〔美〕玛丽·克劳福德、罗达·昂格尔：《妇女与性别——一本女性主义心理学著作》，许敏敏、宋婧、李岩译，中华书局，2009。

彭珮云主编《中国特色社会主义妇女理论与实践》，人民出版社，2013。

全国妇联办公厅编《妇女儿童工作文选》（2002年1月—2002年12月），中国妇女出版社，2003。

全国妇联办公厅编《妇女儿童工作文选》（2005年1月—2005年12月），中国妇女出版社，2006。

全国妇联国际联络部编《全国妇联对外活动大事记》（1949年至1994年），内部资料，1995。

上海年鉴编纂委员会编《上海年鉴2003》，上海年鉴社，2003。

〔白俄〕斯维特兰娜·阿列克谢耶维奇：《战争中没有女性》，吕宁思译，昆仑出版社，1985。

孙桂燕：《社会性别视角下中国妇女权利》，江西人民出版社，2013。

孙晓梅：《国际妇女运动概况》，北方妇女儿童出版社，1990年。

唐晋主编《大国崛起》，人民出版社，2007。

万鄂湘：《社会弱者权利论》，武汉大学出版社，1995。

闻一：《俄罗斯通史：1917—1991》，上海社会科学院出版社，2013。

吴宏伟主编《俄美新较量：俄罗斯与格鲁吉亚的冲突》，长春出版社，2009。

吴克礼主编《当代俄罗斯社会与文化》，上海外语教育出版社，2001。

〔法〕西蒙娜·德·波伏娃：《第二性》，陶铁柱译，中国书籍出版社，1998。

姚海：《俄罗斯文化》，上海社会科学院出版社，2005。

〔英〕伊琳·吉特等：《社区的迷思：参与式发展中的社会性别问题》，社会性别窗口小组译，社会科学文献出版社，2004。

张树华：《过渡时期的俄罗斯社会》，新华出版社，2001。

赵津芳、金莉：《世界城市妇女发展状况比较研究》，社会科学文献出版社，2013。

赵丕、李效东主编《大国崛起与国家安全战略选择》，军事科学出版社，2008。

赵士国:《历史的选择与选择的历史——近代晚期俄国革命与改革研究》,人民出版社,2006。

中国妇女杂志社编《苏联妇女的平等权利》,中国妇女杂志社,1957。

中国国际问题研究所编《国际风云录2006/2007》,当代世界出版社,2007。

周尚文、叶书宗、王斯德:《苏联兴亡史》,上海人民出版社,1993。

期刊

〔加拿大〕阿兰-吉·塔舒-西波沃:《安全理事会与"战争中的妇女"议题:介于建立和平与人道保护之间》,尹文娟译,《红十字国际评论2010年文选》,法律出版社,2011。

程传强、薛文力:《"和平使命—2007":大国心态各异》,《当代世界》2007年第9期。

初智巍:《俄罗斯婚姻家庭问题现状及其社会学原因》,《西伯利亚研究》2005年第3期。

狄英娜:《人类命运共同体与解决国际人道主义危机的中国方案》,《广西大学学报(哲学社会科学版)》2019年第5期。

冯子珈:《蔡特金的妇女解放思想及其当代启示》,《山东女子学院学报》2019年第5期。

顾炜:《"保护的责任":俄罗斯的立场》,《国际政治研究》2014年第3期。

胡传荣:《国际进步妇女运动与冷战初期的国际关系》,《国际观察》2000年第4期。

花勇:《人道主义危机治理规范的变迁——倡议联盟框架的视角》,《世界经济与政治》2016年第1期。

黄斐:《近10年国内学界关于马克思、恩格斯、列宁、斯大林妇女理论的研究述评》,《山东女子学院学报》2016年第3期。

蒋利龙:《国际非政府组织参与全球治理的角色与作用》,《边疆经济与文化》2015年第12期。

蒋美华、李瑾瑾:《经济领域内的性别平等与妇女赋权》,《中华女子学院山东分院学报》2006年第4期。

李春玲:《转轨期前苏联东欧劳动力市场中女性就业变迁分析》,《新疆大学学报》2005年第3期。

李东燕:《从平民保护到安全治理——加强联合国与所在国政府及民间组织的合作》,《国际安全研究》2014年第3期。

李东燕:《全球安全治理与中国的选择》,《世界经济与政治》2013年第4期。

李丽:《保护的责任与安理会强制性干预决议——利比亚与叙利亚案例的比较分析》,《战略决策研究》2017年第1期。

李树藩：《苏联社会主义工业化与优先发展重工业方针》，《苏联东欧问题》1983年第2期。

李秀蛟：《俄罗斯征兵问题研究》，《西伯利亚研究》2018年第3期。

李英桃、金岳嵘：《妇女、和平与安全议程——联合国安理会第1325号决议的发展与执行》，《世界经济与政治》2016年第2期。

梁坤：《俄罗斯文学传统中女性崇拜的宗教文化渊源》，《中国人民大学学报》2006年第3期。

林友洪、罗安迪、梁岱桐：《在联合国框架下中国参与全球安全治理理念、现状及路径研究》，《新疆社科论坛》2019年第5期。

刘晨：《论冷战后联合国维和行动中的强制性措施》，《江南社会学院学报》2019年第4期。

刘刚：《俄罗斯网络空间战"诉诸战争权"思想探析》，《社科纵横》2018年第12期。

陆齐华：《俄罗斯国家安全战略的历史演进》，《俄罗斯学刊》2016年第4期。

穆重怀：《当代俄罗斯女性文学中性别形象类型分析》，《辽宁大学学报（哲学社会科学版）》2017年第6期。

〔美〕帕特里克•克罗宁、亚伯拉罕•丹马克：《传统与非传统安全挑战：美中未来合作领域》，宋莹莹译，《现代国际关系》2010年第8期。

祁迹：《浅析俄罗斯重视国际组织的原因》，《理论界》2010年第12期。

〔印度〕斯里莱瑟•巴特里沃拉：《赋予妇女权力——来自行动的新概念》，胡玉洁编译，《妇女研究论丛》1998年第1期。

孙丽红：《论苏联卫国战争时期女性在工业生产中的贡献》，《历史教学》（高校版）2015年第6期。

〔俄〕T.M.达达耶娃：《家务劳动中的性别分工》，《国外社会科学》2006年第5期。

〔伊朗〕瓦伦迪娜•M.莫甘达姆、〔捷克〕鲁西•桑福特娃：《测量妇女赋权——妇女的参与以及她们在公民、政治、社会、经济和文化领域内的权利》，毕小青译，《国际社会科学杂志（中文版）》2006年第2期。

汪宁：《俄罗斯国际组织外交的几个特点》，《国际观察》2010年第2期。

王海媚：《"俄罗斯母亲"在战争中的形象和作用》，《俄罗斯东欧中亚研究》2016年第1期。

王树春、王陈生：《俄罗斯"重返非洲"战略评析》，《现代国际关系》2019年第12期。

王晓峰：《90年代俄罗斯家庭结构和单亲家庭状况分析》，《人口学刊》2001年第3期。

王晓峰：《90年代俄罗斯家庭结构和单亲家庭状况分析》，《人口学刊》2001年第3期。

王志琛：《中俄在联合国安理会的合作及其影响因素分析》，《俄罗斯东欧中亚研究》2017年第7期。

吴琼、高静文：《列宁、斯大林的妇女解放思想及其实践浅析》，《中华女子学院学报》2008年第3期。

肖军：《俄罗斯信息安全体系的建设与启示》，《情报杂志》2019年第12期。

胥莉：《从性别视角看战争伤害与和平的实现》，《当代世界与社会主义》2008年第1期。

杨春蕾：《俄罗斯女性形象与战争罪恶的呈现》，《电影评介》2018年第3期。

杨翠红：《苏联妇女在苏德反法西斯战争中的作用》，《贵州社会科学》2015年第9期。

杨艳：《信息技术限度下的俄罗斯与东欧妇女地位变化》，《南昌大学学报》2009年第1期。

〔俄〕伊伦娜·兹德拉沃斯洛娃：《当代俄罗斯女权运动概述》，乔亚译，《第欧根尼》2003年第1期。

于连平、于小琴：《俄罗斯低生育率的成因及"母亲资本法"的成效评价》，《人口学刊》2010年第4期。

于一：《俄罗斯妇女运动及列宁斯大林的妇女理论》，《中国妇运》2010年第12期。

臧健：《苏联对中国性别平等的影响——以20世纪50年代为例》，《妇女研究论丛》2008年第2期。

张建华：《当代俄罗斯的女性主义运动与文学的女性叙事》，《解放军外国语学院学报》2014年第3期。

郑海欣：《俄罗斯的妇女地位及俄工会的妇女工作》，《工会博览》2002年第21期。

学位论文

冯利娟：《苏联妇女问题（1917—1929）》，硕士学位论文，苏州科技学院，2008。

黄飞飞：《妇女经济地位平等权研究》，硕士学位论文，湖南师范大学，2011。

马佩云：《1922—1936年苏联妇女社会地位变化研究》，硕士学位论文，黑龙江省社会科学院，2019。

孟文婷：《联合国安理会中的非传统安全规范扩散研究》，硕士学位论文，华东师范大学，2016。

南江：《20世纪90年代俄罗斯妇女运动探析》，硕士学位论文，外交学院，2010。

王海娟：《俄罗斯妇女经济赋权模式分析》，硕士学位论文，北京外国语大学，2016年。

维烈娜：《俄罗斯家庭政策研究》，硕士学位论文，内蒙古大学，2012年。

杨然：《俄罗斯当代纸媒报道中的"女性恐怖主义"现象》，硕士学位论文，山东大学，2019。

朱梦飞：《20世纪90年代以来俄罗斯女性社会政治地位变迁研究》，硕士学位论文，聊城大学，2014。

报纸

《巴菲诺娃发表谈话 赞扬中苏妇女友谊 希望更加团结为争取和平而斗争》，《人民日报》1951年2月15日第4版。

王丽华：《俄罗斯妇女地位现状》，《中国民族报》2004年10月26日第4版。

左凤荣：《俄罗斯在利比亚问题上是"大变脸"？》，《学习时报》2011年6月20日第2版。

电子资源

《1991-2014年俄罗斯联邦社会经济指数》，http://www.gks.ru/wps/wcm/connect/rosstat_main/rosstat/ru/statistics/publications/catalog/doc_1270707126016。

〔俄〕奥列格•叶戈罗夫：《俄罗斯女权主义者：终身为争取权利而奋斗》，透视俄罗斯（中文版），http://tsrus.cn/lishi/2018/03/18/660945。

《常驻联合国副代表王民大使——经济赋权当为联合国妇女工作战略重点》，人民网，http://world.people.com.cn/n/2015/0701/c1002-27233850.html。

《陈至立出席第七届中俄妇女文化周开幕式并致辞》，中新网，http://www.chinanews.com/gn/2012/11-24/4354499.shtml。

《第六届中俄妇女文化周暨第四届中俄妇女论坛落幕》，中央政府门户网站，http://www.gov.cn/jrzg/2010-06/07/content_1621866.htm。

《第三届中俄妇女文化周在京开幕》，中国商务部官网，http://www.mofcom.gov.cn/article/zt_russia/subjectm/200610/20061003493738.shtml。

《第四届中俄妇女文化周在俄罗斯圣彼得堡市落幕》，中国网，http://www.china.com.cn/culture/zhuanti/fnwhz/2007-07/10/content_8503738.htm。

《第五届中俄妇女文化周暨第三届中俄妇女论坛在京开幕》，搜狐新闻，http://news.sohu.com/20091028/n267814108.shtml。

俄罗斯递交给联合国消歧委员的第四次—第八次定期报告，http://tbinternet.ohchr.org/_layouts/treatybodyexternal/TBSearch.aspx?Lang=Zh&CountryID=144。

《俄罗斯妇女组织代表到访哈尔滨 洽谈两地妇女创业发展》，人民网，http://world.people.com.cn/n/2014/1114/c157278-26025353.html。

俄罗斯联邦统计局:《俄罗斯女性和男性》,http://www.gks.ru/wps/wcm/connect/rosstat_main/rosstat/ru/statistics/publications/catalog/doc_1138887978906。

俄罗斯联邦统计局《俄罗斯财政》(双年报),https://gks.ru/folder/210/document/13237。

赋权予妇女原则官网,http://weprinciples.org/Site/Companies/。

《顾秀莲会见俄罗斯妇女代表团》,网易新闻,http://news.163.com/07/1010/20/3QFK1EO0000120GU.html。

《经济赋权依然是妇女赋权的关键》,中国妇联新闻,http://acwf.people.com.cn/n/2012/0725/c99013-18592192.html。

联合国:《北京宣言和行动纲领》,1995。

联合国:《赋权予妇女原则》,2010,http://www.unwomen.org.nz/sites/default/files/wp-content/uploads/EN_WEPs_2.pdf。

联合国:《千年宣言》[R],2000,http://www.un.org/chinese/aboutun/ir/millen-main.htm。

联合国:《人类发展报告》,http://hdr.undp.org/en。

联合国:《消除对妇女一切形式歧视公约》,1979,http://www.un.org/womenwatch/daw/cedaw/text/0360794c.pdf。

联合国:《行动纲领》,1995,http://www.wsic.ac.cn/internationalwomenmovementliterature/13603.htm。

联合国毒品和犯罪问题办公室:《人口贩运问题报告2012年6月》,https://2009-2017.state.gov/documents/organization/195800.pdf。

联合国妇女署官网,http://www.un.org/zh/aboutun/structure/unwomen/focus.shtml。

《联合国秘书长呼吁强化女性在和平与安全领域的作用》,新华社,http://www.xinhuanet.com/mil/2018-10/26/c_129979773.htm。

《联合国人权事务高级专员的报告》,https://www.un.org/chinese/hr/issue/trafficking.htm。

联合国新闻:《联合国建立高级别小组 致力解决增强妇女经济权能问题》,http://www.un.org/chinese/News/story.asp?NewsID=25511。

罗高寿:《回顾:妇女在巩固和发展俄中关系中的作用》,中国网,http://www.china.com.cn/culture/zhuanti/fnwhz/2007-06/29/content_8459467.htm。

《面对家暴 勇敢说不》,人民网,http://world.people.com.cn/n1/2019/1213/c1002-31505811.html。

牟虹:《经济赋权是促进妇女平等发展重要前提之一》,http://finance.ce.cn/rolling/ 201503/21/

t20150321_4892433.shtml。

世界银行，https://data.worldbank.org/。

斯德哥尔摩国际和平研究所，https://www.sipri.org/databases/milex。

SIPRI 年鉴：军控·裁军和国际安全（2011 年），https://www.sipri.org/sites/default/files/SIPRIYB11CHN.pdf。

SIPRI 年鉴：军控·裁军和国际安全，https://www.sipri.org/yearbook/translations/chinese-siprinianjian。

《苏联〈真理报〉发表社论评世界妇女大会的伟大意义》，新华社，http://www.maoflag.org/simple/index.php?t97811.html。

苏梦夏：《俄罗斯鼓励生育政策的成效》，英国《金融时报》中文网，http://www.ftchinese.com/story/001047044?full=y。

透视俄罗斯：《要鲜花也要女权》，http://tsrus.cn/shehui/2014/03/08/32717.html。

《王国生会见俄罗斯妇女代表团》，网易新闻，http://news.163.com/10/0920/06/6H0NTCSI00014AED.html。

〔俄〕亚历山德拉·古泽娃：《别斯图热夫课程：俄罗斯女子接受高等教育的里程碑》，http://tsrus.cn/shiting/gaoqingtupian/2019/04/02/665299。

〔俄〕伊戈尔·罗津（Igor Rozin）：《俄罗斯军费开支减少2019年跌出世界前五》，http://tsrus.cn/junshi/2019/09/12/667119。

【英文文献】

专著

Alexseev Mikhail, *Immigration Phobia and the Security Dilemma: Russia, Europe, and the United States*, New York: Cambridge University Press,2006.

Anna Krylova, *Soviet Women in Combat: A History of Violence on the Eastern Front*，New York: Cambridge University Press,2010.

Barbara Evans Clements,*Bolshevik Women,* Cambridge and New York: Cambridge University Press,1997.

Barbara Evans Clements,*Daughters of Revolution: A History of Women in the U.S.S.R*,Wheeling:Harlan Davidson Inc,1998.

Barbara Evens Clements,*A History of Women in Russia: From Earliest Times to the Present,*

Bloomington, IN, Indianapolis: Indiana University Press, 2012.

Dollard John, Neal E. Miller, Leonard W. Doob, OH Mowrer and Robert R. Sears, *Frustration and Aggression*, New Haven, CT: Yale University Press, 1939.

Dunlop, John B, *The Rise of Russia and The Fall of Soviet Empire,* Princeton: Princeton University Press, 1993.

Elizabeth A. Wood, *The Baba and the Comrade: Gender and Politics in Revolutionary Russia*, Bloomington and Indianapolis: Indiana University Press, 1997.

John Barber and Mark Harrison, *The Soviet Home Front1941–1945: A Social and Economic History of the USSR in World War II*, London: Longman, 1991.

Katz K, *Gender,Work and Wages in the Soviet Union:A Legacy of Discrimination,* London: Palgrave, 2001.

Richard Overy*, Russia's War: A History of the Soviet Effort: 1941–1945,* Lodon: Penguin Books,1998.

Wendy Z. Goldman, *Women at the Gates-Gender and Industry in Stalin's Russia*, NewYork: Cambridge University Press ,2002.

期刊

Barbara Evans Clements, "Working-Class and Peasant Women in the Russian Revolution: 1917– 1923," *Signs*, Vol. 8, No.2,1982.

Doty, Roxanne Lynne, "Immigration and the politics of security," *Security Studies,*Vol.8,No.2, 1998.

Espenshade, "Thomas J. & Charles A. Calhoun, An analysis of public opinion toward undocumented immigration," *Population Research and Policy Review*, Vol.12, No.3,1993.

Lynne Attwood, "Celebrating the 'Frail-Figured Welder' : Gender Confusion in Women's Magazines of the Khrushchev Era," *Slavonica* ,Vol.8, No.2,2002.

Mikhail A. Alexseev, "Societal security, the security dilemma, and extreme anti-migrant hostility in Russia," *Journal of Peace Research*, Vol.48, No.4, 2011.

Milnor Alexander, "The World Congress of Women," *Canadian Women Studies,*Vol.9, No.1, 1987.

学位论文

Greta Bucher, The impact of World War II on Moscow women : gender consciousness and relationships in the immediate postwar period, 1945–1953, Ph.D. diss,Ohio State University, 1995.

电子资源

Armed forces personnel, total - Russian Federation, https://data.worldbank.org/indicator/MS.MIL.TOTL.P1?locations=RU, 2020-04-04.

Gender and income equality in the Russian workplace, http://www.ft.com/cms/s/0/91be6ca0-b83b-11e4-86bb-00144feab7de.html.

Gender at Work（2014）, the World Bank, http://www.worldbank.org/content/dam/Worldbank/document/Gender/GenderAtWork_web.pdf（accessed 26 October 2015）.

http://research.un.org/en/docs/sc/quick/meetings/2020，2020-04-02.

http://www.consultant.ru/document/cons_doc_LAW_132900/, 2020-05-24.

Melena Ryzik, "Pussy Riot Was Carefully Calibrated for Protest," https://www.nytimes.com/2012/08/26/arts/music/pussy-riot-was-carefully-calibrated-for-protest.html, 2020-06-04.

Military expenditure（% of GDP）- Russian Federation, https://data.worldbank.org/indicator/MS.MIL.XPND.GD.ZS?end=2018&locations=RU&start=1992&view=chart, 2020-04-04.

The Global Gender Gap Report（2006-2014）, http://reports.weforum.org/.

United Nations Department of Economic and Social Affairs, The world's women 2010: Trends and statistics, http://unstats.un.org/unsd/publication/SeriesK/SeriesK_19e.pdf（accessed 27 October 2015）.

United Nations: Human Development Report（2005-2014）, http://hdr.undp.org/en .

United Nations: Transforming our world: the 2030 Agenda for Sustainable Development（2015）, https://sustainabledevelopment.un.org/post2015/transformingourworld .

Women in Business and Management: Gaining Momentum（2015）, International Labour Organization, http://www.ilo.org/wcmsp5/groups/public/---dgreports/---dcomm/---publ/documents/publication/wcms_334882.pdf（accessed 26 October 2015）.

【俄文文献】
著作

Владимир Ионцев и Ирина Ивахнюк, Торговля людьми: Россия, 2013.

Е. Баллаева и Л. Лунякова: Гендерные проблемы и развитие, издательство «Вест мир», 2005г.

Е.Б. Мезенцева: Гендер и экономика: мировой опыт и экспертиза российской практики. М.: ИСЭПН РАН — МЦГИ — «Русская панорама», 2002г.

Королева Т.А. Феминизм: идейно-теоретические основы и политическая практика: автореферат дис. кандидата политических наук: Место защиты: Рос. гос. пед. ун-т им. А.И. Герцена. – Санкт-Петербург, 2007г, ст. 86.

Ржаницына Л.С. Гендерный бюджет. Первый опыт в России. М.: Гелиос, 2002г.

Российский Федеральный Закон о внесении изменений в отдельные законодательные акты Российской Федерации в части регулирования деятельности некоммерческих организаций, выполняющих функции иностранного агента,

Светлана Айвазова, Русские женщины в лабиринте равноправия: Очерки политической теории и истории: Документальные материалы. РИК Русанова, 1998, ст.

Центр проблемного анализа и государственно-управленческого проектирования, От СССР к РФ: 20 лет — итоги и уроки. Материалы Всероссийской научной конференции, ст. 205, 25 ноября 2011 г., Москва.

Четвёртые периодические доклады государство-участников, подлежащий представлению в 1994 году (Российская Федерация), ст. 11.

Четвёртые периодические доклады государство-участников, подлежащий представлению в 1994 году (Российская Федерация), ст. 25.

电子资源

Алексей Забродин, Жертвы современного рабства-25 млн человек, https://iz.ru/746825/aleksei-zabrodin/zhertvy-sovremennogo-rabstva-25-mln-chelovek, 2020-04-18.

Вера Грачева, Рабство XXI века: почему в мире продолжают торговать людьми, https://realnoevremya.ru/articles/146038-rabstvo-xxi-veka-pochemu-v-mire-prodolzhayut-torgovat-lyudmi, 2020-04-15.

Вера Костамо, Нина Воронина: Наша инопроверочная база прославилась на всю Москву, РИА, 13.01.2016. https://ria.ru/75names/20160113/1358117913.html, 2018-05-21.

Восьмой периодический доклад государств-участников в 2014 году (Российская Федерация),

http://docstore.ohchr.org/SelfServices/FilesHandler.ashx?enc=6QkG1d%2fPPRiCAqhKb7yhsnI
NnqKYBbHCTOaqVs8CBP3TmYlmAA2CV9d4dYvKMX4uVBTiXYtivunxBE14Wd%2fB0xV
Nx1d2BusnRmCBI%2fytxFJjNdAsaq97681zznxRTho7.

Восьмой периодический доклад государств-участников в 2014 году (Российская
Федерация), ст.34, http://docstore.ohchr.org/SelfServices/FilesHandler.ashx?enc=6QkG1d%2fP
PRiCAqhKb7yhsnINnqKYBbHCTOaqVs8CBP3TmYlmAA2CV9d4dYvKMX4uVBTiXYtivunx
BE14Wd%2fB0xVNx1d2BusnRmCBI%2fytxFJjNdAsaq97681zznxRTho7, 2016-03-22.

Восьмой периодический доклад государств-участников в 2014 году (Российская Федерация),
ст.34-35, http://docstore.ohchr.org/SelfServices/FilesHandler.ashx?enc=6QkG1d%99. 2fPPRiCAqh
Kb7yhsnINnqKYBbHCTOaqVs8CBP3TmYlmAA2CV9d4dYvKMX4uVBTiXYtivunxBE14Wd
%2fB0xVNx1d2BusnRmCBI%2fytxFJjNdAsaq97681zznxRTho7.

Восьмой периодический доклад государств-участников в 2014 году (Российская
Федерация), ст.4, http://docstore.ohchr.org/SelfServices/FilesHandler.ashx?enc=6QkG1d%2fPP
RiCAqhKb7yhsnINnqKYBbHCTOaqVs8CBP3TmYlmAA2CV9d4dYvKMX4uVBTiXYtivunx
BE14Wd%2fB0xVNx1d2BusnRmCBI%2fytxFJjNdAsaq97681zznxRTho7.

Выступление Первого заместителя Министра труда и социальной защиты Российской
Федерации А.В. Вовченко на 62-й сессии Комитета ООН по ликвидации дискриминации
в отношении женщин на защите 8-го периодического доклада Российской Федерации о
выполнении положений Конвенции о ликвидации всех форм дискриминации в отношении
женщин, http://tbinternet.ohchr.org/Treaties/CEDAW/Shared%20Documents/RUS/INT_
CEDAW_STA_RUS_22045_R.pdf.

Выступление Первого заместителя Министра труда и социальной защиты Российской
Федерации А.В. Вовченко на 62-й сессии Комитета ООН по ликвидации дискриминации
в отношении женщин на защите 8-го периодического доклада Российской Федерации о
выполнении положений Конвенции о ликвидации всех форм дискриминации в отношении
женщин, ст.4, http://tbinternet.ohchr.org/Treaties/CEDAW/Shared%20Documents/RUS/INT_
CEDAW_STA_RUS_22045_R.pdf, 2016-03-22.

Выступление Постоянного представителя Российской Федерации при ООН В. И. Чуркина
на заседании Совета Безопасности ООН по теме «Женщины, мир и безопасность», http://
russiaun.ru/ru/news/sc_womn.

Выступление Постоянного представителя Российской Федерации при ООН В. И. Чуркина на заседании Совета Безопасности ООН по теме «Женщины, мир и безопасность», http://russiaun.ru/ru/news/sc_womn.

Гендерное равенство и расширение прав и возможностей женщин в России в Контексте целей развития тысячелетия, Бюро Постоянного Координатора Системы ООН в РФ, Программа развития ООН в РФ (ПРООН), Фонд по народонаселению ООН (ЮНФПА), Бюро ЮНЕСКО в Москве, Женский Фонд Развития ООН, http://www.undp.ru/Gender_MDG_rus.pdf.

Д. Л. Комягин, Военный бюджет (расходы на оборону), https://publications.hse.ru/mirror/pubs/share/folder/dvavordq5o/direct/157312049, 2020-04-07.

Демографический ежегодник России 2014, Росстат, http://www.gks.ru/bgd/regl/B14_16/Main.htm.

Доклад Комитета по ликвидации дискриминации в отношении женщин, Четырнадцатая сессия, http://docstore.ohchr.org/SelfServices/FilesHandler.ashx?enc=dtYoAzPhJ4NMy4Lu1TOebMz8DRsRAeQHOEFTaCP2yz%2fH%2bBtjlpm22vwOwRREuEPMNrXDsYh2sN%2febX22e%2f50b8QIIOlGBimpy4eFt6QmDKg%3d.

Доклад Комитета по ликвидации дискриминации в отношении женщин, Четырнадцатая сессия, ст. 106, http://docstore.ohchr.org/SelfServices/FilesHandler.ashx?enc=dtYoAzPhJ4NMy4Lu1TOebMz8DRsRAeQHOEFTaCP2yz%2fH%2bBtjlpm22vwOwRREuEPMNrXDsYh2sN%2febX22e%2f50b8QIIOlGBimpy4eFt6QmDKg%3d.

Доклад о развитии человеческого потенциала в Российской Федерации 2010, Программа развития ООН в РФ (ПРООН), http://www.undp.ru/nhdr2010/Nationa_Human_Development_Report_in_the_RF_2010_RUS.pdf.

Доклад о развитии человеческого потенциала в Российской Федерации 2013, Программа развития ООН в РФ (ПРООН). http://www.undp.ru/documents/NHDR-2013.pdf.

«Духовность. Культура. Здоровый образ жизни», http://wuor.ru/docs/duhovnost-kultura-zdorovyj-obraz-zhizni.doc.

Женщины в Вооруженных силах России: очаровательная армия, https://ria.ru/20180308/1515997849.html, 2020-04-18.

Женщины и мужчины России: Статистический сборник, Росстат, http://www.gks.ru/wps/

wcm/connect/rosstat_main/rosstat/ru/statistics/publications/catalog/doc_1138887978906.

«За гарантированное равенство прав и возможностей мужчин и женщин», http://wuor.ru/docs/za-garantirovannoe-ravenstvo-prav-i-vozmozhnostej-muzhchin-i-zhenshchin.doc.

«За мир, международное сотрудничество и дружбу», http://wuor.ru/docs/za-mir-mezhdunarodnoe-sotrudnichestvo-i-druzhbu.doc.

«За обеспечение устойчивого развития и социальной безопасности», http://wuor.ru/docs/za-obespechenie-ustojchivogo-razvitiya-i-socialnoj-bezopasnosti.doc.

Закон РФ «О республиканском бюджете Российской Федерации на 1993 год» от 14.05.1993 N 4966-1, http://www.consultant.ru/document/cons_doc_LAW_2000/, 2020-04-05.

Закон РФ от 17 июля 1992 г. «О бюджетной системе Российской Федерации на 1992 год», http://base.garant.ru/10104328/, 2020-04-04.

«Знали многие, но свидетелей никогда не было» - история женщины, пережившей домашнее насилие, https://gorobzor.ru/novosti/obschestvo/29491-znali-mnogie-no-svideteley-nikogda-ne-bylo-istoriya-zhenschiny-perezhivshey-domashnee-nasilie, 2020-06-21.

Как менялась штатная численность Вооруженных сил РФ, https://tass.ru/info/4135532, 2020-04-16.

Как Россия снижает расходы на оборону. Показываем в пяти графиках, https://www.bbc.com/russian/features-43996391, 2020-04-06.

Конституция Российской Федерации, Статья 19, http://www.constitution.ru/10003000/10003000-4.html.

Конституция Российской Федерации, Статья 19, http://www.constitution.ru/10003000/10003000-4.html.

Конституция Российской Федерации,http://www.constitution.ru/10003000/10003000-4.htm.

Конституция СССР 1936 года,http://www.hist.msu.ru/ER/Etext/cnst1936.htm.

«Конференции», http://wuor.ru/index.php?route=record/blog&blog_id=6_17.

Концепция законотворческой деятельности по обеспечению равных прав и равных возможностей мужчин и женщин,http://www.owl.ru/win/docum/rf/concept2.htm.

Концепция законотворческой деятельности по обеспечению равных прав и равных возможностей мужчин и женщин, http://www.owl.ru/win/docum/rf/concept2.html.

Концепция улучшения положения женщин в Российской Федерации, http://www.owl.ru/win/

docum/rf/koncept.html.

Концепция улучшения положения женщин в Российской Федерации,http://www.owl.ru/win/docum/rf/koncept.html.

«Крепкая семья–стабильное государство», http://wuor.ru/docs/krepkaya-semya-stabilnoe-gosudarstvo.doc.

Кузнецова уверена, что закон о декриминализации побоев защитит семью, https://ria.ru/20170127/1486669933.html?in=t, 2020-06-22.

Лев Толстой: О браке и призвании женщины, http://tolstoy.ru/creativity/publicism/808/.

Людские потери СССР и России в Великой Отечественной войне, http://rybakovsky.ru/demografia4a16.html(1 января 2011г.).

Людские потери СССР и России в Великой Отечественной войне,http://rybakovsky.ru/demografia4a16.html.

Мешкова Н. О., Черданцева А. С., Анализ финансирования национальной обороны, научная дискуссия современной молодёжи: экономика и право сборник статей международной научно-практической конференции. 2016 Издательство: "Наука и Просвещение".

Мониторинг прав женщин в РФ - тысяча женских историй, Программа развития ООН в РФ (ПРООН)[R]. http://www.undp.ru/publications/1000_istoriy.pdf.

http://docstore.ohchr.org/SelfServices/FilesHandler.ashx?enc=6QkG1d%2fPPRiCAqhKb7yhsvgl Km%2f71Q4iogAZSMgJYVtKkrfKOr0zEcVhDUszxRLKWzRfJpeq6o9qIqKicf6LocC7eozOiC IruxPI4NYy6ah2sxEIEMs7J9t%2b%2bwAcwd5c.

http://research.un.org/en/docs/sc/quick/meetings/2020, 2020-04-02.

Национальный план действий по улучшению положения женщин и повышению их роли в обществе http://www.owl.ru/win/docum/rf/plan.htm .

Национальный план действий по улучшению положения женщин и повышению их роли в обществе, http://www.owl.ru/win/docum/rf/plan.html.

О внесении изменений в Уголовный кодекс Российской Федерации и Уголовно-процессуальный кодекс Российской Федерации по вопросам совершенствования оснований и порядка освобождения от уголовной ответственности, http://docs.cntd.ru/document/420363753, 2020-06-22.

О внесении изменений и дополнений в Уголовный кодекс Российской Федерации (с изменениями на 7 декабря 2011 года), http://docs.cntd.ru/document/901881963, 2020-06-22.

О внесении изменения в статью 116 Уголовного кодекса Российской Федерации, http://docs.cntd.ru/document/420391170, 2020-06-22.

О законопроекте «О профилактике семейно-бытового насилия», http://pravorf.org/index.php/news/2963-o-zakonoproekte-o-profilaktike-semejno-bytovogo-nasiliya, 2020-06-23.

«О работе Центра социальной поддержки женщин в 2013 году», http://wuor.ru/docs/O%20rabote%20Centra%20sotcial%60noi%60%20podderzhki%20zhenshchin%20v%202013%20godu.doc, 2019-10-13.

«О работе Центра социальной поддержки женщин в 2014 году», http://wuor.ru/docs/O%20rabote%20Centra%20socialjnoj%20podderzhki%20zhenshjin%20v%202014%20godu.doc.

«О работе Центра социальной поддержки женщин в 2015 году», http://wuor.ru/index.php?route=record/blog&blog_id=3_7_64.

Объединенные шестой и седьмой периодические доклады государств-участников (Российская Федерация) в 2009 году, http://docstore.ohchr.org/SelfServices/FilesHandler.ashx?enc=6QkG1d%2fPPRiCAqhKb7yhsvglKm%2f71Q4iogAZSMgJYVvZQ5AhUJY2iAFQC7jp%2fvFQibhisbnYFhIZgGJ4JU1Hho5FROWczJ8yYc3MBZeUNPEp1%2bBL%2bmPPIOyMRaJ6ILWz .

Объединенные шестой и седьмой периодические доклады государств-участников (Российская Федерация) в 2009 году, ст. 49. http://docstore.ohchr.org/SelfServices/FilesHandler.ashx?enc=6QkG1d%2fPPRiCAqhKb7yhsvglKm%2f71Q4iogAZSMgJYVvZQ5AhUJY2iAFQC7jp%2fvFQibhisbnYFhIZgGJ4JU1Hho5FROWczJ8yYc3MBZeUNPEp1%2bBL%2bmPPIOyMRaJ6ILWz .

Опубликован текст законопроекта о профилактике семейно-бытового насилия, https://rg.ru/2019/11/29/opublikovan-tekst-zakonoproekta-o-profilaktike-semejno-bytovogo-nasiliia.html, 2020-06-23.

Организации женские российские, http://www.owl.ru/iw/2.html

П. Е. Газукин, «Вооруженные силы России в постсоветский период. Проблемы реформирования и военного строительства: 1992-2001 гг.» Полития, №2 2001г. http://politeia.ru/files/articles/rus/2001-2-2-244-44-71.pdf, 2020-04-04.

П. Е. Газукин, «Вооруженные силы России в постсоветский период. Проблемы реформирования и военного строительства: 1992-2001 гг.» Полития, №2 2001г., http://politeia.ru/files/articles/rus/2001-2-2-244-44-71.pdf, 2020-04-04.

«Передовая практика. Новые идеи. Позитивные действия», http://wuor.ru/docs/peredovaya-praktika-novye-idei-pozitivnye-dejstviya.doc.

Послание путина федеральному собранию 2015, http://kremlin.ru/events/president/news/50864 .

Послание путина федеральному собранию 2015, http://kremlin.ru/events/president/news/50864.

Послание путина федеральному собранию 2015, http://kremlin.ru/events/president/news/50864.

Президент Путин поблагодарил женщин за рост рождаемости, http://www.rg.ru/2015/03/08/putin-8marta-site.html.

Президент Путин поблагодарил женщин за рост рождаемости, http://www.rg.ru/2015/03/08/putin-8marta-site.html .

Прекрасный полк: как женщины несут службу в российской армии, https://russian.rt.com/russia/article/444699-zhenschiny-armia-rossya, 2020-04-18.

Принять закон о профилактике домашнего насилия. Для этого не затягивать сроки рассмотрения проекта закона, разработанного СПЧ при Президенте РФ еще в 2014 году, https://www.roi.ru/55538/, 2020-06-23.

Пятые периодические доклады государство-участников, подлежащий представлению в 1999 году (Российская Федерация), http://docstore.ohchr.org/SelfServices/FilesHandler.ashx?enc=6QkG1d%2fPPRiCAqhKb7yhsvglKm%2f71Q4iogAZSMgJYVtKkrfKOr0zEcVhDUszxRLKWzRfJpeq6o9qIqKicf6LocC7eozOiCIruxPI4NYy6ah2sxEIEMs7J9t%2b%2bwAcwd5c .

Пятые периодические доклады государство-участников, подлежащий представлению в 1999 году (Российская Федерация), ст. 9.

«Равенство. Развитие. Мир В XXI Веке» Программа деятельности Союза женщин России до 2022 г., http://wuor.ru/activities/programs, 2018-05-21.

Родилась первая в мире женщина-дипломат Александра Михайловна Коллонтай, https://www.prlib.ru/history/619133, 2020-05-27.

Роль женщин в Великой Отечественной Войне: цифры и факты, http://armyman.info/

istoriya/6742-rol-zhenschin-v-velikoy-otechestvennoy-voyne-cifry-i-fakty.html, 2012-07-10.

Российский статистический ежегодник, Росстат. (2003-2014гг.).

Россия начала подготовку женщин-миротворцев для миссий ООН, https://snob.ru/news/134220/, 2020-06-13.

Росстат, «Женщины и мужчины России», 2014г, http://www.gks.ru/wps/wcm/connect/rosstat_main/rosstat/ru/statistics/publications/catalog/doc_1138887978906 .

Светлана Орлова: Женщины должны иметь возможность сочетать материнство и трудовую деятельность, http://www.council.gov.ru/events/news/14563/, 2017-10-11.

Семейное дело: как в России менялось наказание за домашнее насилие, https://www.rbc.ru/society/25/01/2017/5880dcd09a79475193cd50a9, 2020-06-21.

Социально-экономические индикаторы бедности (2011-2014 гг.) [R], Росстат, http://www.gks.ru/wps/wcm/connect/rosstat_main/rosstat/ru/statistics/publications/catalog/doc_1252310752594.

Список региональных отделений Союза женщин России на 1 марта 2016 года, http://wuor.ru/index.php?route=record/blog&blog_id=3_14.

Список членских организаций СЖР на 1 марта 2016 г., http://wuor.ru/index.php?route=record/blog&blog_id=3_14.

Стоюнина-Здравомыслова О. Семья: из прошлого-в будущее, Гендерные стереотипы в современной России: интернет-конф, http:// www.ecsocman.edu.ru/text/16209413/.

Такахо Б.Р., Вылегжанина Е.В., Анализ Финансирования Национальной Обороны, СОВРЕМЕННАЯ ФИНАНСОВО-КРЕДИТНАЯ СИСТЕМА: ТЕОРИЯ И ПРАКТИКА, Издательство: ФГБУ "Российское энергетическое агентство" Минэнерго России Краснодарский ЦНТИ- филиал ФГБУ "РЭА" Минэнерго России.

Третьи периодические доклады государство-участников, подлежащий представлению в 1991 году, http://docstore.ohchr.org/SelfServices/FilesHandler.ashx?enc=6QkG1d%2fPPRiCAqh Kb7yhsvglKm%2f71Q4iogAZSMgJYVv0LlKfJL40kXFuZGb1rfpgFS%2buHtU%2bG81lLCIG kfXzI5SGoStCPaqKCaCP4mNppUW50GUh67HC2UPZUzhRlBS%2b, 2016-01-22.

Трудовой кодекс Российской Федерации, https://www.consultant.ru/document/cons_doc_law_34683/.

Трудовой кодекс Российской Федерации, https://www.consultant.ru/document/cons_doc_

law_34683/ .

«У мужчин будет меньше прав, чем у собаки»: почему Чечня выступила против закона о семейно-бытовом насилии, https://www.crimea.kp.ru/daily/27059/4127500/, 2020-06-23.

Указ об Общероссийской общественно-государственной организации «Союз женщин России», http://kremlin.ru/acts/news/59383, 2020-03-15.

Указ Президента Российской Федерации от 07.05.1992 г. № 466 О создании Вооруженных Сил Российской Федерации, http://www.kremlin.ru/acts/bank/1279, 2020-04-06.

Указ Президента Российской Федерации от 16.07.1997 г. № 725с «О первоочередных мерах по реформированию Вооруженных Сил Российской Федерации и совершенствованию их структуры», http://kremlin.ru/acts/bank/11194, 2020-04-16.

Указ Президента Российской Федерации от 17 ноября 2017 года № 555 «Об установлении штатной численности Вооруженных Сил Российской Федерации», https://rg.ru/2017/ 11/17/ prezident-ukaz555-site-dok.html, 2020-04-06.

Указ Президента Российской Федерации от 29.12.2008 г. № 1878сс «О некоторых вопросах Вооруженных Сил Российской Федерации», http://www.kremlin.ru/acts/bank/28722, 2020-04-16.

Указ Президента Российской Федерации от 7 мая 2012 года N 597 "О мероприятиях по реализации государственной социальной политики", http://www.rba.ru/forum/images/vlasti/ ukaz_prezidenta_rossiyskoy_federacii_ot_7_maya_2012_goda_n_597.doc.

Указ Президента Российской Федерации от 7 мая 2012 года N 597 «О мероприятиях по реализации государственной социальной политики», www.rba.ru/forum/images/vlasti/ukaz_ prezidenta_rossiyskoy_federacii_ot_7_maya_2012_goda_n_597.doc, 2016-03-22.

Указ Президента РФ от 1 января 2008 г. N 1 «О штатной численности Вооруженных Сил Российской Федерации», http://kremlin.ru/acts/bank/16728, 2020-04-16.

Указ Президента РФ от 1 января 2008 г. N 1 «О штатной численности Вооруженных Сил Российской Федерации», http://ivo.garant.ru/#/document/192625/paragraph/1:0, 2020-04-14.

Указ Президента РФ от 8 июля 2016 г. N 329 «О штатной численности Вооруженных Сил Российской Федерации», http://ivo.garant.ru/#/document/71438418/paragraph/1:0, 2020-04-14.

Федеральный закон «О внесении изменений и дополнений в Уголовный кодекс Российской Федерации» от 08.12.2003 N 162-ФЗ, http://www.consultant.ru/document/cons_doc_

LAW_45408/, 2020-05-01.

Федеральный закон от 1 июля 1994 г. № 9-ФЗ «О федеральном бюджете на 1994 год», http://base.garant.ru/10103186/, 2020-04-04.

Федеральный закон от 26.02.1997 г. № 29-ФЗ «О федеральном бюджете на 1997 год», http://pravo.gov.ru/proxy/ips/?docbody=&nd=102045862, 2020-04-04.

Федеральный закон от 31 декабря 1995 г. № 228-ФЗ «О федеральном бюджете на 1996 год», http://base.garant.ru/10105882/, 2020-04-04.

Федеральный закон от 31 марта 1995 г. № 39-ФЗ «О федеральном бюджете на 1995 год», http://base.garant.ru/10104182/, 2020-04-04.

Федеральный закон от 31 мая 1996 г. N 61-ФЗ «Об обороне», http://ivo.garant.ru/#/document/135907/paragraph/91807:0, 2020-04-14.

Финансы России 2002-2018 гг., https://gks.ru/folder/210/document/13237, 2020-04-06.

«Центру социальной поддержки женщин Союза женщин России - 20 лет!», http://wuor.ru/docs/Centru%20socialnoi%20podderjki%20jenschin%20Soyuza%20jenschin%20Rossii%20-%2020%20let!.doc.

Четвёртые периодические доклады государство-участников, подлежащий представлению в 1994 году (Российская Федерация), http://docstore.ohchr.org/SelfServices/FilesHandler.ashx?enc=6QkG1d%2fPPRiCAqhKb7yhsvglKm%2f71Q4iogAZSMgJYVvff%2b1TLZduXgAe5t8iyVnWkHqrscHQnTdAnl6GQ9Gk3Hql5HULj02j9uPWHENxnu0f2VMFOyTRIpJOlmjYQWC8.

Шойгу назвал количество женщин, служащих в российской армии, https://riamo.ru/article/414285/shojgu-nazval-kolichestvo-zhenschin-sluzhaschih-v-rossijskoj-armii.xl, 2020-04-18.

Эксперты оценили вероятность принятия закона о домашнем насилии, https://www.mk.ru/politics/2019/12/20/eksperty-ocenili-veroyatnost-prinyatiya-zakona-o-domashnem-nasilii.html, 2020-06-23.

索　引

后　记

本书是"妇女、和平与安全"研究丛书的俄罗斯分卷，力图系统梳理俄罗斯对妇女、和平与安全议题的态度、政策和行动。与丛书其他分卷涉及的积极践行联合国安理会《第1325（2000）号决议》的国家不同，俄罗斯没有制定相关国家行动计划，没有系统落实妇女、和平与安全议题的纲领性文件。因此，欲全面展示和评介俄罗斯在各个领域落实该议题、促进本国妇女发展的政策措施，归纳其特点并客观分析其实际效果实属不易，这也是本书努力实现的目标。由于作者能力和精力所限，书中出现错漏、不足在所难免，敬请读者批评指正。

"俄罗斯妇女、和平与安全：政策视角与实践路径"项目组成员个人情况及具体分工如下：

王海媚，北京外国语大学国际关系学院博士研究生、北京大学国际关系学院《国际政治研究》编辑部编辑，主要承担本书导论（部分）、第二章、第三章、第四章、第五章和后记的撰写，以及附录的整理工作。

刘天红，《中国妇女报》理论部编辑，主要承担本书导论（部分）、第一章的撰写，以及整理参考文献等工作。

廉望舒，性与性别议题研究者，主要承担本书全部英文翻译和校对工作。

感谢"妇女、和平与安全"研究丛书项目总负责人、北京外国语大学李英桃教授和社会科学文献出版社赵怀英博士的充分信任，感谢国际关系学院谭秀英编审、中华全国妇女联合会刘伯红研究员、北京第二外国语学院董秀丽教授、中国社会科学院李东燕研究员和陈迎研究员、北京外国语大学顾蕾副教授和博士研究生陈起飞对本书的专业指导，感谢廉望舒女士对本书提出修改意见并提供高质量的英文翻译。感谢北京外国语大学博士研究生杨倩和王天禹在项目执行过程中给予的支持和帮助，感谢小满对满妈的陪伴。感谢编辑老师所做的大量的细致严谨的审核、编辑和校对工作，使本书得以顺利出版。

"俄罗斯妇女、和平与安全：政策视角与实践路径"项目组

2020 年 6 月 30 日

图书在版编目（CIP）数据

俄罗斯妇女、和平与安全：政策视角与实践路径 /
王海媚，刘天红著. -- 北京：社会科学文献出版社，
2021.11

（"妇女、和平与安全"研究丛书）

ISBN 978 - 7 - 5201 - 8971 - 2

Ⅰ.①俄… Ⅱ.①王… ②刘… Ⅲ.①妇女工作 - 研
究 - 俄罗斯 Ⅳ.①D445.126

中国版本图书馆 CIP 数据核字（2021）第 175456 号

"妇女、和平与安全"研究丛书

俄罗斯妇女、和平与安全：政策视角与实践路径

著　　者 / 王海媚　刘天红

出 版 人 / 王利民
责任编辑 / 赵怀英
文稿编辑 / 刘同辉
责任印制 / 王京美

出　　版 / 社会科学文献出版社·联合出版中心（010）59366446
　　　　　 地址：北京市北三环中路甲29号院华龙大厦　邮编：100029
　　　　　 网址：www.ssap.com.cn
发　　行 / 市场营销中心（010）59367081　59367083
印　　装 / 三河市尚艺印装有限公司

规　　格 / 开　本：787mm × 1092mm　1/16
　　　　　 印　张：21.25　字　数：270千字
版　　次 / 2021 年 11 月第 1 版　2021 年 11 月第 1 次印刷
书　　号 / ISBN 978 - 7 - 5201 - 8971 - 2
定　　价 / 98.00 元